Word 2013

Basiswissen

Verlag:
BILDNER Verlag GmbH
Bahnhofstraße 8
94032 Passau

http://www.bildner-verlag.de
info@bildner-verlag.de

Tel.: +49 851-6700
Fax: +49 851-6624

ISBN: 978-3-8328-0057-4

Autorin:
Inge Baumeister, MMTC Multi Media Trainingscenter GmbH

Herausgeber:
Christian Bildner

Unsere Bücher werden auf FSC-zertifziertem Papier gedruckt.

Das FSC-Label auf einem Holz- oder Papierprodukt ist ein eindeutiger Indikator dafür, dass das Produkt aus verantwortungsvoller Waldwirtschaft stammt. Und auf seinem Weg zum Konsumenten über die gesamte Verarbeitungs- und Handelskette nicht mit nicht-zertifiziertem, also nicht kontrolliertem, Holz oder Papier vermischt wurde. Produkte mit FSC-Label sichern die Nutzung der Wälder gemäß den sozialen, ökonomischen und ökologischen Bedürfnissen heutiger und zukünftiger Generationen.

Vorwort

Textverarbeitung zählt nach wie vor zu den wichtigsten Aufgaben am PC. Microsoft Word ist Teil der Office 2013 Programmgruppe und eines der, am häufigsten eingesetzten Textverarbeitungsprogramme, sowohl im privaten als auch im betrieblichen Umfeld. Neben dem reinen Schreiben von Text verfügt Word 2013 über umfangreiche grafische Gestaltungsmöglichkeiten, mit denen Sie auch anspruchsvolle und umfangreiche Dokumente gestalten können.

An wen wendet sich dieses Buch?

Sie verfügen über keine Vorkenntnisse oder haben Word bisher einfach nur zum „Schreiben" einfacher Texte verwendet? Dann ist dieses Buch für Sie der richtige Begleiter. Schritt für Schritt und mit anschaulichen Bildern lernen Sie, wie Sie die vielfältigen Möglichkeiten von Word im Alltag sicher und effizient einsetzen.

Welche Kenntnisse sollten Sie mitbringen?

Es werden allgemeine Kenntnisse im Umgang mit Maus und Tastatur vorausgesetzt, sowie im Umgang mit der Benutzeroberfläche des Windows-Betriebssystems und mit Dateien und Ordnern. Sie sollten wissen, wie Sie Programme starten und beenden, den Umgang mit Fenstern und Taskleiste beherrschen, sowie Dateien speichern und wieder öffnen können.

Über dieses Buch

Zum Beginn eines jeden Kapitels erhalten Sie eine kurze Übersicht der vermittelten Inhalte und welche Kenntnisse in dieser Lektion vorausgesetzt werden. Tipps und Tricks, die in jahrelanger Lehrtätigkeit gesammelt wurden, helfen typische Anfängerfehler und Mißverständnisse zu vermeiden. Besonderer Wert wurde darauf gelegt, nicht jede Kleinigkeit zu erklären, sondern Inhalte zu vermitteln, die in der täglichen Arbeitspraxis nötig und nützlich sind.

Schreibweise

Befehle, Schaltflächen und die Beschriftung von Dialogfenstern sind zur besseren Unterscheidung blau und kursiv hervorgehoben, zum Beispiel Register *START*, Gruppe *Absatz*.

Verwendete Symbole

Dieses Symbol macht Sie auf Detailinformationen und Tipps aufmerksam

Hier finden Sie Übungsaufgaben und Lösungshinweise

Download von Übungen und Übungsdateien

Jede Lektion schließt mit einem Übungsteil ab. Auf unserer Homepage unter www.bildner-verlag.de/00070 können Sie die Übungsdateien einschließlich Lösungen kostenlos herunterladen.

Inhalt

1 Die Word-Programmoberfläche

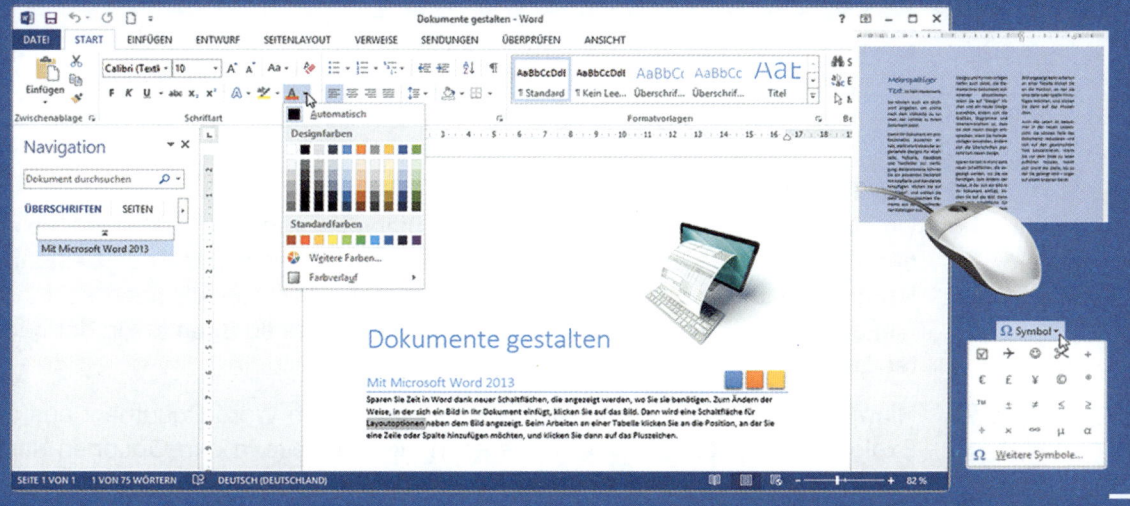

In dieser Lektion lernen Sie...

- Arbeitsumgebung und Befehlseingabe
- Die verschiedenen Ansichten von Word

Diese Kenntnisse sollten Sie bereits mitbringen...

- Grundlagen des Betriebssystems Windows
- Umgang mit Maus/Touchpad und Tastatur

1.1   Word starten

Word starten

Zum Starten von Word 2013 gibt es mehrere Möglichkeiten:

- ■ Falls sich die Kachel Word 2013 auf der Startseite von Windows 8.1 befindet, klicken oder tippen Sie auf diese. Oder klicken Sie auf der Startseite auf den Pfeil (Alle) *Apps* und klicken hier auf die Kachel Word 2013.

- ■ Am einfachsten tippen Sie auf der Startseite einfach mit dem Suchbegriff „word" darauflos. Am rechten Bildschirmrand erscheint der Suchbereich mit Anwendungen, die diese Zeichenfolge enthalten und Sie brauchen nur auf Word 2013 klicken.

- ■ Wenn Windows 7 auf Ihrem PC installiert ist, so öffnen Sie mit einem Klick auf *Start* in der linken unteren Ecke des Bildschirms das Startmenü und klicken auf Word 2013 oder tippen eine Zeichenfolge zur Suche ein.

Die Startseite

Unmittelbar nach dem Start erscheint die Startseite von Word 2013 und Sie können wählen, was Sie tun möchten. Wenn Sie sich zunächst mit den Bestandteilen und der Bedienung von Word vertraut machen möchten, dann sollten Sie hier auf *Leeres Dokument* klicken. Mehr zur Startseite erfahren Sie in der nächsten Lektion.

Hinweis: Die Startseite erscheint nicht, wenn Sie ein Word-Dokument aus dem Explorer heraus öffnen. Bei Bedarf kann die Startseite in den Optionen deaktiviert werden, Näheres unter Lektion 2.7, Einstellungen und Optionen

Bild 1.1 Die Startseite

1.2   Das Word-Fenster

Word 2013 wird wie alle Office-Anwendungen in einem Fenster auf dem Desktop geöffnet. Über die typischen Fensterelemente ändern Sie die Fenstergröße und beenden Word wieder.

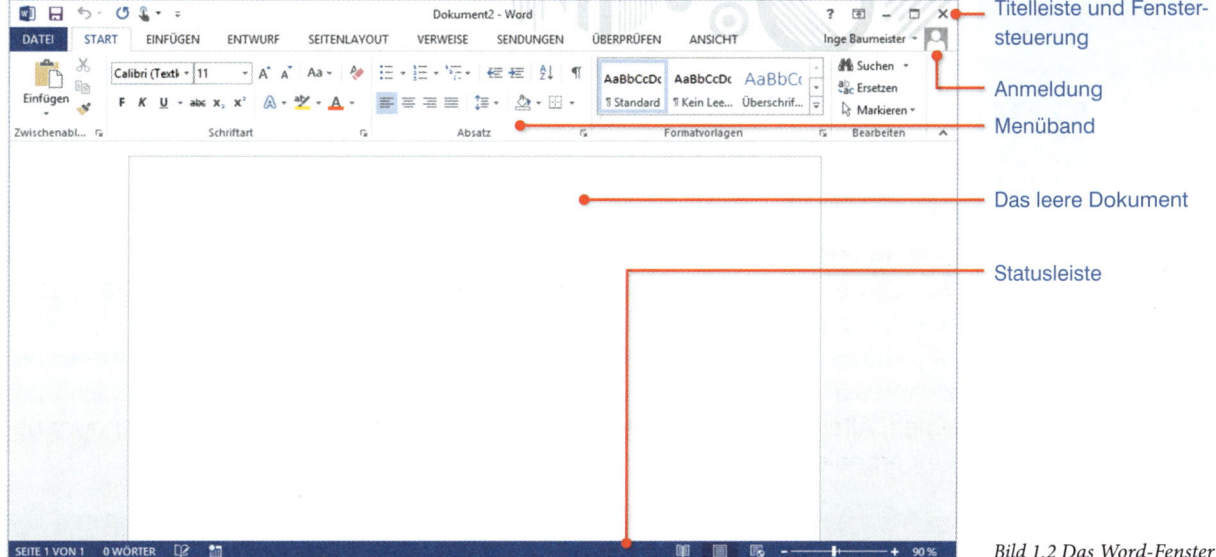

Titelleiste und Fenster-steuerung

Anmeldung

Menüband

Das leere Dokument

Statusleiste

Bild 1.2 Das Word-Fenster

Fenstergröße steuern, Word beenden

Die Titelleiste des Anwendungsfensters enthält den Namen des Programms zusammen mit dem Namen des geöffneten Dokuments, sowie ganz rechts drei Schaltflächen zum Steuern der Fenstergröße und zum Schließen des Fensters.

■ Mit einem Mausklick auf das Symbol *Schließen* beenden Sie Word. Da dabei nicht gespeicherte Daten verlorengehen können, sollten Sie zuvor Ihre Eingaben speichern.

■ Mit einem Mausklick auf das mittlere der Symbole wechselt das gesamte Fenster zwischen beliebiger Fenstergröße (*Verkleinern*) und Vollbildmodus (*Maximieren*).

■ Mit dem Symbol *Minimieren* reduzieren Sie das geöffnete Fenster auf die Größe einer Schaltfläche in der Taskleiste. Mit einem Mausklick auf die Schaltfläche stellen Sie das ursprüngliche Fenster wieder her, die Anwendung wird nicht geschlossen.

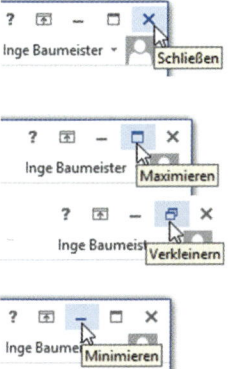

Hilfe anzeigen

In der gleichen Leiste können Sie über das Fragezeichen-Symbol oder mit der Taste F1 die allgemeine Word-Hilfe aufrufen.

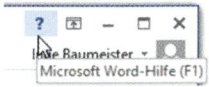

Mauszeiger und Cursor

Den größten Teil des Fensters nimmt der eigentliche Arbeitsbereich von Word mit dem geöffneten Dokument ein. Die Einfügemarke bzw. der Cursor in Form eines blinkenden, senkrechten Strichs ǀ kennzeichnet die aktuelle Eingabeposition im Dokument und befindet sich in einem neuen Dokument in der oberen linken Ecke. Sollte der Cursor im Dokument nicht sichtbar sein, so ist das Word-Fenster nicht das aktive Fenster. Klicken Sie in diesem Fall an eine beliebige Stelle des Fensters und der Cursor erscheint wieder.

Eine ähnliche Form besitzt auch der Mauszeiger I, sobald er sich innerhalb des Dokuments befindet. Verwechseln Sie daher den Mauszeiger nicht mit dem Cursor.

Bildlaufleisten

Sobald der Text eines längeren Dokuments nicht mehr vollständig in das Fenster passt, erscheint am rechten, eventuell auch am unteren Rand des Fensters eine Bildlaufleiste. Diese benutzen Sie zum Verschieben des sichtbaren Textbereichs; ziehen Sie dazu mit gedrückter Maustaste den Balken der Leiste nach oben oder unten. Alternativ können Sie auch das Rad der Maus drehen (Scrollen) oder bei Fingerbedienung nach oben oder unten über den Bildschirm streifen.

Bild 1.3 Vertikale Bildlaufleiste

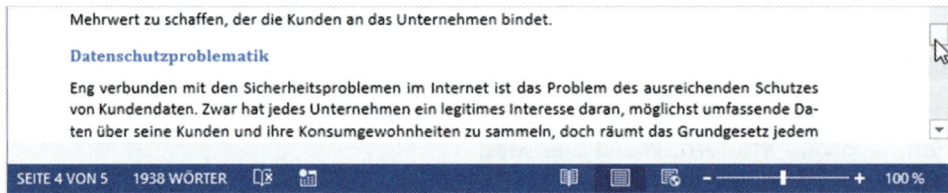

Statusleiste

Am unteren Rand des Fensters befindet sich die Statusleiste. Sie zeigt standardmäßig die Anzahl der Seiten und Wörter, sowie eine Kontrolle der Rechtschreibung und eventuell auch die verwendete Sprache, z. B. DEUTSCH (DEUTSCHLAND), an. Im rechten Bereich finden Sie Symbole zum schnellen Wechseln zwischen verschiedenen Ansichten und zum Zoomen der Bildschirmansicht.

Wie Sie die Statusleiste um weitere Informationen anpassen, erfahren Sie am Ende dieser Lektion.

Bild 1.4 Statusleiste

1.3   Das Menüband

Seit der Version 2007 unterscheidet Word nicht mehr zwischen Menüzeile und Symbolleisten. Die Befehlseingabe erfolgt über das Menüband (engl. ribbon) im oberen Bereich des Anwendungsfensters.

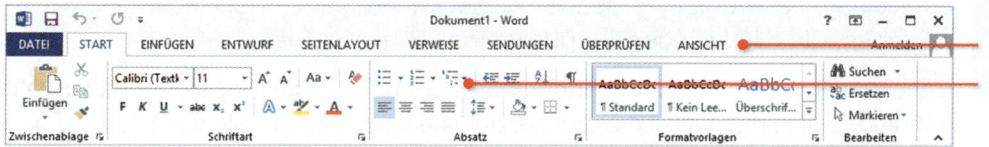

Bild 1.5 Menüband
Registernamen
Schaltflächen

Das Menüband fasst die Schaltflächen zur Befehlseingabe aufgabenbezogen in verschiedenen Registerkarten zusammen. So enthält etwa das Register *START* grundlegende, allgemeine Schaltflächen beispielsweise zum Formatieren von Text. Zum Wechseln zwischen den Registern klicken Sie auf den Reiter mit dem Namen eines Registers.

Sobald sich der Mauszeiger im Menüband befindet, wechselt auch das Mausrad zwischen den Registerkarten.

Menüband minimieren

Bei Bedarf kann das Menüband verkleinert oder ganz ausgeblendet werden, um mehr Platz für den eigentlichen Arbeitsbereich zu schaffen. Dazu benutzen Sie die Schaltfläche *Menüband-Anzeigeoptionen* in der oberen rechten Ecke des Anwendungsfensters.

- Mit der Option *Registerkarten anzeigen* sind vom Menüband nur die Reiter mit den Namen sichtbar, die Schaltflächen erscheinen erst, wenn Sie auf einen Reiter klicken und verschwinden nach Auswahl eines Befehls wieder.

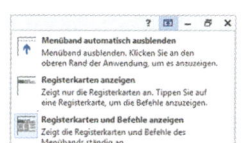

- Die Einstellung *Registerkarten und Befehle anzeigen* zeigt die Schaltflächen und Befehle eines Registers dauerhaft an.

- *Menüband automatisch ausblenden* blendet das Menüband und alle anderen Bedienelemente der Anwendung vollständig aus (entspricht etwa der Anzeige *Ganzer Bildschirm*), die Registerkarten erscheinen erst, wenn Sie an den oberen Rand des Fensters oder oben rechts auf die drei Punkte klicken.

Ein Doppelklick auf den Namen des aktuellen Registers blendet ebenfalls die Schaltflächen mit Ausnahme der Registernamen aus und wieder ein. Als weitere Alternative benutzen Sie das Kontextmenü: Klicken Sie mit der rechten Maustaste auf ein Register und aktivieren bzw. deaktivieren Sie *Menüband reduzieren*.

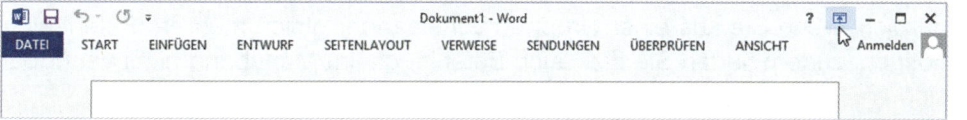

Bild 1.6 Vom Menüband sind nur die Registernamen sichtbar

Schaltflächen und Gruppen

Innerhalb der Register sind die Schaltflächen nach Gruppen geordnet, so finden Sie beispielsweise im Register *START* die Gruppe *Schriftart* zur Schriftgestaltung. Informationen zu einer Schaltfläche erhalten Sie, wenn Sie mit der Maus darauf zeigen. Einige Schaltflächen fassen auch mehrere Befehle zusammen, sie sind am kleinen, nach unten weisenden Dreieck (Dropdown- oder Auswahlpfeil) zu erkennen. Ein Klick auf den Dropdown-Pfeil öffnet die Liste.

Beachten Sie auch, dass manche Schaltflächen zweigeteilt sind. Ein Klick direkt auf die Schaltfläche liefert die Standardeinstellung. Klicken Sie dagegen auf den Dropdown-Pfeil, so öffnet sich eine Liste mit mehreren Möglichkeiten. Die Abbildungen unten zeigen das Beispiel der Schaltfläche *Unterstreichen*. Ein Klick auf die Schaltfläche unterstreicht einfach, ein Klick auf den Dropdown-Pfeil zeigt mehrere Varianten an.

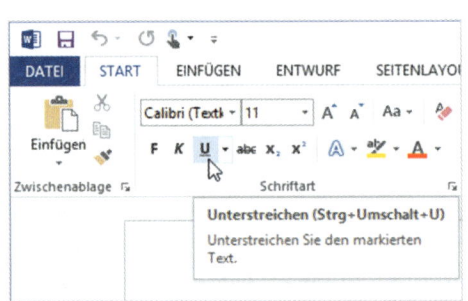

Bild 1.7 Einfaches Unterstreichen, Infotext

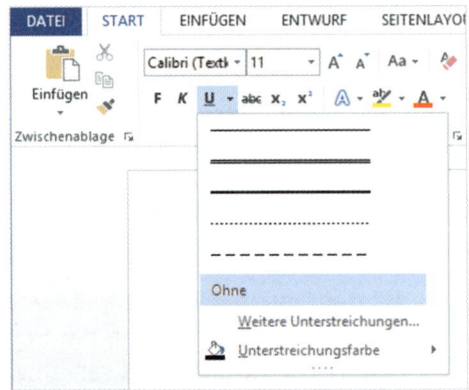

Bild 1.8 Dropdown-Pfeil Unterstreichen

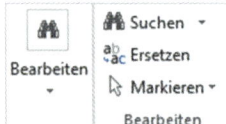

Größe und Beschriftung der Schaltflächen passen sich automatisch an die Größe des Word-Fensters an. Bei stark verkleinertem Fenster sehen Sie möglicherweise nur den Namen einer Gruppe, die Befehle erscheinen erst, wenn Sie auf den Dropdown-Pfeil der Gruppe klicken. Das Beispiel links zeigt die Schaltflächen und Befehle der Gruppe *Bearbeiten* im Register *START* in unterschiedlicher Darstellung.

Befehle in einem Dialogfenster öffnen

Manche Gruppen, wie zum Beispiel *Schriftart* und *Absatz* im Register *START*, weisen in der rechten unteren Ecke dieses kleine Symbol ⌐ auf. Ein Klick darauf öffnet ein Dialogfenster, das alle Befehle der Gruppe zusammenfasst. Dies ist nützlich, wenn Sie aus einer Gruppe nacheinander gleich mehrere Befehle benötigen, zudem finden Sie hier auch Befehle, die im Menüband nicht verfügbar sind.

Auch in Dialogfenstern finden Sie manchmal Register, wie das Beispiel in Bild Bild 1.10 zeigt.

Bild 1.9 Dialogfenster Absatz öffnen   *Bild 1.10 Das Dialogfenster Absatz*

Kontextbezogene Register

Neben den Standardregistern verfügt das Menüband über weitere, kontextbezogene Register. Diese stehen nur zur Verfügung, wenn Sie ein entsprechendes Element, beispielsweise eine Grafik oder Tabelle, markiert haben und enthalten alle Schaltflächen, die zur Bearbeitung des Elements benötigt werden. Kontextbezogene Register erscheinen immer rechts vom letzten Standardregister und verschwinden automatisch, wenn das Element nicht mehr markiert ist.

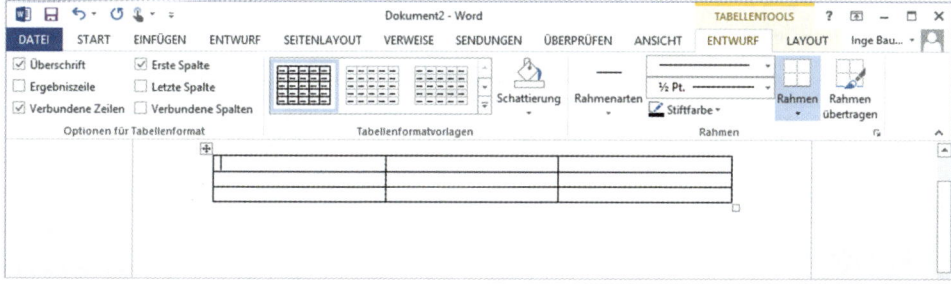

Bild 1.11 Beispiel: Die TA-BELLENTOOLS-Register ENTWURF und LAYOUT

Tasten statt Schaltflächen verwenden

Als Alternative zur Maus können die Register und Befehlsschaltflächen auch über die Tastatur aufgerufen werden. Nach dem Drücken der Alt-Taste zeigt das Menüband zunächst die Tasten an, mit denen Sie die Register aufrufen.

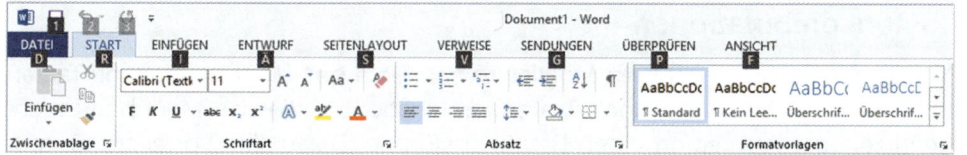

Bild 1.12 Registerkarten mit Tasten aufrufen

Nach dem Drücken einer Taste, beispielsweise „R" für das Register *START*, erscheinen die Tasten zu den Schaltflächen der Registerkarte. Drücken Sie beispielsweise die „3", um markierten Text zu unterstreichen, bzw. um ein Auswahlfeld mit den Möglichkeiten zur Unterstreichung zu öffnen. Mit dem Aufruf eines Befehls oder Drücken der ESC-Taste verschwindet die Tastenanzeige wieder.

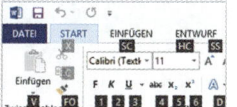

1.4   Weitere Möglichkeiten der Befehlseingabe

Kontextmenü und Minisymbolleiste

Das Kontextmenü erscheint, wenn Sie mit der rechten Maustaste klicken. Die Befehle des Menüs beziehen sich ausschließlich auf die angeklickte Stelle, daher sind hier auch unterschiedliche Befehle verfügbar. Das Kontextmenü ist z. B. nützlich, wenn Sie im Menüband einen Befehl nicht sofort finden. Zusammen mit dem Kontextmenü erscheint im Dokument eine Minisymbolleiste mit häufig benötigten Formatierungen. Diese Symbolleiste erscheint auch unmittelbar nach dem Markieren einer Textstelle.

Siehe Lektion 3.4, Text markieren

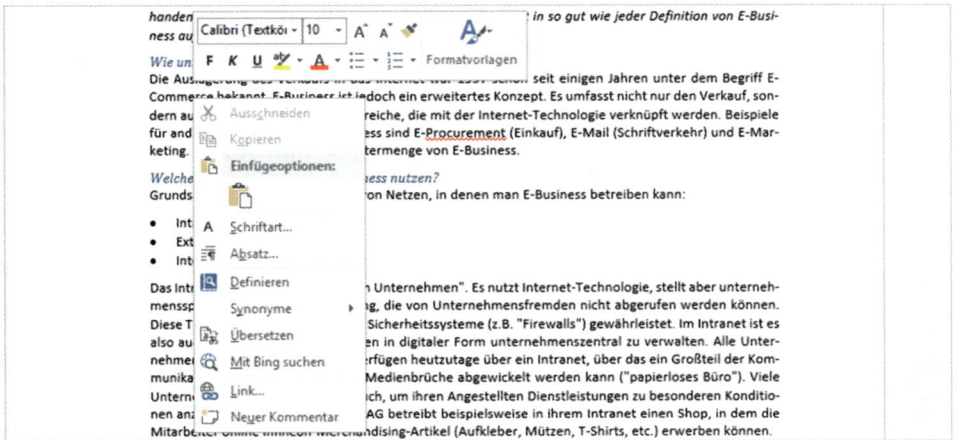

Bild 1.13 Kontextmenü und Minisymbolleiste

Schaltflächen im Dokument
Unmittelbar nach bestimmten Aktionen, beispielsweise dem Einfügen von Grafiken, erscheinen an dieser Stelle im Dokument Schaltflächen mit verschiedenen Optionen. Aussehen und Optionen sind abhängig von der jeweiligen Aktion, Näheres dazu erfahren Sie in den jeweiligen Lektionen.

Tastenkombinationen

Tastenkombinationen werden auch als Short-Cuts bezeichnet.

Neben der bereits erwähnten Möglichkeit, Befehle des Menübandes mit Tasten aufzurufen, gibt es auch noch Tastenkombinationen, die das Menüband nicht benutzen, sondern sofort einen Befehl ausführen. Diese sind vor allem für fortgeschrittene Benutzer eine Möglichkeit, um häufig verwendete Befehle auszuführen. Meist wird dazu die Strg-Taste in Verbindung mit Buchstaben verwendet. Eine Zusammenstellung der wichtigsten Tastenkombinationen finden Sie im Anhang dieses Buches.

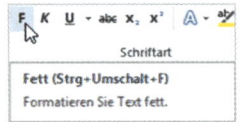

Tipp: Die Tastenkombination zu einem Befehl erscheint zusammen mit einer Kurzinfo, wenn Sie auf die Schaltfläche zeigen.

Symbolleiste für den Schnellzugriff

Zum schnellen Aufruf häufig benötigter Befehle steht in der linken oberen Ecke des Word-Fensters die *Symbolleiste für den Schnellzugriff* (Schnellzugriffsleiste) zur Verfügung. Sie enthält standardmäßig die Symbole *Speichern*, *Rückgängig* und *Wiederholen* und kann beliebig um weitere Symbole ergänzt werden.

Symbole hinzufügen

Dazu klicken Sie am rechten Ende der Leiste auf *Symbolleiste für den Schnellzugriff anpassen* und aktivieren bzw. deaktivieren mit einem Mausklick die Anzeige weiterer Befehle (Häkchen).

Tipp: Ein Mausklick auf den Eintrag *Weitere Befehle...* öffnet ein Dialogfeld mit allen, in Word 2013 verfügbaren, Befehlen.

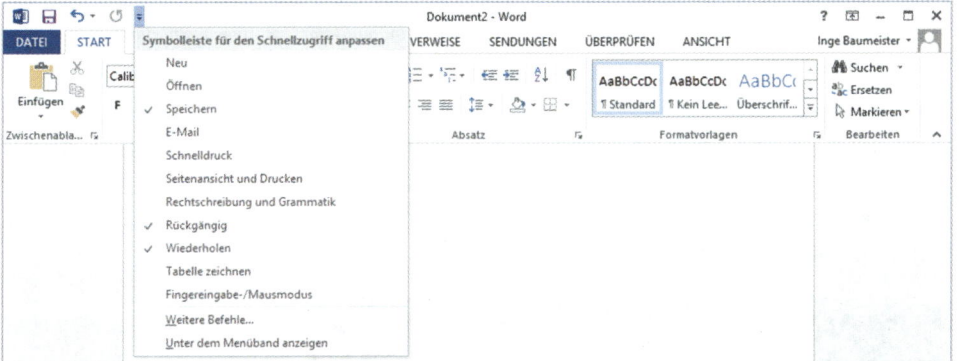

Bild 1.14 Schnellzugriffs- leiste anpassen

Position ändern: Bei Bedarf kann die Leiste auch unterhalb des Menübandes platziert werden, klicken Sie dazu auf *Symbolleiste für den Schnellzugriff anpassen* und am Ende der Liste auf *Unter dem Menüband anzeigen*.

Fingersteuerung

In Verbindung mit Windows 8.1 unterstützt Word 2013 auch die Bedienung mit Fingern oder Stift über einen Touchscreen, zum Beispiel auf einem Tablet-PC. Anstelle des Mausklicks tippen Sie zur Befehlseingabe mit dem Finger.

Das Kontextmenü (rechte Maustaste) rufen Sie auf, indem Sie nicht nur kurz tippen, sondern mit dem Finger auf dieser Stelle kurz verweilen.

Menüband für Fingersteuerung anpassen

Zur besseren Befehlsauswahl lässt sich das Menüband für Fingereingabe optimieren. Im Fingereingabemodus werden Auswahlbereiche und Abstände zwischen den Schaltflächen vergrößert. Der Wechsel zwischen Maus- und Fingereingabemodus erfolgt über ein Symbol 👆˙ in der *Symbolleiste für den Schnellzugriff*. Da diese das Symbol nicht standardmäßig anzeigt, tippen Sie am rechten Ende der Leiste auf *Symbolleiste für den Schnellzugriff anpassen* und aktivieren das Symbol *Fingereingabe-/Mausmodus*.

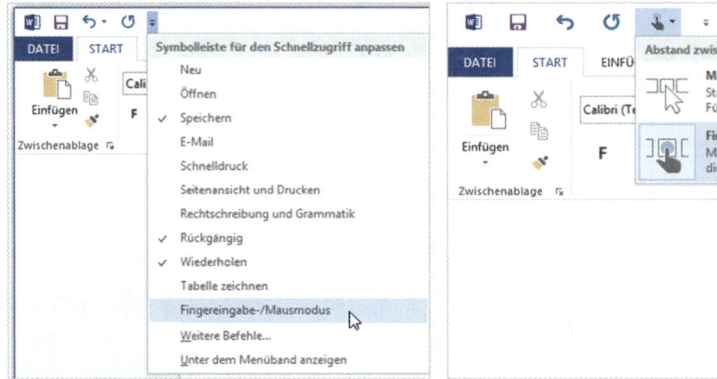

Bild 1.15 Schnellzugriffsleiste anpassen   *Bild 1.16 Menüband für Fingereingabe optimieren*

Bildschirmtastatur

Beim Arbeiten mit einem Touchscreen können Sie, sofern keine externe Tastatur angeschlossen ist, zum Schreiben die Bildschirmtastatur benutzen, die mit einem Klick auf das Symbol im Infobereich der Taskleiste am unteren Rand des Desktops einbelendet wird.

Bild 1.17 Bildschirmtastatur

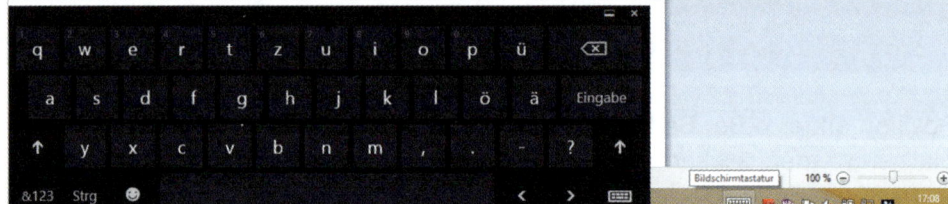

Für die Eingabe von Zahlen und Sonderzeichen müssen Sie mit der Taste *&123* das Tastaturlayout ändern bzw. wieder zurück zur Texteingabe wechseln. Zum Ausblenden der Bildschirmtastatur tippen Sie auf das *Schließen*-Symbol in der rechten oberen Ecke oder tippen erneut auf das Tastatursymbol in der Taskleiste.

Bild 1.18 Zahlen und Sonderzeichen

1.5 Bildschirmansichten

Zur Bearbeitung und Kontrolle von Dokumenten verfügt Word über mehrere Ansichten. Deren Symbole finden Sie im rechten Bereich der Statusleiste am unteren Bildschirmrand. Mit einem Klick auf eines der Symbole wird das Dokument in der jeweiligen Ansicht angezeigt. Als Alternative klicken Sie auf das Register *ANSICHT*. Hier finden Sie in der Gruppe *Dokumentansichten* ebenfalls Schaltflächen für die verschiedenen Ansichten.

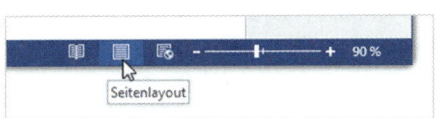

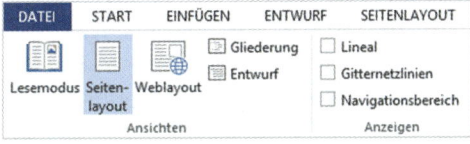

Bild 1.19 Ansichten in der Statusleiste

Bild 1.20 Register ANSICHT

Die Ansicht Seitenlayout

Die Ansicht Seitenlayout ist die Standardansicht von Word. In dieser Ansicht arbeiten Sie normalerweise, geben Text ein und nehmen alle übrigen Bearbeitungen vor. Dabei wird das Dokument einschließlich der Seitenränder am Bildschirm so dargestellt, wie es später gedruckt wird. Dies gilt auch für Kopf- und Fußzeilen, mehrspaltigen Text und eingefügte Grafiken.

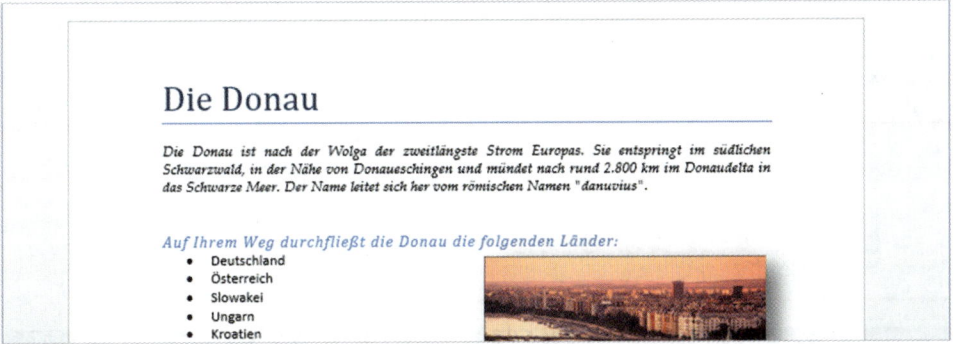

Bild 1.21 Ansicht Seitenlayout

Oberen und unteren Seitenrand aus- und einblenden

In der Ansicht Seitenlayout können Sie Platz sparen, indem Sie die oberen und unteren Seitenränder ausblenden:

Bild 1.22 Ränder ausblenden

Bild 1.23 Ränder einblenden

Dazu zeigen Sie mit der Maus in den Bereich oberhalb des Dokuments oder in den Zwischenraum zwischen zwei Seiten. Es erscheint ein kleines Symbol (Bild 1.22) und mit einem Doppelklick blenden Sie die Ränder aus und auch wieder ein (Bild 1.23).

Die Ansicht Lesemodus

Im Gegensatz zur Ansicht Seitenlayout zielt die Ansicht Lesemodus auf die Optimierung der Lesbarkeit von Dokumenten am Bildschirm, das Layout ist daher nicht identisch mit dem Druckergebnis. Aus demselben Grund wird in dieser Ansicht der Text standardmäßig in Spalten angeordnet. Ein weiterer Vorteil dieser Ansicht ist die einfache Bedienung mit dem Finger.

Navigation im Lesemodus

Zum Blättern zwischen den Seiten klicken Sie mit der Maus auf die Pfeile nach links oder rechts oder drehen das Mausrädchen. Auf einem Touchscreen wischen oder streifen Sie mit dem Finger nach links bzw. rechts. Die Pfeiltasten der Tastatur können ebenfalls verwendet werden.

Bild 1.24 Ansicht Lesemodus

Einstellungen

Vorherige Seite

Nächste Seite

Zurück zur Ansicht Seitenlayout

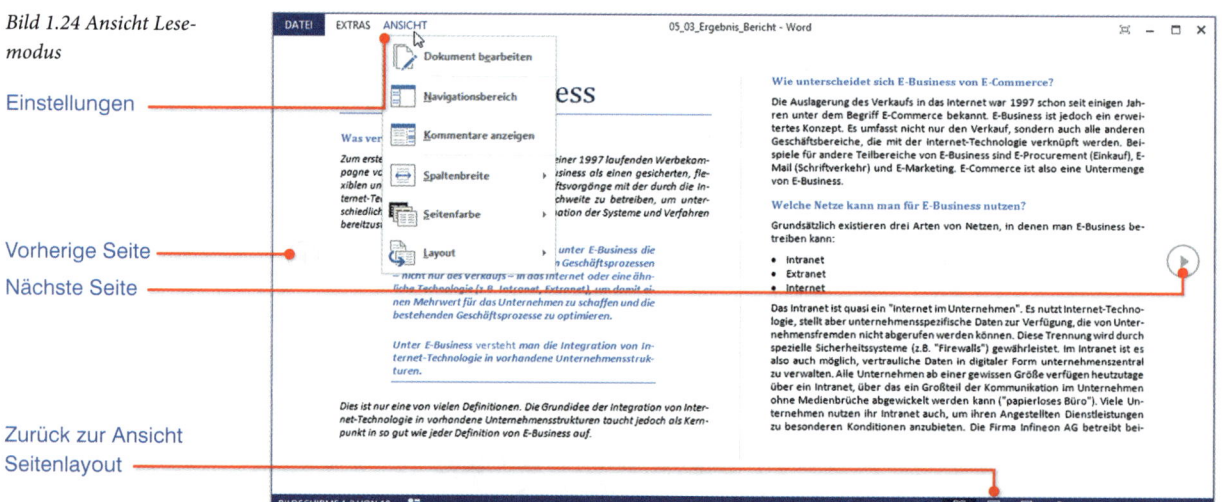

Objekte zoomen

Bilder, Diagramme und andere Elemente lassen sich im Lesemodus mit einem Doppelklick in das Objekt schnell vergrößern: Der umgebende Text rückt in den Hintergrund und am Objekt erscheint eine Lupe, mit der Sie nochmals vergrößern können. Zum Schließen der Zoomansicht klicken Sie einfach mit der Maus in den Text im Hintergrund. Den Befehl *Vergrößern* erhalten Sie auch über das Kontextmenü, wenn Sie mit der rechten Maustaste in das Objekt klicken.

Einstellungen

Einstellungen zum Layout und zur Anzeige nehmen Sie über den Befehl *AN-SICHT* vor. Hier blenden Sie beispielsweise einen zusätzlichen Navigationsbereich ein oder ändern die Spaltenbreite. Soll die Anzeige dem gedruckten Ergebnis entsprechen, so klicken Sie auf *ANSICHT* → *Layout* und wählen *Papierlayout*. Mit der Auswahl *Dokument bearbeiten* kehren Sie zur vorherigen Ansicht Seitenlayout zurück.

Lesemodus beenden

Zum Beenden des Lesemodus klicken Sie auf *ANSICHT* und auf *Dokument bearbeiten* oder klicken in der Statusleiste auf die Schaltfläche *Seitenlayout*.

Weitere Ansichten

Die weiteren Ansichten werden nur in besonderen Fällen benötigt und sind für das normale Arbeiten nicht weiter von Bedeutung. Mit Ausnahme der Ansicht Weblayout sind diese Ansichten nur im Register *ANSICHT* verfügbar. Hier eine Übersicht.

Ansicht	Zweck
Weblayout	Die Ansicht Weblayout sollten Sie ausschließlich zur Erstellung von Webseiten verwenden. In dieser Ansicht wird das Dokument ohne Seitenumbruch wie in einem Webbrowser dargestellt, der Zeilenumbruch orientiert sich an der Fensterbreite. Ein späterer Ausdruck stimmt nicht mit der Bildschirmanzeige überein!
Gliederung	Die Ansicht Gliederung dient zur Kontrolle und Überarbeitung der Struktur umfangreicher Dokumente. In dieser Ansicht lassen sich verschiedene Gliederungsebenen ein- und ausblenden und somit gezielt bearbeiten.
Entwurf	Anstelle der Ansicht Seitenlayout kann auch die Ansicht Entwurf zur Texteingabe verwendet werden. Diese Ansicht benutzt ein vereinfachtes Layout. Seitenränder, der Inhalt von Kopf- und Fußzeilen, sowie eingefügte Bilder werden nicht angezeigt. Diese Ansicht sollte daher ausschließlich für die schnelle Eingabe umfangreicher Texte verwendet werden, nicht aber zur Textgestaltung!

1.6   Anzeige und Bildschirmelemente anpassen

Anzeige zoomen

Eine Änderung des Zooms hat keinerlei Auswirken auf die Größe des Ausdrucks!

Um das Dokument im Arbeitsbereich auf dem Bildschirm vergrößert bzw. verkleinert darzustellen (zoomen), finden Sie in der unteren rechten Ecke des Anwendungsfensters in der Statusleiste einen kleinen Schieberegler zusammen mit dem aktuellen Zoomfaktor. 100% entspricht der Größe des gedruckten Ergebnisses. Zum Vergrößern oder Verkleinern ziehen Sie den Regler mit gedrückter linker Maustaste in die gewünschte Richtung oder klicken mehrmals auf die Symbole ➕ oder ➖.

Weitere Zoomeinstellungen finden Sie in der Gruppe *Zoom* des Registers *ANSICHT*. Mit der Einstellung *Seitenbreite* wird der Zoomfaktor automatisch so gewählt, dass eine Druckseite die gesamte Breite des Word-Fensters ausfüllt. Die Option *Mehrere Seiten* verkleinert die Anzeige, sodass jeweils zwei Seiten nebeneinander auf dem Bildschirm angezeigt werden.

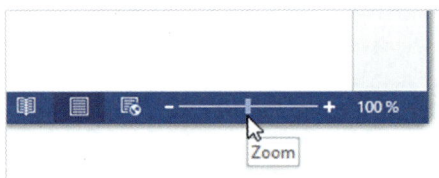
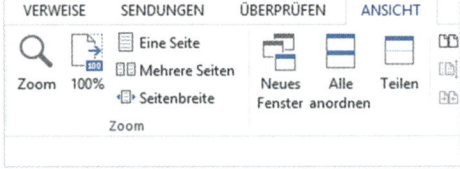

Bild 1.25 Statusleiste: Zoombereich   *Bild 1.26 Register ANSICHT*

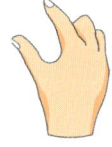

Sie können auch mit Maus oder Finger zoomen. Bei der Maus drücken Sie dazu die Strg-Taste und halten die Taste gedrückt, während Sie das Mausrad drehen. Auf einem Touchscreen berühren Sie den Bildschirm mit mindestens zwei Fingern und spreizen diese bzw. führen sie zusammen.

Weitere Hilfen

Lineal

Bild 1.27 Lineal

Ein Lineal am linken und oberen Rand des Dokuments unterstützt Sie beim Ausrichten im Dokument und zeigt die Seitenränder an. Auch beim schnellen Ändern von Einzügen und Tabstopps (siehe Lektion 6) leistet das Lineal gute Dienste. Zum Einblenden aktivieren Sie im Register *ANSICHT*, Gruppe *Anzeigen* das Kontrollkästchen *Lineal*.

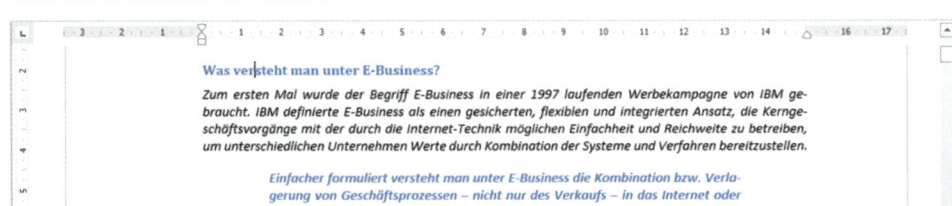

Gitternetzlinien

Unter Gitternetzlinien ist ein Raster oder Gitternetz zu verstehen, an dem sich Objekte, beispielsweise Grafiken, ausrichten lassen. Ein- und Ausblenden erfolgt im Register *ANSICHT*, Gruppe *Anzeigen* über das Kontrollkästchen *Gitternetzlinien*. Zur normalen Texteingabe und -bearbeitung wird das Gitternetz nicht benötigt und sollte daher ausgeblendet sein.

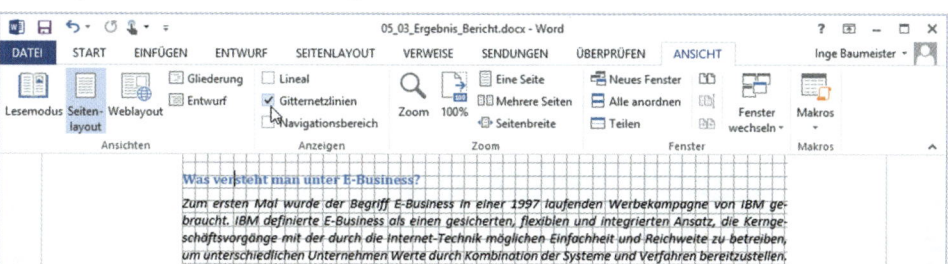

Bild 1.28 Gitternetzlinien

Statusleiste anpassen

Im linken Bereich zeigt die Statusleiste Hinweise zum Dokument und zur Rechtschreibprüfung an. Standardmäßig finden Sie hier die Anzeige der aktuellen Seite zusammen mit der Anzahl aller Seiten des Dokuments. So bedeutet beispielsweise „SEITE 2 VON 3", der Cursor befindet sich auf Seite 2 eines Dokuments mit insgesamt 3 Seiten.

Zum Hinzufügen weiterer Informationen klicken Sie mit der rechten Maustaste an eine beliebige Stelle der Statusleiste und aktivieren oder deaktivieren mit einem Mausklick die gewünschten Informationen. Die Liste ist sehr umfangreich, daher hier einige nützlichen Informationen:

Anzeige	bezieht sich auf...
Vertikale Seitenposition	Die vertikale Seitenposition gibt an, wie viele Zentimeter sich der Cursor unterhalb der oberen Blattkante befindet. Dies erleichtert beispielsweise beim Schreiben von Briefen nach DIN die genaue Positionierung der Anschrift.
Feststelltaste	Es erscheint ein entsprechender Hinweis, wenn Sie (versehentlich) mit der Feststelltaste auf dauerhafte Großschreibung umgeschaltet haben.
Überschreiben	Der aktuelle Modus (standardmäßig Einfügen) wird angezeigt, mit einem Mausklick wechseln Sie zwischen Einfügen und Überschreiben.
Sprache	Für die Rechtschreibung verwendete Sprache anzeigen

1.7   Mit mehreren Fenstern arbeiten

Word 2013 öffnet jedes Dokument in einem eigenen Fenster. Haben Sie also mehrere Word-Dokumente gleichzeitig geöffnet, dann werden diese auch in der Taskleiste angezeigt. Zum Wechseln zwischen den Fenstern klicken Sie in der Taskleiste auf das Word-Symbol. Es erscheint eine Miniaturvorschau aller geöffneten Word-Fenster, zum Anzeigen klicken Sie in das gewünschte Fenster.

Bild 1.29 Miniaturansicht
geöffnete Word-Fenster

Das Register *ANSICHT* enthält mit der Gruppe *Fenster* mehrere Schaltflächen, über die Sie die Anordnung der Fenster steuern, bzw. ebenfalls zwischen den Fenstern wechseln können.

Bild 1.30 Fenster steuern

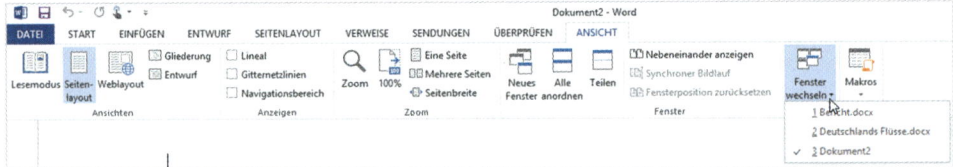

Übersicht

Schaltfläche	Bedeutung
Neues Fenster	Öffnet für das aktuelle Dokument ein zweites Fenster. Damit kann ein längeres Dokument an zwei verschiedenen Stellen gleichzeitig bearbeitet werden.
Alle Anordnen	Verkleinert und ordnet alle geöffneten Word-Fenster so an, dass alle gleichzeitig auf dem Bildschirm angezeigt werden.
Teilen	Teilt das Fenster des aktuellen Dokuments in zwei Teile. Zum Aufheben der Teilung ziehen Sie die Trennlinie mit gedrückter Maustaste ganz nach oben oder unten.
Nebeneinander anzeigen	Ordnet zwei Dokumente nebeneinander auf dem Bildschirm an. Auf diese Weise lassen sich Dokumente vergleichen.

1.8   Zusammenfassung

■ Im Menüband können alle Befehle, nach Funktionen geordnet, über Register aufgerufen werden. Zusammengehörende Befehle bilden Gruppen innerhalb der Register. Je nach Größe von Bildschirm und Anwendungsfenster werden die Schaltflächen und Gruppen unterschiedlich dargestellt. Ein Mausklick auf den DropDown-Pfeil einer Schaltfläche öffnet eine weitere Auswahl. Für manche Gruppen kann auch ein Dialogfenster mit einer Zusammenfassung aller Befehle geöffnet werden. Klicken Sie dazu auf das Pfeilsymbol in der rechten unteren Ecke der Gruppe.

■ Weitere Möglichkeiten der Befehlseingabe sind das Kontextmenü der rechten Maustaste, Tastenkombinationen (ShortCuts) und in Verbindung mit Windows 8.1 und einem Touchscreen die Bedienung mit dem Finger. Die Symbolleiste für den Schnellzugriff lässt sich vom Benutzer schnell um weitere Symbole ergänzen. Hier finden Sie auch ein Symbol, über das Sie zwischen Maus- und Fingereingabemodus wechseln und so das Menüband entsprechend anpassen.

■ Word verfügt über mehrere Ansichten, Standardansicht ist die Ansicht Seitenlayout. In dieser Ansicht erfolgt normalerweise die Texteingabe und -bearbeitung, die Bildschirmdarstellung entspricht der späteren Druckausgabe. Der Lesemodus optimiert in erster Linie die Lesbarkeit von Dokumenten am Bildschirm und lässt sich leicht mit dem Finger steuern. Die übrigen Ansichten Weblayout, Entwurf und Gliederung werden nur für besondere Zwecke benötigt und sind für die normale Texteingabe und -bearbeitung nicht von Bedeutung.

■ Elemente wie Lineal oder Gitternetz können als Hilfsmittel zur exakten Positionierung von Objekten eingeblendet werden. Nützlich ist auch die Anzeige weiterer Informationen in der Statusleiste am unteren Rand des Word-Fensters. Hier finden Sie auch eine Möglichkeit zum Vergrößern oder Verkleinern der Anzeige (Zoom).

1.9　Übung

Starten Sie Word 2013 mit einem leeren Dokument und richten Sie sich Ihre Arbeitsumgebung zurecht:

■　Sollte das Fenster zu klein sein, so vergrößern Sie es über den gesamten Bildschirm.

■　Klicken Sie der Reihe nach auf die verschiedenen Register und lassen Sie sich die Schaltflächen anzeigen. Zuletzt sollte wieder das Register *START* angezeigt werden.

■　Kontrollieren Sie die *Symbolleiste für den Schnellzugriff*: Hier sollten die Symbole *Speichern*, *Rückgängig* und *Wiederholen* sichtbar sein. Ergänzen Sie die Leiste um das Symbol *Neu* (Ein neues leeres Dokument öffnen).

■　Testen Sie den Zoom: Vergrößern oder verkleinern Sie die Bildschirmanzeige auf einen für Sie angenehmen Faktor. Je nach Bildschirmgröße dürften dies etwa zwischen 130% bis 150% sein.

■　Blenden Sie das Lineal ein und wieder aus.

Notizen:

---

2 Word-Dokumente verwalten

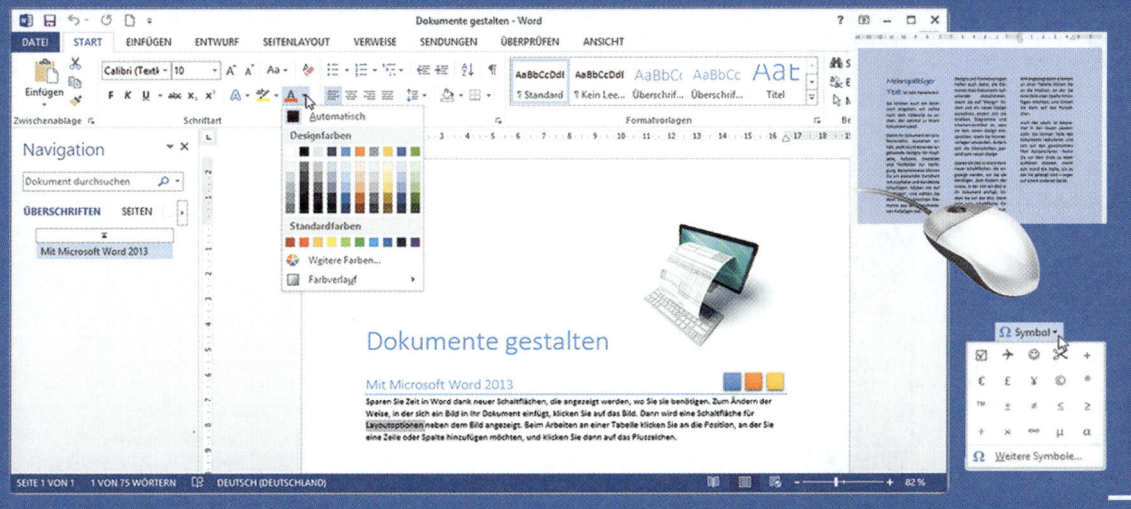

In dieser Lektion lernen Sie...

- Word-Dokumente speichern und öffnen
- SkyDrive als Speicherort in der Cloud nutzen
- Neue Dokumente erstellen
- Dokument als PDF-Datei speichern

Diese Kenntnisse sollten Sie bereits mitbringen...

- Die Arbeitsumgebung von Word
- Grundlagen der Dateiverwaltung von Windows

2.1   Das Register DATEI im Überblick

Backstage, dt. hinter
der Bühne

Das Register *DATEI* enthält alle Befehle, die Sie zum Speichern, Öffnen und Drucken von Word-Dokumenten benötigen. Auch allgemeine Programmeinstellungen werden hier über die *Optionen* festgelegt. Im Gegensatz zu den übrigen Registern füllt dieses Register das gesamte Word-Fenster aus und anstelle des Dokuments erscheinen Eigenschaften und Informationen zum Dokument. Daher wird das Register *DATEI* auch als Backstage-Ansicht eines Dokuments bezeichnet.

Zum Anzeigen klicken Sie im Menüband auf *DATEI*. Mit einem Klick auf den Pfeil in der linken oberen Ecke des Registers oder Drücken der Esc-Taste kehren Sie zum Dokument zurück.

Zurück zum Dokument ——

Klicken Sie auf eine
Aufgabe ——

Word-Fenster schließen ——

Allgemeine Einstellungen ——
gen

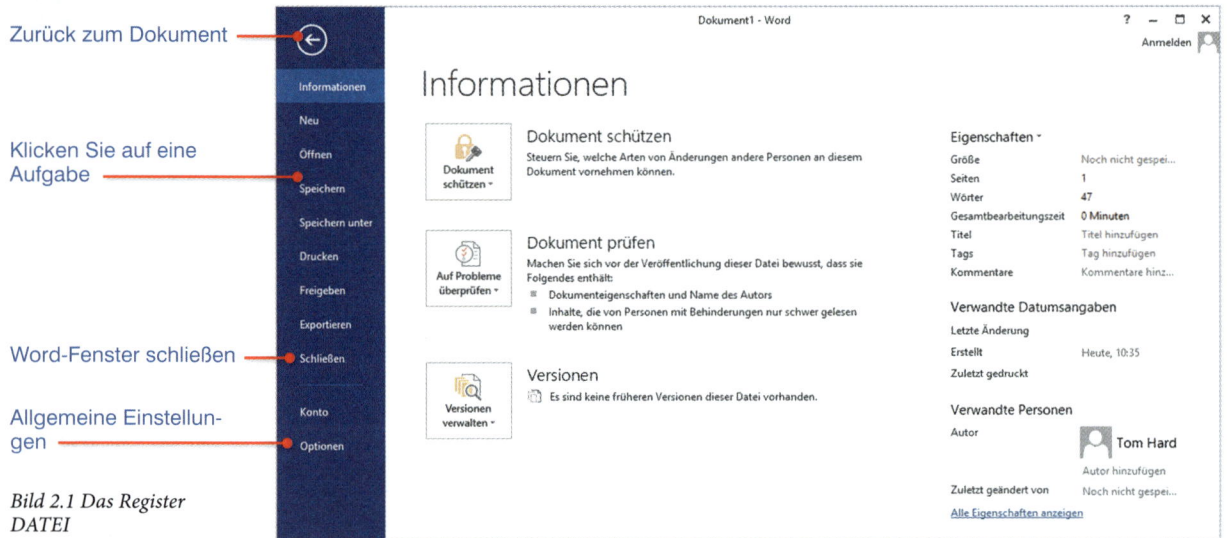

*Bild 2.1 Das Register
DATEI*

In der linken Spalte des Registers *DATEI* finden Sie die verschiedenen Aufgabenbereiche. Klicken Sie auf eine Aufgabe, z. B. *Speichern* oder *Drucken*, so erscheinen rechts die dazugehörigen Befehle und Schaltflächen. Standardmäßig werden beim Aufrufen des Registers allgemeine Informationen zum Dokument angezeigt.

In dieser Spalte finden Sie ganz am Ende die *Optionen*. Ein Klick darauf öffnet das gleichnamige Dialogfenster, in dem Sie allgemeine Einstellungen zu Word vornehmen. Eine Zusammenstellung nützlicher Einstellungen finden Sie am Ende dieser Lektion.

Mit dem Befehl *Schließen* steht im Register *DATEI* eine weitere Möglichkeit zum Schließen des aktuellen Fensters und damit zum Beenden von Word zur Verfügung. Sollten mehrere Dokumente bzw. Fenster mit Word geöffnet sein, so bezieht sich dieser Befehl ausschließlich auf das aktuelle Dokument.

2.2   Ein neues Dokument erstellen

Wenn Sie Word über die Kachel der Startseite bzw. Schaltfläche in der Taskleiste gestartet haben, dann erscheint beim Öffnen die bereits erwähnte Startseite von Word mit mehreren Möglichkeiten zur Erstellung eines neuen Dokuments. Ist Word bereits mit einem Dokument geöffnet, so klicken Sie im Menüband auf *DATEI* und hier auf *Neu*.

Der Unterschied: Die Startseite zeigt links zusätzlich zuletzt verwendete Dokumente an, während im Register *DATEI* → *Neu* an dieser Stelle die Dateiaufgaben sichtbar sind. Die Anzeige im rechten Bereich ist dagegen gleich.

Startseite nicht anzeigen: siehe 2.7, Einstellungen und Optionen

Bild 2.2 Die Startseite von Word   *Bild 2.3 Register DATEI - Neu*

MIt einem leeren Dokument beginnen

Klicken oder tippen Sie rechts auf *Leeres Dokument*. Ein Dokument unter dem vorläufigen Namen Dokument1 wird geöffnet und Sie können mit der Eingabe beginnen. Falls bereits ein neues Dokument erstellt wurde, so erhält das nächste den Namen Dokument2, usw..

Neues Dokument über die Symbolleiste für den Schnellzugriff erstellen

Wenn Sie der *Symbolleiste für den Schnellzugriff* den Befehl *Neu* hinzufügen, dann erhalten Sie ebenfalls mit einem Klick auf dieses Symbol sofort ein leeres Dokument.

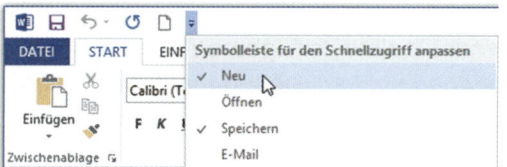 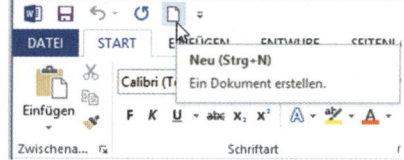

Bild 2.4 Schnellzugriffsleiste: Leeres Dokument erstellen

Eine Vorlage verwenden

Vorlagen sind fertig gestaltete Dokumente, vergleichbar mit Vordrucken. Diese enthalten bereits ein fertiges Seitenlayout mit Text und Formatierungen und häufig auch noch andere Elemente wie Grafiken und Tabellen. Sie brauchen nur noch die gewünschten Inhalte einfügen und das Dokument speichern. Bei

Bedarf können die vorgegebenen Inhalte geändert werden, die Vorlagen selbst werden dadurch nicht verändert. Ihnen steht also ein unbegrenzter Vorrat an Vordrucken, z. B. als Briefpapier, zur Verfügung.

Auf der Startseite und unter *DATEI* ➜ *Neu* finden Sie eine ganze Menge Vorlagen. So gehen Sie bei der Auswahl am besten vor:

1   Scrollen Sie mit Bildlaufleiste oder Mausrädchen nach unten, von den Vorlagen sehen Sie zunächst eine Miniaturvorschau und die Bezeichnung.

2   Mit einem Klick auf eine Vorlage erhalten Sie eine vergrößerte Vorschau (Bild 2.5) zusammen mit einer Beschreibung.

3   Um diese Vorlage zu verwenden, klicken Sie auf *Erstellen*.

4   Entspricht die Vorlage nicht Ihren Vorstellungen, so benutzen Sie die kleinen Pfeile rechts und links, um die nächste bzw. vorherige Vorlage in der Vergrößerung anzuzeigen. Ein Klick auf das *Schließen*-Symbol in der rechten oberen Ecke beendet die Vorschau.

Bild 2.5 Vorlage auswählen

Vorschau schließen

Nächste

Vorherige

Neues Dokument aus Vorlage erstellen

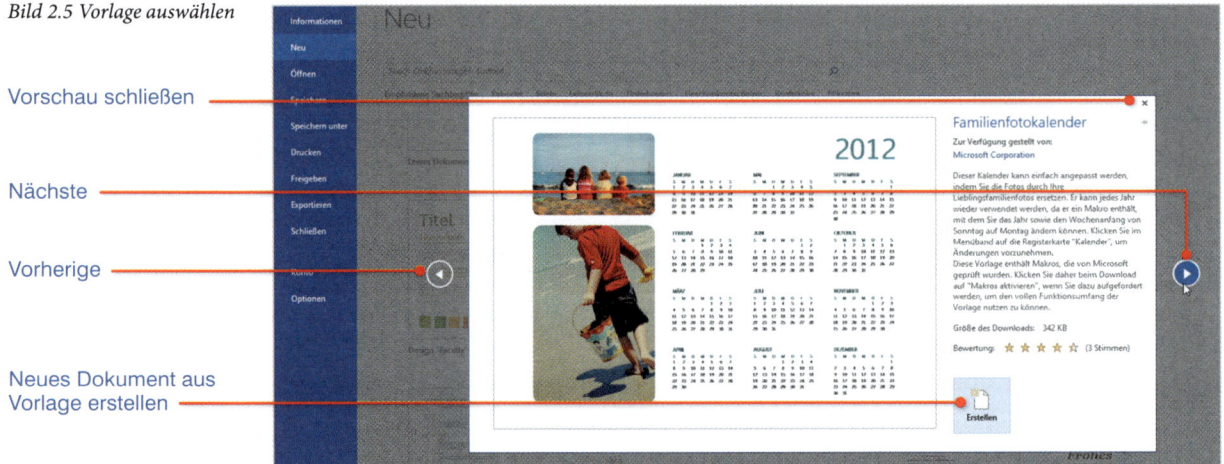

Weitere Vorlagen online suchen
Eine weitere Möglichkeit ist die Suche nach online verfügbaren Vorlagen. Dazu klicken Sie in das Feld *Nach Onlinevorlagen suchen*, geben Ihren Suchbegriff, z. B. Einladung, ein und starten die Suche mit einem Klick rechts auf die Lupe.

Bild 2.6 Onlinevorlagen suchen

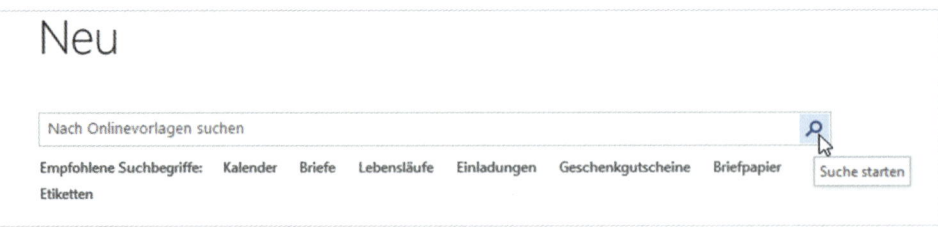

2.3   Microsoft-Konto und Speichern in der Cloud

Je nach Office-Version steht Ihnen unter der Bezeichnung SkyDrive bzw. SkyDrive Pro oder Office 365 SharePoint zusätzlicher Speicherplatz im Internet, genauer gesagt auf einem Microsoft-Server, zur Verfügung. Diesen Speicher können Sie wie eine zusätzliche Festplatte nutzen, in der kostenlosen Standardversion sind dies 7 GB Speicherplatz. Vorteil: Sie haben von jedem PC aus Zugang zu Ihren, auf SkyDrive gespeicherten, Daten und die Dokumente können mit anderen Personen geteilt und gemeinsam bearbeitet werden. Der Nachteil des Speicherns in der Cloud liegt darin, dass die Daten außerhalb Ihres direkten Einflussbereichs auf einem Microsoft-Server gespeichert sind.

Der Begriff „Cloud" rührt daher, dass für die Nutzer der genaue Speicherort nicht nachvollziehbar, undurchsichtig ist.

Mit einem Microsoft-Konto anmelden

Zur Nutzung von SkyDrive benötigen Sie ein Microsoft-Konto (vormals Windows Live-ID), für Office 365 SharePoint im Unternehmen ein so genanntes Organisationskonto und müssen mit diesem Konto angemeldet sein.

Ob, und unter welchem Namen Sie angemeldet sind, sehen Sie mit einem Blick in die rechte obere Ecke des Word-Fensters. Ist Windows 8 bzw. 8.1 als Betriebssystem auf Ihrem PC installiert, dann sind Sie wahrscheinlich bereits mit einem Microsoft-Konto am PC und damit automatisch auch bei allen Office-Anwendungen angemeldet.

Sind Sie nicht angemeldet, so klicken Sie hier auf *Anmelden* oder im Register *DATEI* auf *Konto* und auf *Anmelden*. Geben Sie anschließend die E-Mail-Adresse Ihres Microsoft-Kontos ein und klicken Sie auf *Weiter*. Im nächsten Schritt geben Sie das dazugehörige Kennwort ein und klicken auf *Anmelden*.

Bild 2.7 Anmelden

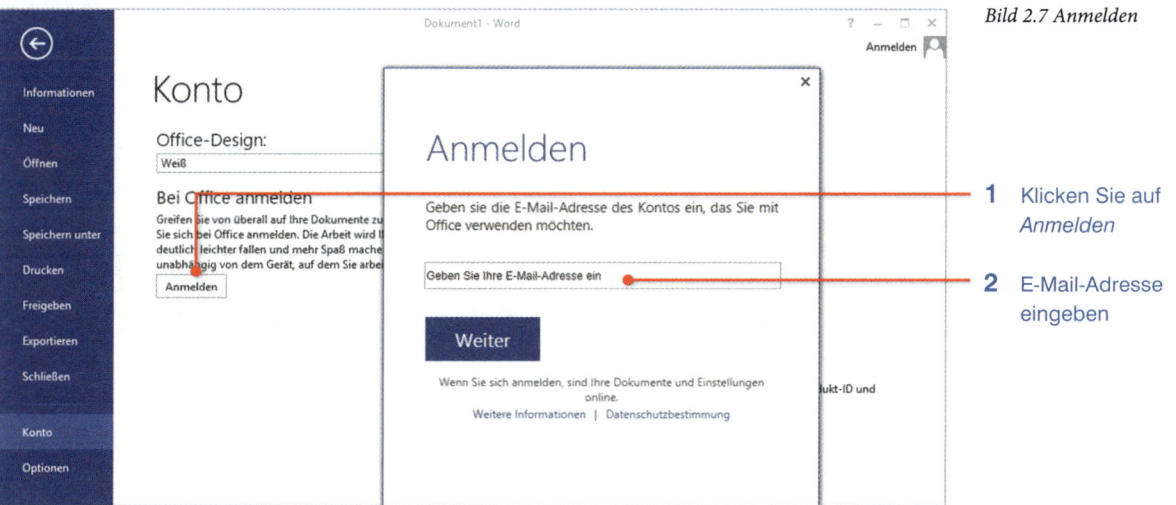

1   Klicken Sie auf *Anmelden*

2   E-Mail-Adresse eingeben

Verfügen Sie über kein Microsoft-Konto?

Haben Sie bereits eine E-Mail-Adresse, die auf outlook.com, outlook.de, live.de, hotmail.com oder hotmail.de endet, dann verfügen Sie damit auch über ein Microsoft-Konto und geben diese E-Mail-Adresse zusammen mit dem dazugehörigen Kennwort bei der Anmeldung ein. Falls nicht, so können Sie sich hier kostenlos registrieren.

Dazu klicken Sie im Register *DATEI* auf *Konto* und hier auf *Anmelden* (siehe Bild 2.7). Geben Sie Ihre E-Mail-Adresse ein, diese kann bei jedem beliebigen Anbieter registriert sein und klicken Sie auf *Weiter*. Anschließend wird nach einem Microsoft-Konto mit dieser Adresse gesucht und Sie erhalten eine Meldung, falls keines gefunden wurde. Klicken Sie nun zum Registrieren eines Microsoft-Kontos auf *Registrieren* und folgen Sie den Anweisungen.

- ■ Zusammen mit dem Microsoft-Konto können Sie eine neue E-Mail-Adresse erstellen. Dazu geben Sie die gewünschte Adresse ein und wählen zwischen verschiedenen Endungen, z. B. outlook.de oder live.de.

- ■ Falls Sie lieber eine bestehende E-Mail-Adresse verwenden möchten, klicken Sie auf den Link unterhalb und geben anschließend diese Adresse an.

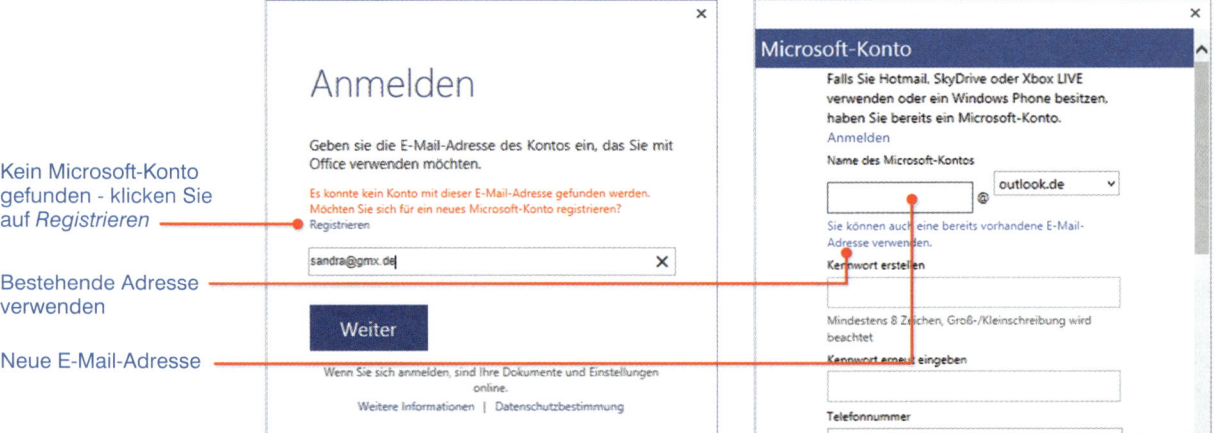

Bild 2.8 Anmelden und registrieren   *Bild 2.9 Ein Microsoft-Konto registrieren*

 Im Register *DATEI* können Sie unter *Konto* jederzeit Ihre Benutzerinformationen und die verbundenen Dienste einsehen. Falls Sie sich abmelden möchten, so finden Sie hier ebenfalls den Befehl dazu, dies ist allerdings nicht möglich, wenn Sie am PC mit einem Microsoft-Konto angemeldet sind.

2.4   Dokument speichern

Bevor Sie Word beenden, sollten Sie nicht vergessen, Ihre Daten zu speichern. Klicken Sie dazu entweder links oben in der Symbolleiste für den Schnellzugriff auf das Symbol *Speichern* oder auf das Register *DATEI* und auf *Speichern*.

Ein Dokument zum ersten Mal speichern

Wenn ein Dokument zum ersten Mal gespeichert wird, dann muss der Speicherort festgelegt werden und Sie müssen angeben, unter welchem Dateinamen das Dokument gespeichert werden soll. Aus diesem Grund zeigt das Register *DATEI* in beiden Fällen anschließend die Seite *Speichern unter* an.

1 Zunächst wählen Sie zwischen SkyDrive und Computer als Speicherort. Meist ist SkyDrive der Standardspeicherort und daher bereits markiert. Möchten Sie dagegen das Dokument auf der Festplatte Ihres PCs oder einem anderen Datenträger speichern, so klicken Sie auf *Computer*. Unter dieser Bezeichnung werden in Office 2013 die Festplatte und alle, an Ihrem PC angeschlossenen Laufwerke, wie z. B. USB-Stick, zusammengefasst.

2 Rechts werden die zuletzt verwendeten Ordner am ausgewählten Ort angezeigt. Befindet sich der gewünschte Ordner darunter, so wählen Sie diesen mit einem Mausklick aus, ansonsten klicken Sie auf die Schaltfläche *Durchsuchen*.

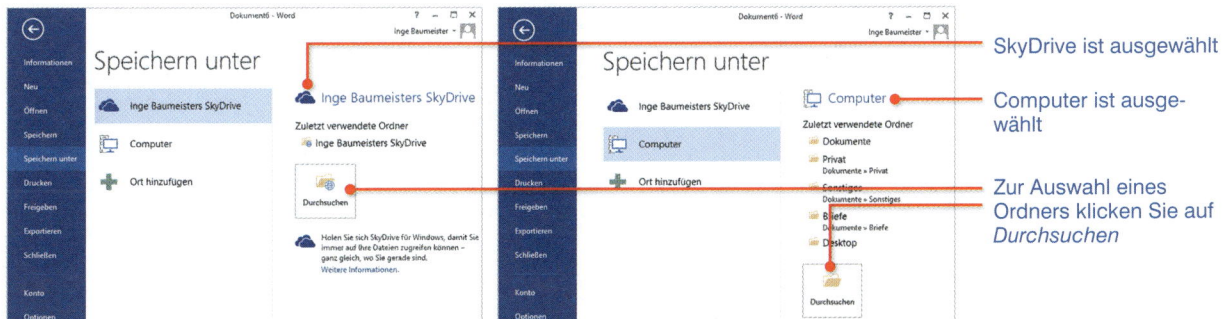

Bild 2.10 Auf SkyDrive speichern   *Bild 2.11 Auf dem PC (Computer) speichern*

In jedem Fall wird anschließend das Dialogfenster *Speichern unter* geöffnet. Das genaue Aussehen dieses Fensters ist abhängig vom Betriebssystem des PCs, daher kann sich die Darstellung auf Ihrem PC etwas von der Abbildung auf der nächsten Seite (Bild 2.12 mit Windows 8.1) unterscheiden.

Dateiname

Als Dateiname werden im Feld *Dateiname* standardmäßig die ersten Zeichen des Dokuments vorgeschlagen, bei einem leeren Dokument ist dies die Nummer des Dokuments, z. B. Dok2. Klicken Sie hier, so wird dieser Name markiert und kann anschließend durch Tastatureingabe mit einem aussagekräftigen Namen überschrieben werden.

Ordner auswählen

Kontrollieren Sie oben im Dialogfenster die Adresszeile. Diese zeigt den aktuell ausgewählten Ordner zusammen mit dem kompletten Suchpfad einschließlich des Laufwerks an, in Bild 2.12 ist dies der Ordner Dokumente auf der lokalen Festplatte. Zur Auswahl eines anderen Ordners benutzen Sie eine der folgenden Möglichkeiten:

Achtung: Die Dreiecke sind nur sichtbar, wenn sich der Mauszeiger im Navigationsbereich befindet!

■ Sollte der gesuchte Ordner rechts im Inhaltsbereich angezeigt werden, so öffnen Sie diesen hier mit einem Doppelklick auf das Ordnersymbol.

■ Oder benutzen Sie die linke Spalte, den Navigationsbereich. Klicken Sie hier auf den gewünschten Ordner, zum Einblenden von Unterordnern verwenden Sie die kleinen Dreiecke links vom Ordnersymbol. Hier haben Sie unter *Netzwerk* auch Zugriff auf die Netzwerkumgebung

■ In einen übergeordneten Ordner gelangen Sie am schnellsten, indem Sie in der Adresszeile auf den Namen des Ordners klicken.

Zuletzt klicken Sie auf die Schaltfläche *Speichern*. Erst jetzt wird das Dokument gespeichert und gleichzeitig das Dialogfenster automatisch geschlossen.

Bild 2.12 Das Dialogfenster Speichern unter

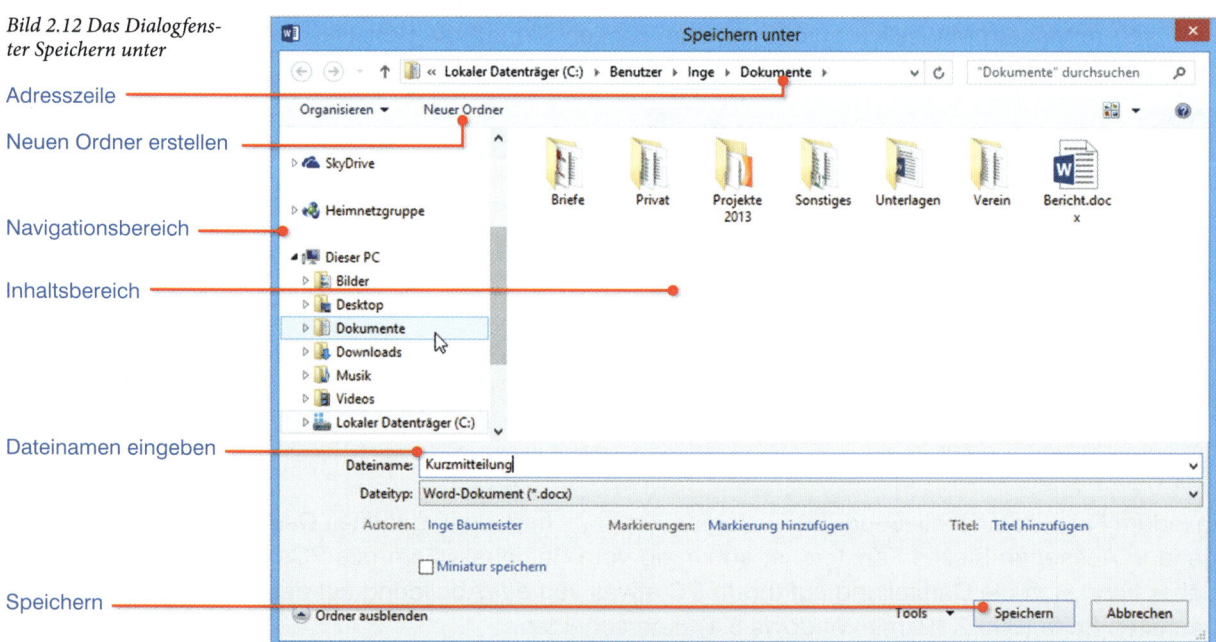

Adresszeile

Neuen Ordner erstellen

Navigationsbereich

Inhaltsbereich

Dateinamen eingeben

Speichern

Noch einige Hinweise zum Speichern:

■ Falls Sie zum Speichern einen neuen Ordner benötigen, so klicken Sie im Dialogfenster auf die Schaltfläche *Neuer Ordner.*

- Unter Windows 7 zeigt der Navigationsbereich die Bibliotheken an, Windows 8.1 fasst dagegen unter *Dieser PC* alle Standardordner und Laufwerke des PCs zusammen, die Bibliotheken sind standardmäßig ausgeblendet.

- Unter Windows 8.1 ist SkyDrive in die Dateiverwaltung integriert, daher finden Sie auch SkyDrive mit allen Ordnern im Navigationsbereich und können hier ebenfalls Ordner auswählen bzw. neu anlegen.

- Der Speichervorgang in der Cloud kann bei umfangreichen Dokumenten etwas länger dauern, da eigentlich ein Upload erfolgt. Der Fortschritt wird in der Statusleiste angezeigt.

Umfangreiche Dokumente sollten daher zunächst auf der Festplatte gespeichert und erst nach Fertigstellung in einen SkyDrive-Ordner verschoben werden.

- Sollten Navigationsbereich und Inhaltsbereich nicht sichtbar sein, so klicken Sie auf den Befehl *Ordner durchsuchen* (Bild 2.13).

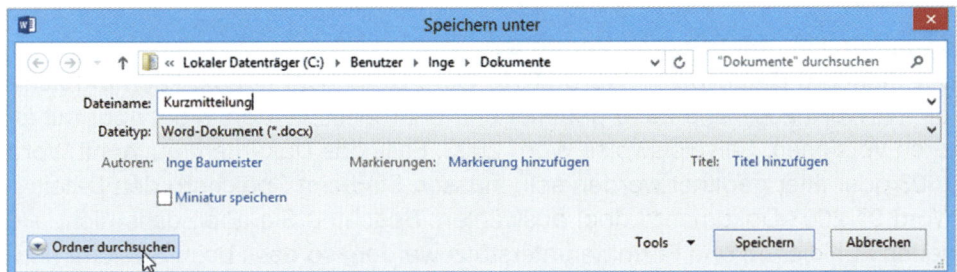

Bild 2.13 Navigationsbereich und Inhaltsbereich anzeigen

Speichern und Speichern unter

Im Register DATEI finden Sie sowohl den Befehl *Speichern* als auch *Speichern unter*. Was ist der Unterschied zwischen diesen beiden Befehlen?

- Wenn Sie ein neues Dokument das erste Mal speichern, dann müssen Sie Dateiname und Speicherort festlegen, dazu wird das Dialogfenster *Speichern unter* automatisch geöffnet. Es spielt keine Rolle, ob Sie auf *Speichern* oder *Speichern unter* klicken.

- Ein bereits gespeichertes Dokument verfügt dagegen bereits über einen Dateinamen. Dann wird im Hintergrund gespeichert, wenn Sie während der Bearbeitung auf das Symbol oder den Befehl *Speichern* klicken.

- Möchten Sie ein geöffnetes und bereits gespeichertes Dokument unter einem anderen Dateinamen und/oder an einem anderen Speicherort ein weiteres Mal speichern, dann benötigen Sie den Befehl *Speichern unter*. Dieser öffnet in jedem Fall das Dialogfenster *Speichern unter* und Sie können einen anderen Dateinamen angeben und/oder einen anderen Speicherort wählen.

Dateityp

Standardmäßig wird ein Word-Dokument im XML-basierten Office-Dateiformat mit der Dateinamenserweiterung .docx gespeichert. Der Dateityp kann im Feld *Dateityp* im Dialogfenster *Speichern unter* unterhalb des Dateinamens kontrolliert und ggfs. geändert werden. Ein Klick auf den Dopdown-Pfeil öffnet eine Liste der verfügbaren Dateitypen.

Bild 2.14 Dateityp ändern

Liste anzeigen

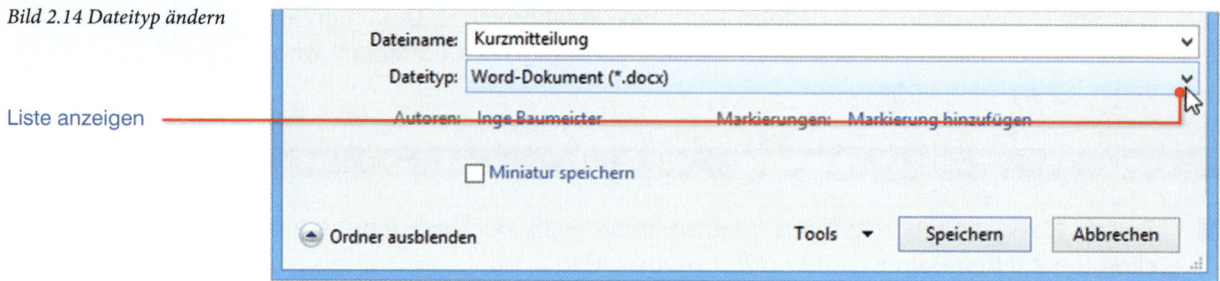

Kompatibilität mit früheren Versionen

Der Standard-Dateityp von Word 2013, Word-Dokument (.docx) kann problemlos mit Word 2007 und 2010 geöffnet und bearbeitet werden, nicht aber mit älteren Versionen, beispielsweise Word 2003. Falls das Dokument auch mit Word 2003 oder älter geöffnet werden soll, müssen Sie beim Speichern den Dateityp Word 97-2003-Dokument (.doc) auswählen. Beachten Sie aber, dass nicht alle neuen Funktionen und Formate unterstützt werden, so dass beim Speichern Informationen verlorengehen können.

2.5   Dokumente öffnen

Achtung: Wurde ein Dokument in der Zwischenzeit gelöscht, verschoben oder umbenannt, so erhalten Sie beim Öffnen eine Fehlermeldung.

Ist Word bereits geöffnet, so klicken Sie auf das Register *DATEI* und auf *Öffnen*. Hier erscheint standardmäßig zunächst die Liste der zuletzt verwendeten Dokumente und zum Öffnen genügt ein Klick auf das Symbol oder den Dateinamen.

Bild 2.15 Register DATEI: Zuletzt verwendete Dokumente

Zuletzt verwendet

SkyDrive

Festplatte

Befindet sich die gesuchte Datei nicht darunter, so wählen Sie wie beim Speichern per Mausklick zunächst entweder *SkyDrive* oder *Computer* aus. Klicken Sie dann auf einen der zuletzt verwendeten Ordner oder auf die Schaltfläche *Durchsuchen*, um das Dialogfenster *Öffnen* anzuzeigen.

Auch die Startseite von Word enthält eine Liste zuletzt verwendeter und gespeicherter Dokumente. Ein Klick auf *Weitere Dokumente öffnen* zeigt ebenfalls das Dialogfenster *Öffnen* an.

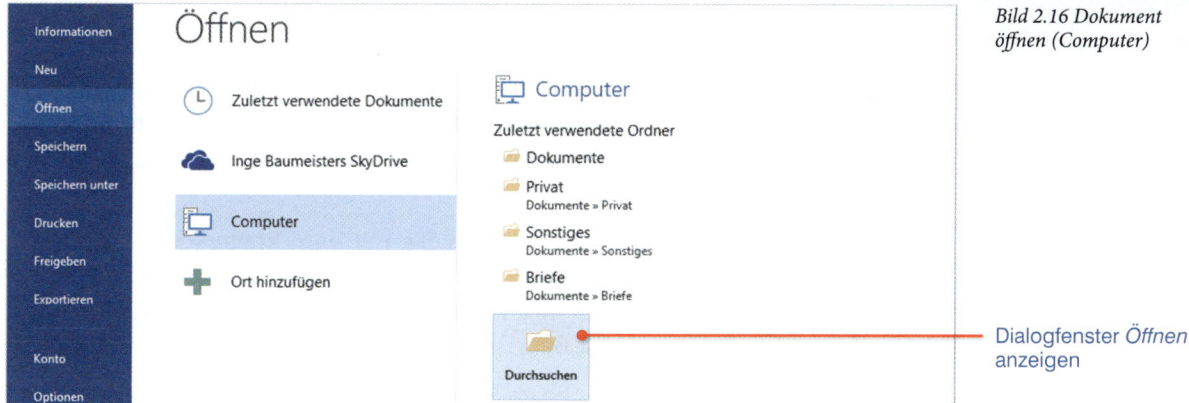

Bild 2.16 Dokument öffnen (Computer)

Dialogfenster *Öffnen* anzeigen

Das Dialogfenster Öffnen

Das Dialogfenster *Öffnen* unterscheidet sich nur geringfügig vom *Speichern unter*-Fenster, das genaue Aussehen hängt ebenfalls vom Betriebssystem ab.

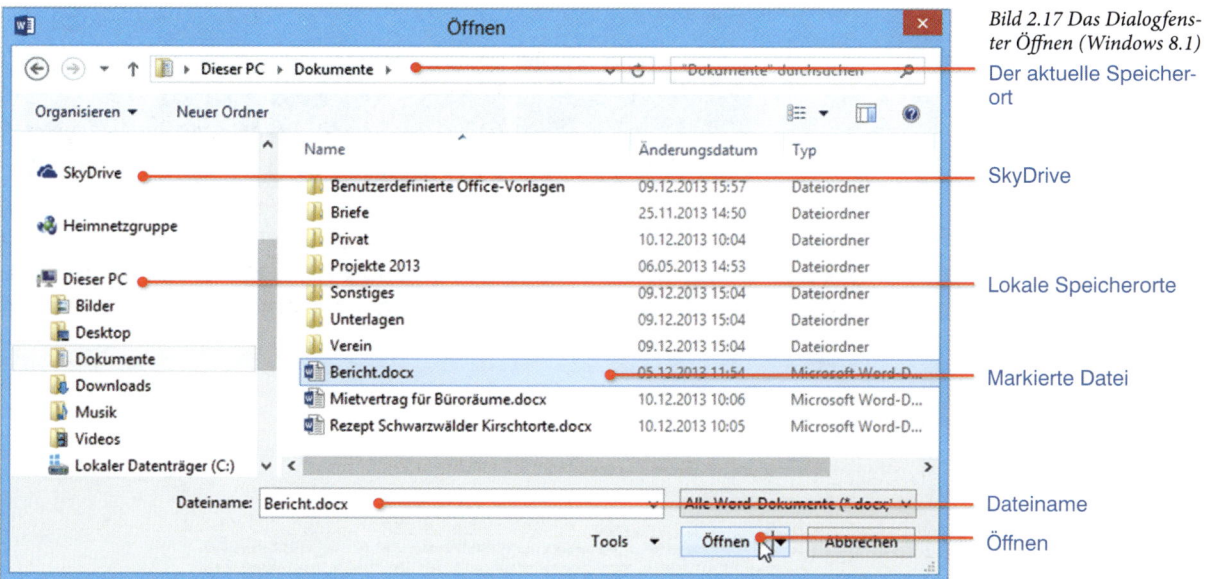

Bild 2.17 Das Dialogfenster Öffnen (Windows 8.1)

Der aktuelle Speicherort

SkyDrive

Lokale Speicherorte

Markierte Datei

Dateiname

Öffnen

41

Wie beim Speichern haben Sie in der linken Spalte, im Navigationsbereich Zugriff auf alle verfügbaren Speicherorte, unter Windows 8 bzw. 8.1 auch auf Ihre SkyDrive-Ordner (siehe Bild 2.17). Zum Öffnen klicken oder tippen Sie rechts im Inhaltsbereich auf das Symbol des gesuchten Dokuments, dieses erscheint farbig hervorgehoben bzw. markiert und der Name wird im Feld *Dateiname* angezeigt. Klicken Sie dann auf die Schaltfläche *Öffnen*. Tipp: Mit Doppelklick auf das Dateisymbol wird das Dokument sofort geöffnet.

Dokumente auf SkyDrive öffnen

Wenn Sie mit einem Microsoft-Konto angemeldet sind und als Betriebssystem Windows 8.1 verwenden, dann ist SkyDrive in die Dateiverwaltung integriert und Sie haben im *Öffnen*-Dialogfenster über den Navigationsbereich Zugriff auf Ihre SkyDrive-Ordner.

Falls Sie mit Windows 7 arbeiten, können Sie mit dem kostenlosen Windows-Tool „Microsoft SkyDrive" SkyDrive in die Dateiverwaltung bzw. den Windows Explorer integrieren. Dieses Tool wird von Microsoft zum Download bereitgestellt und Sie finden SkyDrive anschließend im Windows-Explorer unter den Favoriten.

Auf einem fremden PC erhalten Sie im Browser, z. B. Internet Explorer, Zugriff auf Ihre Dokumente. Rufen Sie die Seite www.skydrive.com auf und melden Sie sich hier mit Ihrem Microsoft-Konto an. Anschließend werden Ihre Ordner im Browser angezeigt und durch einfaches Anklicken geöffnet.

Bild 2.18 SkyDrive-Ordner im Browser

Per Mausklick werden die Dokumente im Browser geöffnet und in der Word Web App angezeigt. Diese ermöglicht das Öffnen und eine eingeschränkte Bearbeitung von Word-Dokumenten, auch wenn Word auf diesem PC nicht installiert ist.

Bild 2.19 Word-Dokument im Browser öffnen

Zuletzt verwendete Dokumente anpassen

Häufig benötigte Dokumente lassen sich in der Liste der zuletzt verwendeten Dokumente dauerhaft anheften und so schneller wieder öffnen. Dazu benutzen Sie das Pin-Symbol, das erscheint, wenn Sie in der Liste auf ein Dokument zeigen. Ein Klick auf das dazugehörige Pin-Symbol heftet ein Dokument an die Liste an und ein weiterer Klick löst es wieder aus der Liste.

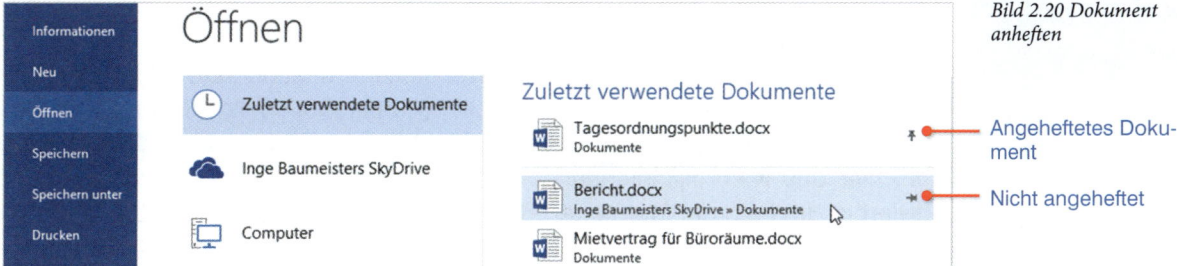

Bild 2.20 Dokument anheften

— Angeheftetes Dokument

— Nicht angeheftet

Befehle zum Anheften bzw. Lösen erhalten auch, wenn Sie mit der rechten Maustaste auf das Pin-Symbol klicken.

Im Kompatibilitätsmodus öffnen

Dokumente mit der Dateinamenserweiterung .doc, die mit älteren Versionen von Word erstellt und gespeichert wurden, werden von Word 2013 im so genannten Kompatibilitätsmodus geöffnet. Ein entsprechender Hinweis erscheint zusammen mit dem Dateinamen in der Titelleiste des Word-Fensters. Im Kompatibilitätsmodus stehen neuere Funktionen von Word 2010, beispielsweise besondere Texteffekte, nicht zur Verfügung.

Bild 2.21 Kompatibilitätsmodus

Soll das Dokument in den neuen Dateityp umgewandelt werden, so klicken Sie im Register *DATEI* auf *Informationen* und hier auf *Konvertieren*. Achtung: Das Dokument im alten Dateiformat wird dadurch überschrieben!

Bild 2.22 Dokument in den neuen Dateityp konvertieren

Nicht gespeicherte Dokumente wiederherstellen

Automatisches Speichern

Word 2013 verfügt über eine Funktion, die während der Arbeit das Dokument im Hintergrund in bestimmten Intervallen automatisch speichert. Im Fall eines Programmabsturzes oder wenn Sie versehentlich das Dokument geschlossen bzw. Word beendet haben, ohne zuvor zu speichern, dann können Sie beim nächsten Öffnen auf die automatisch gespeicherte Version zugreifen.

Voraussetzung ist, dass die AutoWiederherstellen-Funktion aktiviert ist. Die Einstellungen dazu finden Sie im Register *DATEI* unter *Optionen*. Klicken Sie im linken Bereich des Fensters *Word-Optionen* auf *Speichern* und achten Sie darauf, dass hier das Kontrollkästchen *AutoWiederherstellen-Informationen speichern* aktiviert ist. Im Feld dahinter legen Sie das Speicherintervall in Minuten fest.

Bild 2.23 Automatisches Speichern

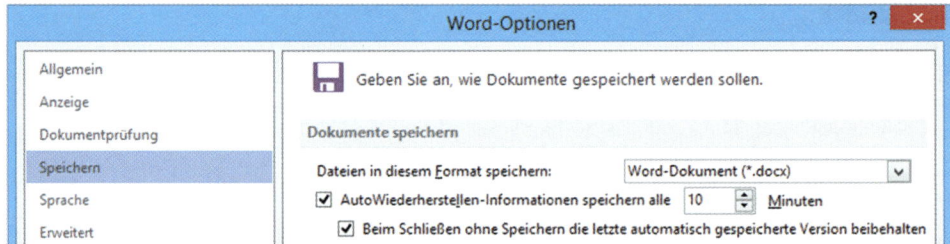

Die automatische Speicherung erfolgt in eine temporäre Datei, die beim Beenden von Word gelöscht wird und nur im Fall eines Programmabsturzes erhalten bleibt. Damit Sie auf diese Datei auch zugreifen können, wenn Sie ein Dokument versehentlich ohne vorheriges Speichern schließen, muss auch noch das Kontrollkästchen *Beim Schließen ohne Speichern die letzte automatisch gespeicherte Version beibehalten* aktiviert sein.

Nach einem Programmabsturz wiederherstellen

Wenn Sie nach einem Programmabsturz Word erneut starten, so erhalten Sie eine Meldung, klicken Sie auf *Wiederhergestellte Dateien anzeigen*. Damit erscheint der Arbeitsbereich *Dokumentwiederherstellung*, klicken Sie hier auf das Dokument, das Sie wiederherstellen möchten, manchmal sind gleich mehrere Versionen eines Dokuments verfügbar. Vergessen Sie anschließend nicht, das Dokument ordnungsgemäß zu speichern!

Wenn Sie das Speichern vergessen haben

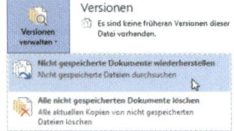

Klicken Sie auf das Register *DATEI* und auf *Informationen*. Klicken Sie dann im rechten Bereich auf die Schaltfläche *Versionen verwalten* und wählen Sie *Nicht gespeicherte Dokumente wiederherstellen*. Der Ordner UnsavedFiles wird geöffnet, markieren Sie mit einem Klick das Dokument, das Sie wiederherstellen möchten und klicken Sie auf *Öffnen*.

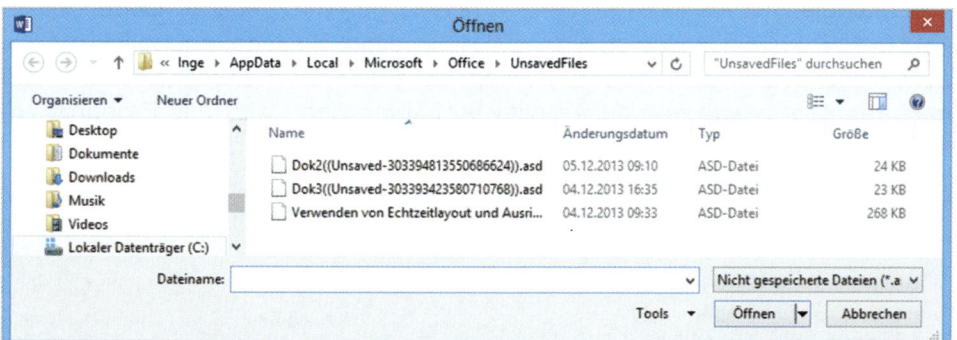

Im geöffneten Dokument erscheint unterhalb des Titels eine Infozeile, die Sie daran erinnert, dass das wiederhergestellte Dokument nur temporär gespeichert wurde. Sie sollten daher nicht vergessen, das Dokument dauerhaft zu speichern. Klicken Sie dazu auf die Schaltfläche *Speichern unter*.

Bild 2.25 Wiederhergestelltes Dokument

2.6 PDF-Datei erstellen

Word 2013 bietet standardmäßig auch das Speichern im PDF-Dateiformat an. Damit werden alle Formate beibehalten und das Dokument kann, unabhängig vom Betriebssystem, auf allen Computern geöffnet und gelesen werden. Als einzige Voraussetzung muss ein Leseprogramm, beispielsweise der kostenlose Adobe Reader, installiert sein.

1 Zum Speichern des aktuellen Dokuments als PDF-Datei klicken Sie im Register *DATEI* auf *Exportieren* und wählen hier *PDF/XPS-Dokument erstellen*.

2 Klicken Sie dann rechts auf die Schaltfläche *PDF/XPS-Dokument erstellen*.

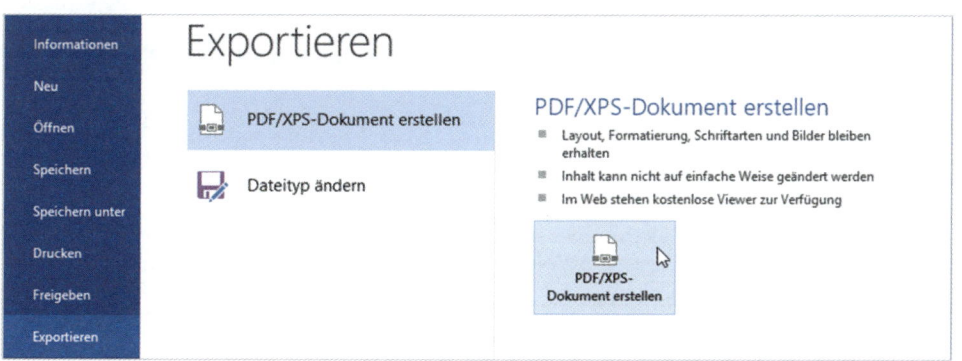

Bild 2.26 PDF-Datei aus Dokument erstellen

Das Dialogfenster *Als PDF oder XPS veröffentlichen* wird geöffnet. Geben Sie im Feld *Dateiname* einen Namen ein, wählen Sie einen Speicherort und klicken Sie abschließend auf *Veröffentlichen*. Wenn Sie zuvor das Kontrollkästchen *Datei nach dem Veröffentlichen öffnen* aktiviert haben, dann wird das Ergebnis anschließend mit Ihrem PDF-Leseprogramm, z. B. Adobe Reader, geöffnet.

Bild 2.27 Als PDF speichern

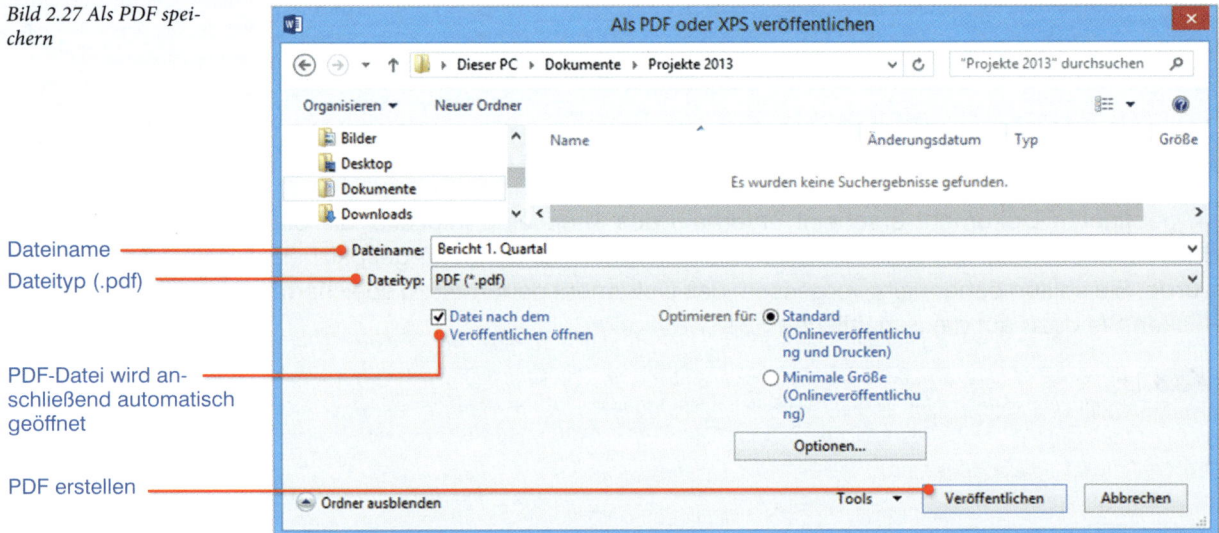

Dateiname

Dateityp (.pdf)

PDF-Datei wird anschließend automatisch geöffnet

PDF erstellen

PDF-Datei öffnen und bearbeiten

Mit Word 2013 können PDF-Dateien auch so geöffnet werden, dass eine Bearbeitung des Textes möglich ist. Klicken Sie dazu im Register *DATEI* auf *Öffnen* und auf die Schaltfläche *Durchsuchen* (siehe Dokumente öffnen). Standardmäßig zeigt das Dialogfenster *Öffnen* auch PDF-Dateien an, sollte dies nicht der Fall sein, so klicken Sie im Dialogfenster auf die Schaltfläche hinter dem Dateinamen und wählen hier entweder *Alle Word-Dokumente* oder *PDF-Dateien* aus. Markieren Sie dann mit einem Mausklick die PDF-Datei und klicken Sie auf *Öffnen*. Eventuell erhalten Sie noch einen Hinweis, dass das Aussehen der konvertierten Datei nicht genau dem der PDF-Datei entspricht, klicken Sie hier auf *OK*.

Bild 2.28 PDF-Datei mit Word öffnen

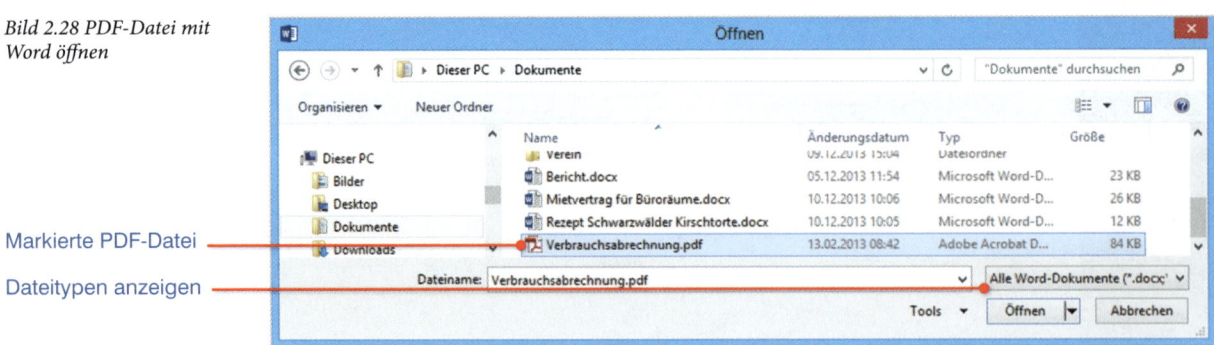

Markierte PDF-Datei

Dateitypen anzeigen

2.7 Einstellungen und Optionen

Darstellung

Sollten Sie die helle Darstellung am Bildschirm als zu wenig kontrastreich emp-
finden, so können Sie dies über das Office-Design ändern: Klicken Sie im Register *DATEI* auf *Konto* und wählen Sie hier zwischen den Office-Designs *Weiß*
(Standardeinstellung), *Hellgrau* oder *Dunkelgrau*. Wenn Sie mit einem Microsoft-Konto angemeldet sind, dann können Sie auch als Office-Hintergrund ein
Motiv auswählen.

Bild 2.29 Office-Design wählen

Bild 2.30 Beispiel Office-Hintergrund

Word-Optionen

Die übrigen Einstellungen finden Sie im Dialogfenster *Word-Optionen*, das Sie
im Register *DATEI → Optionen* öffnen.

Startseite nicht anzeigen

Falls Sie beim Start von Word ohne Anzeige der Startseite sofort mit einem leeren Dokument beginnen möchten, dann klicken Sie in den Word-Optionen auf
Allgemein und entfernen unter *Startoptionen* das Häkchen vor *Startbildschirm
beim Start dieser Anwendung anzeigen*. Bestätigen Sie dann mit *OK*.

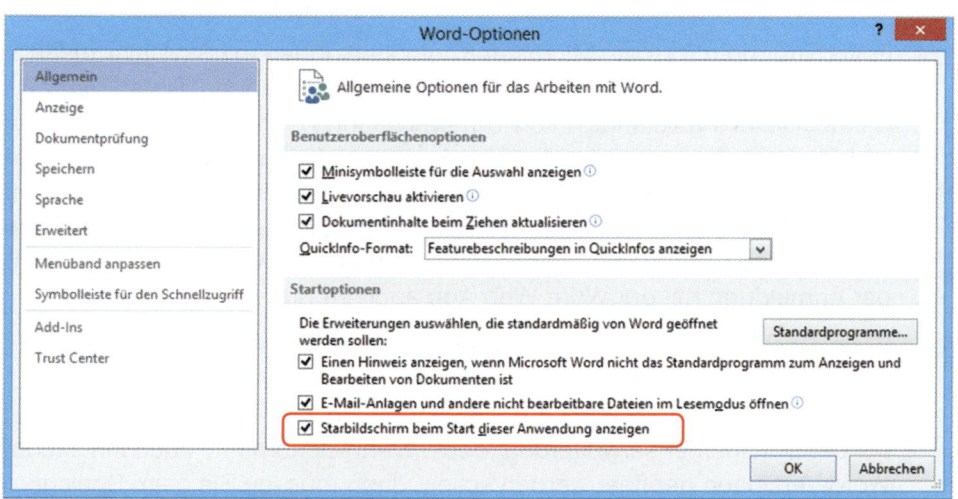

Bild 2.31 Word-Optionen

Speichern-Dialogfenster sofort öffnen

Wenn beim Speichern sofort das Dialogfenster *Speichern unter* geöffnet werden soll, dann klicken Sie in den Word-Optionen auf *Speichern* und aktivieren hier das Kontrollkästchen *Backstage beim Öffnen oder Speichern nicht anzeigen*. Mit dem Kontrollkästchen *Standardmäßig auf Computer speichern* legen Sie Ihren PC als Standardauswahl beim Speichern und Öffnen fest.

Bild 2.32 Word-Optionen: Speichern

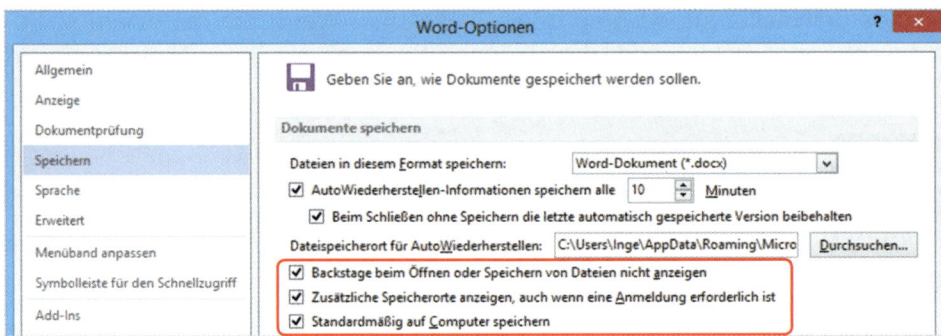

2.8   Zusammenfassung

■ Das Register *DATEI* wird auch als Backstage-Ansicht eines Dokuments bezeichnet und nimmt das gesamte Word-Fenster ein. Hier verwalten Sie Word-Dokumente und ihre Eigenschaften, gleichzeitig finden Sie hier alle Befehle zum Speichern, Öffnen oder Erstellen neuer Dokumente. Über die Word-Optionen ändern Sie allgemeine Einstellungen.

■ In Verbindung mit einem Microsoft-Konto steht Ihnen mit SkyDrive zusätzlicher kostenloser Speicherplatz in der Cloud zur Verfügung. Unter Windows 8.1 ist SkyDrive vollständig in die Dateiverwaltung und damit in den Explorer integriert und kann wie eine zusätzliche Festplatte zum Speichern verwendet werden. Falls Windows 7 auf dem PC installiert ist, steht mit „Microsoft SkyDrive" ein kostenloses Tool zur Integration zur Verfügung. Auf SkyDrive gespeicherte Dokumente können von Ihnen unter www.skydrive.com nach der Anmeldung mit der Word Web App auch im Browser geöffnet werden.

■ Beim Speichern eines Word-Dokuments müssen Sie einen Dateinamen und einen Ordner oder ein Laufwerk als Speicherort angeben. Standardmäßig speichert Word 2013 alle Dokumente im XML-basierten Dateiformat mit der Dateinamenserweiterung .docx. Wenn Dokumente auch mit älteren Word-Versionen geöffnet werden sollen, dann müssen Sie beim Speichern das entsprechende Dateiformat wählen. Word 2013 unterstützt auch das Erstellen und Öffnen von Dateien im PDF-Dateiformat.

■ Mit älteren Versionen erstellte Dokumente werden von Word 2013 im Kompatibilitätsmodus geöffnet und können anschließend bearbeitet oder in den Word 2013 Dateityp konvertiert werden.

■ Sollten Sie einmal das Speichern eines Dokuments vergessen, dann leistet die AutoWiederherstellen-Funktion nützliche Dienste. Wenn die Funktion aktiviert wurde, dann erfolgt im Hintergrund in regelmäßigen Intervallen eine automatische Speicherung in einer temporären Datei. Wird diese Datei beim Beenden von Word nicht gelöscht, so können Sie auch nicht gespeicherte Dokumente, beispielsweise nach einem Programmabsturz, wiederherstellen.

■ Statt mit einem neuen, leeren Dokument zu beginnen, können Sie Vorlagen, vergleichbar mit Vordrucken, verwenden. Dazu stellt Word verschiedene Vorlagen zur Verfügung, die Sie nach Belieben verwenden oder abändern können. Die Vorlage selbst wird dadurch nicht verändert.

2.9   Übung

■ Starten Sie Word und suchen Sie auf der Startseite oder im Register *DATEI* nach Vorlagen, aus denen ein Kalender erstellt werden kann.

■ Erstellen Sie aus einer der Kalendervorlagen ein neues Dokument.

■ Speichern Sie den Kalender unter dem Namen „Übungskalender" im Ordner Dokumente (Windows 7: Bibliothek Dokumente).

■ Speichern Sie den Kalender erneut, diesmal als PDF-Datei.

■ Erstellen Sie anschließend ein neues leeres Dokument und speichern Sie dieses Dokument unter dem Namen „Übung 2" im selben Ordner wie den Kalender.

■ Beenden Sie Word.

■ Starten Sie Word erneut und öffnen Sie über die Startseite oder im Register *DATEI* nacheinander die beiden zuvor erstellten Dokumente.

■ Beenden Sie Word wieder, falls eine Rückfrage erscheint, ob Sie Änderungen speichern möchten, klicken Sie auf *Ja*.

Notizen:

3 Texteingabe und Textkorrektur

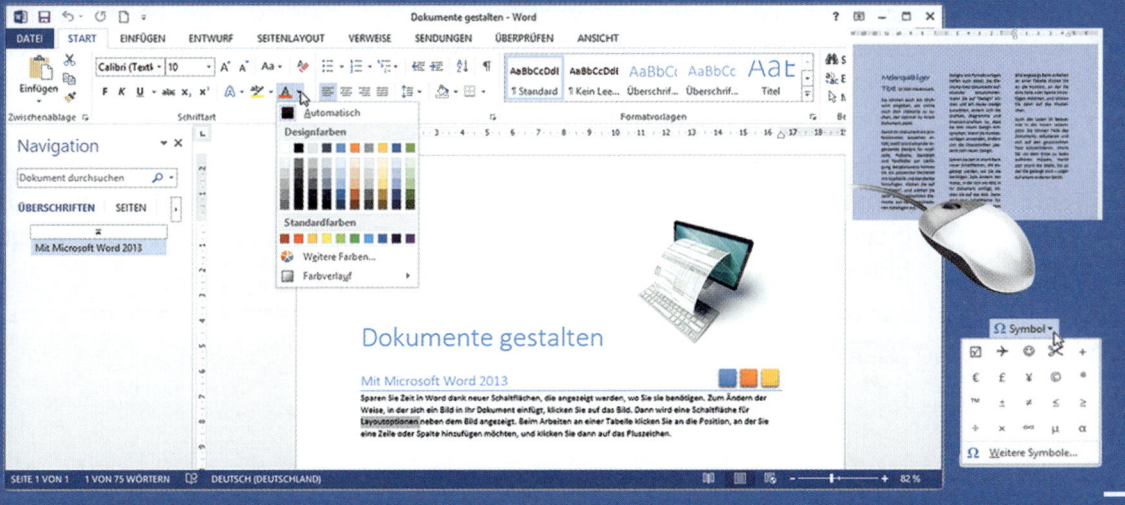

In dieser Lektion lernen Sie...

- Text eingeben und nachträglich korrigieren
- Text markieren, verschieben und kopieren
- Zeilenumbruch und nicht druckbare Zeichen
- Rechtschreibung und Grammatik

Diese Kenntnisse sollten Sie bereits mitbringen...

- Die Arbeitsumgebung von Word

3.1   Text eingeben

Grundlagen

Eine Tastaturübersicht finden Sie außerdem im Anhang.

Beginnen wir mit einem leeren Dokument, um die grundlegende Arbeitsweise bei der Texteingabe und -korrektur näher zu erläutern. Wenn Sie mit der Tastatur noch nicht vertraut sind, so lernen Sie gleichzeitig die Verwendung wichtiger Tasten.

In der linken oberen Ecke des leeren Dokuments, am Textanfang, ist ein blinkender, senkrechter Strich sichtbar, die Einfügemarke oder der Cursor. Jedes Zeichen, das Sie über die Tastatur eintippen, erscheint auf dem Bildschirm an der Cursorposition, gleichzeitig wird der Cursor und damit das Textende nach rechts bzw. nach unten verschoben. Dass sich der Cursor nicht unmittelbar am Rand befindet, liegt daran, dass jedes leere Dokument bereits über voreingestellte Seitenränder verfügt. Wie Sie die Seitenränder ändern, lernen Sie in Lektion 5.

Sollte der Cursor nicht sichtbar sein, so ist das Word-Fenster nicht das aktive Fenster. Klicken oder tippen Sie mit dem Finger in das Fenster und der Cursor erscheint wieder. Beginnen Sie also mit der Eingabe und tippen Sie einen beliebigen kurzen Satz.

Bild 3.1 Cursor und Mauszeiger

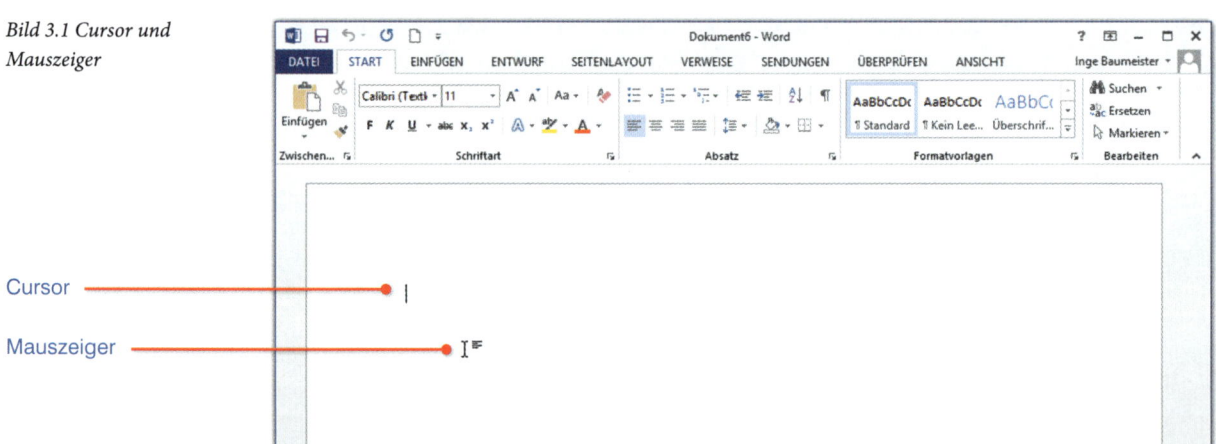

Tipp: Während der Eingabe ist die Position des Mauszeigers nicht von Bedeutung. Positionieren Sie daher vorerst die Maus am besten so, dass sich der Zeiger am Rand oder außerhalb des Dokuments befindet.

Wichtige Tasten während der Eingabe

Taste	Bedeutung
⇧	Zur Eingabe von Großbuchstaben halten Sie gleichzeitig die Umschalt-Taste gedrückt. Diese Taste wird auch als Shift-Taste bezeichnet.
⇩	Durch einmaliges Betätigen der Feststelltaste schalten Sie um auf dauerhafte Großschreibung. Drücken Sie nochmals die Feststelltaste, um diesen Modus wieder zu beenden.
⇄	Zum Überbrücken größerer Zwischenräume innerhalb einer Zeile verwenden Sie anstelle der Leertaste besser die Tabulator-Taste, kurz als Tab-Taste bezeichnet.
←	Diese Taste befindet sich auf der Tastatur oberhalb der Eingabe-Taste und wird als Korrektur-, Rückschritt oder Backspace-Taste bezeichnet. Sie löscht das Zeichen links vom Cursor und wird benutzt, um fehlerhafte Eingaben sofort zu löschen.
↵	Zum Beenden eines Absatzes drücken Sie die Eingabe-Taste. Diese bezeichnet man auch als Enter- oder Return-Taste.

Absätze und automatischer Zeilenumbruch

Passt während der Eingabe ein Wort nicht mehr in eine Zeile, so wandert das Wort an den Anfang der nächsten Zeile, es erfolgt ein automatischer Zeilenumbruch. Wenn Sie nachträgliche Änderungen am Text vornehmen, also Text einfügen, löschen oder eine größere bzw. kleinere Schrift wählen, dann passt sich der Zeilenumbruch jedes Mal automatisch neu an. Die Eingabe- oder Enter-Taste benötigen Sie daher nur, um einen Absatz zu beenden oder wenn Sie Leerzeilen bzw. leere Absätze einfügen möchten.

Unter einem Absatz versteht man in der Textverarbeitung einen zusammenhängenden Text, auch über mehrere Zeilen, der durch Drücken der Eingabe-Taste beendet wird. Verwenden Sie daher grundsätzlich die Eingabe-Taste nur, um einen Absatz zu beenden, nicht aber innerhalb eines zusammenhängenden Textes am Ende jeder Zeile!

Nicht druckbare Steuerzeichen

Word kann am Bildschirm auch Zeichen darstellen, die später auf dem Ausdruck nicht erscheinen, diese werden als Steuerzeichen bezeichnet. Daher kann in einem leeren Dokument möglicherweise rechts vom Cursor dieses Zeichen ¶ sichtbar sein, eine Absatzmarke. Dieses Zeichen wird eingefügt, wenn Sie mit der Eingabe-Taste einen Absatz beenden. Weitere Zeichen sind beispielsweise Leerzeichen zwischen zwei Wörtern und Tabulatorzeichen. Diese Zeichen blenden Sie mit der Schaltfläche *Alle anzeigen* im Register *START*, Gruppe *Absatz* ein und auch wieder aus.

Bild 3.2 Nicht druckbare Steuerzeichen im Text

Ein- und ausblenden

Absatzende

Tabulator

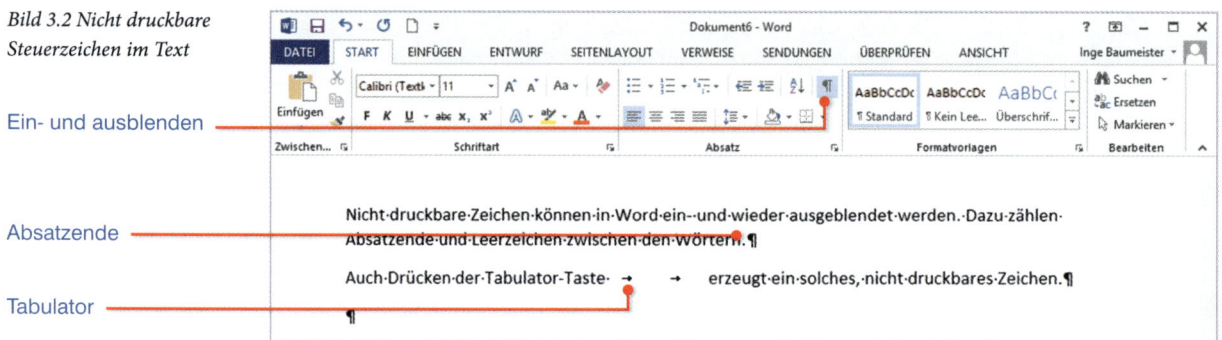

Tipp: Die Anzeige der Steuerzeichen wirkt zwar störend im Schriftbild, liefert aber nützliche Informationen. Beispielsweise, wenn es darum geht, die Anzahl der Leerzeilen im Text zu ermitteln oder um herauszufinden, weshalb Word im Text plötzlich eine neue Zeile beginnt.

3.2   Im Text bewegen

Vor nachträglichen Korrekturen im Text muss immer zuerst der Cursor an der betreffenden Stelle platziert werden. Dies geschieht mit der Maus oder mit den Cursor-Tasten der Tastatur. Dabei kann der Cursor nicht über das Textende hinaus bewegt werden. Möchten Sie anschließend am Textende weiteren Text hinzufügen, so müssen Sie zuerst mit einem Mausklick den Cursor hier platzieren und eventuell mit der Eingabe-Taste einen neuen Absatz anfügen, dann erst können Sie mit der Texteingabe fortfahren.

Cursor mit der Maus versetzen

Die einfachste Möglichkeit zum Versetzen des Cursors ist die Verwendung der Maus: Zeigen Sie an die betreffende Stelle und drücken Sie anschließend die linke Maustaste (Klicken). Verwechseln Sie den Cursor nicht mit dem Mauszeiger! Die Position des Cursors ist unabhängig von der Position des Mauszeigers. In Bild 3.3 befindet sich der Cursor unmittelbar rechts vom Wort „Cursor", während der Mauszeiger unterhalb und rechts vom Absatz platziert ist.

Sie dürfen in keinem Fall den Mauszeiger mit dem Cursor verwechseln. Eingabe und Korrektur von Text erfolgen immer dort, wo sich der Cursor gerade befindet, die Position des Mauszeigers spielt dagegen keine Rolle!

Die Cursor-Tasten der Tastatur verwenden

Wenn Sie den Cursor mit Hilfe der Tastatur, beispielsweise während der Einga-be, bewegen möchten, dann können Sie dazu die folgenden Tasten bzw. Tasten-kombinationen verwenden:

Taste	Bedeutung
← →	Bewegt den Cursor um ein Zeichen nach links oder rechts
Strg + ←	Setzt den Cursor an den Beginn des vorherigen Wor-tes
Strg + →	Setzt den Cursor an den Beginn des nächsten Wortes
↑ ↓	Bewegt den Cursor um eine Zeile nach oben oder unten
Pos 1	An den Anfang der aktuellen Zeile
Ende	An das Ende der aktuellen Zeile
Strg + ↑	Zum Absatzanfang
Strg + ↓	Zum Anfang des nächsten Absatzes
Strg + Pos 1	Zum Dokumentanfang
Strg + Ende	Zum Dokumentende

Taste	Bedeutung
Bild ↑	Eine Bildschirmseite nach oben
Bild ↓	Eine Bildschirmseite nach unten

In längeren Dokumenten bewegen

In längeren Dokumenten ist am Bildschirm nur ein Ausschnitt des gesamten Textes sichtbar. Verwenden Sie dann die Bildlaufleiste am rechtem Bildschirmrand, das Rad der Maus, oder die Tasten Bild auf/ ab, um durch den Text zu blättern (Scrollen).

Bild 3.4 Bildlaufleiste verwenden

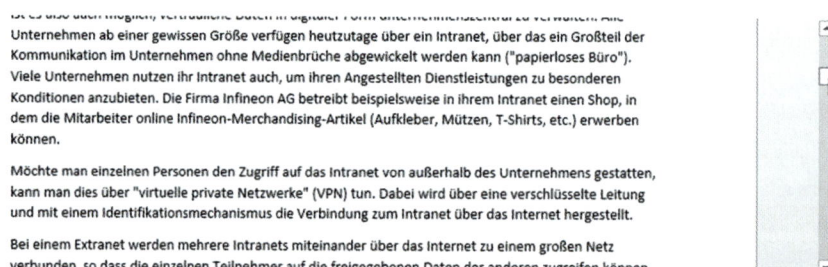

3.3   Text korrigieren

Text löschen

Einzelne Zeichen löschen Sie mit der Taste Entf (Entfernen, engl. Del, delete) oder mit der Korrekturtaste (oberhalb der Eingabe-Taste). Welche der beiden Tasten Sie benutzen, hängt ab von der Position des Cursors und davon, wo sich die zu löschenden Zeichen befinden.

Taste	Bedeutung
←	Löscht das Zeichen links vom Cursor, daher auch als Rückschritt-Taste (engl. Backspace) bezeichnet
Entf	Löscht das Zeichen rechts vom Cursor

Beide Tasten löschen nicht nur ein Zeichen, sondern nacheinander beliebig viele Zeichen, der übrige Text rückt automatisch wieder nach links.

Das Löschen längerer Texte geht schneller, wenn Sie den Text zuvor markieren und dann mit einem einzigen Tastendruck auf die Korrektur- oder Entf-Taste löschen. Wie Sie Text markieren, erfahren Sie unter 3.4 auf Seite 58.

Auch nicht druckbare Steuerzeichen wie Absatzende, Tabulator oder Leerzeichen können gelöscht werden. Beginnt beispielsweise innerhalb eines Wortes plötzlich eine neue Zeile, dann haben Sie vermutlich die Eingabe-Taste gedrückt, während sich der Cursor im Wort befand und dadurch an dieser Stelle ein Absatzende eingefügt. Als Abhilfe sorgen Sie dafür, dass die Absatzendemarke sichtbar ist. Nun können Sie dieses Zeichen löschen und die restliche Zeile wandert wieder nach oben.

> Wenn·plötzlich·mitten·im·Wo¶
>
> rt·eine·neue·Zeile·beginnt,·dann·haben·Sie·die·Eingabe-Taste·gedrückt,·während·sich·der·Cursor·an· dieser·Stelle·befand.¶

Bild 3.5 Unbeabsichtigtes Absatzende

Text nachträglich einfügen

Um nachträglich weitere Zeichen im Text einzufügen, setzen Sie den Cursor an die gewünschte Stelle und geben die Zeichen über die Tastatur ein. Bereits bestehender Text rechts vom Cursor bleibt erhalten und wird automatisch weiter nach rechts bzw. in die nächste Zeile verschoben. Dieser Einfügemodus ist in Word standardmäßig aktiviert.

Eine weitere Möglichkeit, bei der vorhandener Text durch nachträgliche Eingabe von Zeichen überschrieben wird, ist der so genannte Überschreibmodus. Durch Drücken der Einfg-Taste (Einfügen, engl. Ins, insert) kann zwischen Überschreib- und Einfügemodus gewechselt werden. Da der Überschreibmodus normalerweise nicht benötigt wird, ist er in Word 2013 standardmäßig ausgeschaltet und muss bei Bedarf erst in den *Word-Optionen* aktiviert werden.

Bei der Korrektur falscher Buchstaben brauchen Sie also nur den Cursor an der betreffenden Stelle positionieren, das fehlerhafte Zeichen löschen und anschließend das korrekte Zeichen über die Tastatur eingeben.

Rückgängig, Wiederholen und Wiederherstellen

Die meisten Bearbeitungsschritte, wie versehentliches Löschen oder Überschreiben, können in Word wieder rückgängig gemacht werden. Klicken Sie dazu auf die Schaltfläche *Rückgängig* in der Symbolleiste für den Schnellzugriff. Mehrere Schritte können Sie durch wiederholtes Klicken auf die Schaltfläche rückgängig machen.

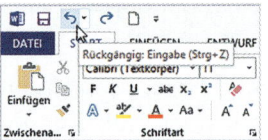 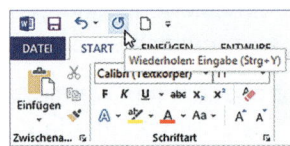 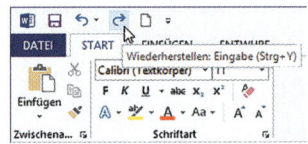

 Genauso ist es möglich, einen Bearbeitungsschritt, beispielsweise das Betätigen der Entf-Taste, zu wiederholen. Mit jedem Klick auf die Schaltfläche *Wiederholen* wird also ein weiteres Zeichen rechts des Cursors gelöscht.

 Haben Sie zu viele Schritte rückgängig gemacht, bzw. wollen Sie die zuvor rückgängig gemachten Aktionen wiederherstellen, dann verwenden Sie die Schaltfläche *Wiederherstellen*.

 Achtung: Das Symbol *Wiederherstellen* erscheint nur, wenn zuvor ein Arbeitsschritt rückgängig gemacht wurde, das Symbol *Wiederholen* nach jeder anderen Aktion.

3.4   Text markieren

Die Markierungsfarbe ist abhängig von verschiedenen Einstellungen und kann daher auch etwas anders aussehen.

Das Markieren von Text gehört zu den wichtigsten Arbeitsschritten in der Textverarbeitung. Nicht nur bei der Korrektur längerer Textstellen, sondern auch beim späteren Formatieren ist vorheriges Markieren erforderlich. Markieren bedeutet also einfach, eine Textstelle für weitere Schritte hervorheben. Markierter Text wird meist grau hinterlegt und ist daher leicht zu erkennen. Eine Markierung ist nicht von Dauer, sondern wird wieder aufgehoben, wenn Sie an eine beliebige Stelle im Dokument klicken oder tippen oder eine andere Stelle markieren.

Markierten Text überschreiben

Grundsätzlich gilt in Word: Markierter Text wird durch Tastatureingabe überschrieben. Wenn Sie also eine Textstelle durch anderen Text ersetzen möchten, dann genügt es, wenn Sie die Textstelle markieren und ohne vorheriges Löschen durch Tastatureingabe einfach überschreiben. Die Anzahl der Zeichen bzw. die Länge des Textes spielen dabei keine Rolle.

Beispiel: Sie möchten das Wort „Textverarbeitungsprogramm" ersetzen durch den Ausdruck „Word 2013". Markieren Sie das Wort mit einer der nachfolgend beschriebenen Methoden und geben Sie den neuen Begriff ein.

Mit der Maus markieren

Am einfachsten markieren Sie mit der Maus: Bewegen Sie den Mauszeiger an den Anfang der Textstelle, die Sie markieren möchten, drücken Sie die linke Maustaste und halten Sie die Taste gedrückt, während Sie gleichzeitig den

Mauszeiger über den Text bewegen, vergleichbar einem Textmarker. Lassen Sie erst los, wenn die gewünschte Textstelle markiert ist.

> Das Intranet ist quasi ein "Internet im Unternehmen". Es nutzt Internet-Technologie, stellt aber unternehmensspezifische Daten zur Verfügung, die von Unternehmensfremden nicht abgerufen werden können. Diese Trennung wird durch spezielle Sicherheitssysteme (z.B. "Firewalls") gewährleistet. Im Intranet ist es also auch möglich, vertrauliche Daten in digitaler Form unternehmenszentral zu verwalten.

Bild 3.6 Text markieren

Tipp: Die Richtung ist beim Markieren egal, Sie können also sowohl von rechts nach links als auch von links nach rechts markieren. Wenn Sie die Maus nach oben oder unten bewegen, dann wird Text in Schreibrichtung auch über mehrere Zeilen markiert.

Neben der oben beschrieben Möglichkeit können Sie noch folgende Methoden zum schnellen Markieren mit der Maus nutzen:

Sie möchten markieren...	So gehen Sie vor
Ein einzelnes Wort	Machen Sie einen Doppelklick in das Wort.
Ein Satz	Klicken Sie bei gleichzeitig gedrückter Strg-Taste in den Satz (dazu darf keine andere Textstelle markiert sein).
Eine Zeile	Klicken Sie mit der Maus am linken Rand vor der gewünschten Zeile. Dieser Bereich ist die so genannte Markierungsspalte, der Mauszeiger wird als gespiegelter Pfeil dargestellt (Beispiel im Bild 3.7 unten).
Mehrere zusammenhängende Zeilen	Bewegen Sie die Maus mit gedrückter linker Maustaste in der Markierungsspalte nach oben oder unten.
Einen Absatz	Klicken Sie in der Markierungsspalte neben dem Absatz doppelt oder klicken Sie dreimal innerhalb des Absatzes an eine beliebige Stelle.

Hier ein Beispiel für Markieren in der Markierungsspalte, achten Sie auf den Mauszeiger!

> Das Intranet ist quasi ein "Internet im Unternehmen". Es nutzt Internet-Technologie, stellt aber unternehmensspezifische Daten zur Verfügung, die von Unternehmensfremden nicht abgerufen werden können. Diese Trennung wird durch spezielle Sicherheitssysteme (z.B. "Firewalls") gewährleistet. Im Intranet ist es also auch möglich, vertrauliche Daten in digitaler Form unternehmenszentral zu verwalten.

Bild 3.7 Markierung in der Markierungsspalte

Nicht zusammenhängende Bereiche markieren

Mehrere nicht zusammenhängende Bereiche markieren Sie mit gleichzeitig gedrückter Strg-Taste. So gehen Sie dabei vor:

1   Markieren Sie die erste Textstelle, wie oben beschrieben.

2   Drücken Sie auf der Tastatur die Strg-Taste und halten Sie sie gedrückt, während Sie nacheinander weitere Textstellen mit der Maus markieren.

3   Zuletzt lassen Sie die Strg-Taste los. Alle Textstellen bleiben solange markiert, bis Sie mit der Maus an eine andere Stelle klicken.

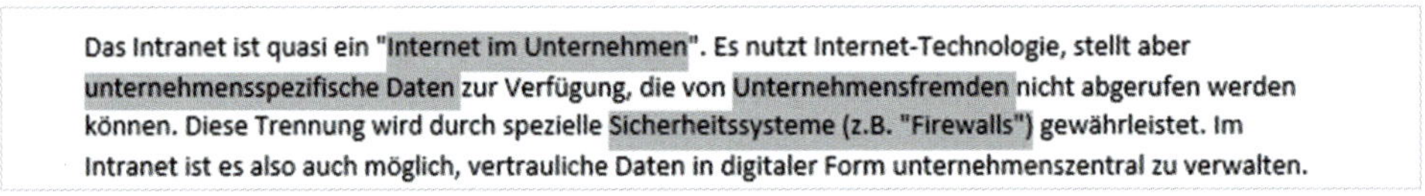

Bild 3.8 Nicht zusammenhängende markierte Stellen

> Das Intranet ist quasi ein "Internet im Unternehmen". Es nutzt Internet-Technologie, stellt aber unternehmensspezifische Daten zur Verfügung, die von Unternehmensfremden nicht abgerufen werden können. Diese Trennung wird durch spezielle Sicherheitssysteme (z.B. "Firewalls") gewährleistet. Im Intranet ist es also auch möglich, vertrauliche Daten in digitaler Form unternehmenszentral zu verwalten.

Mit der Tastatur markieren

Anstelle der Maus können Sie auch mit der Tastatur markieren. Dazu verwenden Sie die Umschalt-Taste in Verbindung mit den Cusor-Tasten.

Sie möchten markieren...	Tasten
Zeichenweise nach rechts	⇧ + →
Zeichenweise nach links	⇧ + ←
Wortweise nach rechts	Strg + ⇧ + →
Wortweise nach links	Strg + ⇧ + ←
Ab Cursor bis zum Absatzanfang	Strg + ⇧ + ↑
Ab Cursor bis zum Absatzende	Strg + ⇧ + ↓
Ab Cursor bis zum Dokumentanfang	Strg + ⇧ + Pos 1

Sie möchten markieren...	Tasten
Ab Cursor bis zum Dokumentende	Strg + ⇧ + Ende
Das gesamte Dokument	Strg + A

Erweiterungsmodus (F8)

Eine andere Möglichkeit ist der Erweiterungsmodus, den Sie mit der Funktionstaste F8 aktivieren. Im Erweiterungsmodus markieren Sie, während Sie den Cursor im Text bewegen. Wenn Sie im Erweiterungsmodus mit der Maus im Text klicken, dann wird der Text ebenfalls bis zu dieser Stelle markiert. Mit der Esc-Taste beenden Sie den Erweiterungsmodus wieder. Weitere Möglichkeiten des Erweiterungsmodus finden Sie in der Tabelle.

Sie möchten markieren...	Drücken Sie...
Das aktuelle Wort	zweimal F8
Den aktuellen Satz	dreimal F8
Den aktuellen Absatz	viermal F8
Das gesamte Dokument	fünfmal F8

3.5 Rechtschreib- und Grammatikprüfung

Erscheinen während der Eingabe auf dem Bildschirm einzelne Wörter mit einer roten Wellenlinie unterstrichen? Dann wurden diese Wörter von der automatischen Rechtschreibprüfung als Fehler gekennzeichnet. Grammatikfehler werden mit einer grünen Wellenlinie hervorgehoben. Diese Kennzeichnung erscheint ausschließlich auf dem Bildschirm und nicht auf dem Ausdruck.

Die Überprüfung erfolgt automatisch während der Eingabe anhand eines Standardwörterbuches und integrierter Regeln für Rechtschreibung und Grammatik. Ist ein Wort nicht im Wörterbuch enthalten, wird es als Rechtschreibfehler gekennzeichnet. Normalerweise verwendet Word ein deutsches Wörterbuch, sodass beispielsweise englische Ausdrücke trotz korrekter Schreibweise ebenfalls als Fehler hervorgehoben werden. Auch Adressangaben und Namen von

Personen oder Firmen werden häufig als Fehler gekennzeichnet. Ob die Recht-schreib- und Grammatikprüfung aktiv ist und ob Fehler gefunden wurden, erken-nen Sie an einem Symbol in der Statusleiste.

Sie sollten auch beachten, dass nicht immer alle Rechtschreib- und Grammatik-fehler von Word gefunden werden!

Bild 3.9 Beispiel: Recht-schreib- und Grammatik-kennzeichnung

Die automdische Rechtschreibprüfung von Word prüft während der eingabe anhand Wörterbuchs
die korekte Schreibweise und kennzeichnet Rechtschreibfehler mit einer roten Wellenlinie.
Grammatikfehler werden mit einem blauen Wellenlinie hervorgehoben.

Auch Adressen und Namen werden häufig als Fehler markiert.
Beispiel: Valentin Trumpelt
12456 Keinhausen
Bremsweg 23

Fremdwörter werden in einem ansonsten deutschen Text ebenfalls als Fehler hervorgehoben:
Beispiel: Errare humanum est oder nobody is perfect

Text enthält Fehler

SEITE 1 VON 1   63 WÖRTER   130 %

Korrekturmöglichkeiten

Zur nachträglichen Korrektur der Rechtschreib- und Grammatikfehler benutzen Sie eine der folgenden Möglichkeiten:

Möglichkeit 1

Klicken Sie im Dokument mit der rechten Maustaste auf ein als Fehler gekenn-zeichnetes Wort. Ein Kontextmenü mit Korrekturvorschlägen erscheint und mit einem Klick auf die richtige Schreibweise wird das Wort im Text ersetzt.

Bild 3.10 Rechtschreib-korrektur mit der rechten Maustaste

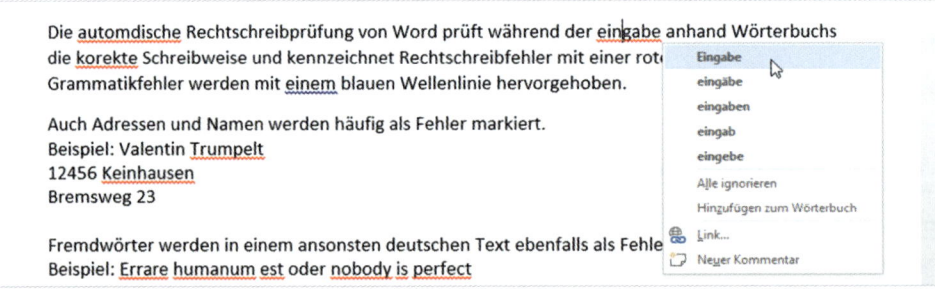

Die automdische Rechtschreibprüfung von Word prüft während der eingabe anhand Wörterbuchs
die korekte Schreibweise und kennzeichnet Rechtschreibfehler mit einer rot
Grammatikfehler werden mit einem blauen Wellenlinie hervorgehoben.

Auch Adressen und Namen werden häufig als Fehler markiert.
Beispiel: Valentin Trumpelt
12456 Keinhausen
Bremsweg 23

Fremdwörter werden in einem ansonsten deutschen Text ebenfalls als Fehle
Beispiel: Errare humanum est oder nobody is perfect

Eingabe
eingäbe
eingaben
eingab
eingebe
Alle ignorieren
Hinzufügen zum Wörterbuch
Link...
Neuer Kommentar

Möglichkeit 2

ABC
✓
Rechtschreibung
und Grammatik

Klicken Sie in der Statusleiste am unteren Bildschirmrand auf das Symbol *Recht-schreibung* oder wechseln Sie in das Register *ÜBERPRÜFEN* und klicken hier auf *Rechtschreibung und Grammatik*. Word beginnt die Suche ab der Cursorpo-sition und markiert den ersten Fehler. Gleichzeitig öffnet sich am rechten Rand der Aufgabenbereich *Rechtschreibung* mit Korrekturvorschlägen. Klicken Sie mit der Maus auf die gewünschte Schreibweise und dann auf *Ändern*. Das Wort wird ersetzt und sofort der nächste Fehler im Dokument markiert.

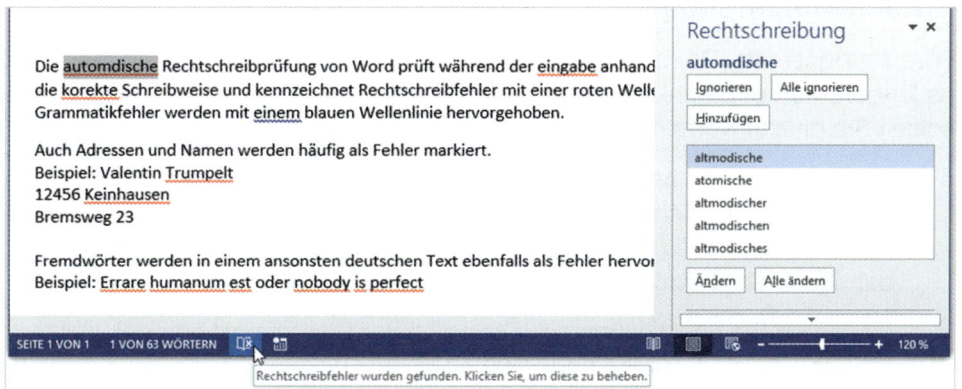

Bild 3.11 Der Aufgabenbereich Rechtschreibung

Tipps zur Korrektur

Die richtige Schreibweise ist nicht in den Korrekturvorschlägen enthalten

Manchmal wird ein Fehler zwar erkannt, Word zeigt aber keine oder nicht die richtigen Korrekturvorschläge an. Dann müssen Sie selbst die nötigen Änderungen im Dokument vornehmen. Das fehlerhafte Wort ist bereits markiert und kann überschrieben werden, klicken Sie anschließend auf *Fortsetzen*.

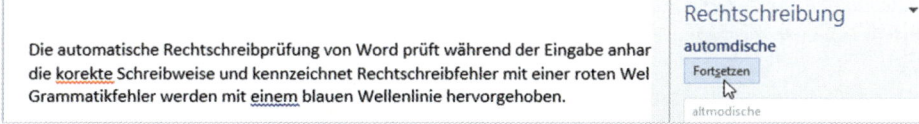

Bild 3.12 Manuelle Korrektur im Text

Ein Wort wurde richtig eingegeben, aber als Fehler markiert

Namen von Personen und Adressenangaben sind nicht immer im Wörterbuch von Word enthalten. In diesem Fall klicken Sie entweder auf die Option *Ignorieren*, damit wird der Fehler nur an dieser Stelle ignoriert, oder auf *Alle ignorieren*, wenn dieses Wort im gesamten Text ignoriert werden soll. Fremdwörter sind ebenfalls nicht im deutschen Wörterbuch enthalten. Sie können aber häufig verwendete Begriffe mit dem Befehl *Hinzufügen* in das Wörterbuch mit aufnehmen.

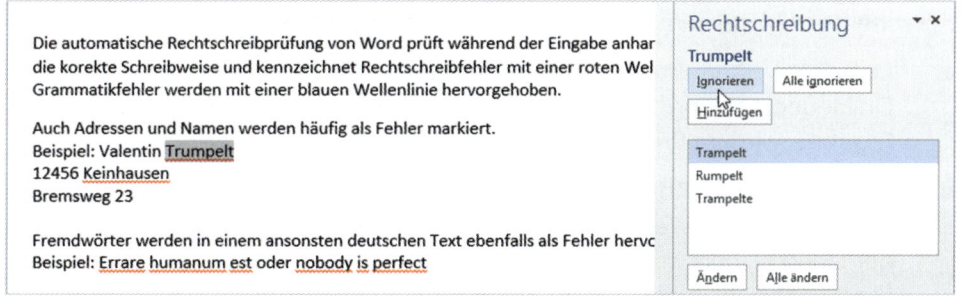

Bild 3.13 Fehler ignorieren

Spracheinstellungen

Wird das gesamte Dokument in einer anderen Sprache verfasst oder enthält es längere fremdsprachliche Abschnitte, beispielsweise englische Sätze, dann sollten Sie die zur Korrektur verwendete Sprache ändern.

1 Markieren Sie die betreffende Textstelle und klicken Sie im Register *ÜBER-PRÜFEN* auf die Schaltfläche *Sprache*. Wählen Sie *Sprache für Korrekturhilfen festlegen...*. Wird die verwendete Sprache in der Statusleiste angezeigt, dann können Sie auch hier auf die Sprache klicken.

2 Markieren Sie anschließend im Dialogfenster *Sprache* mit einem Mausklick die verwendete Sprache und klicken Sie auf *OK*. Die geänderte Sprachein-stellung gilt ausschließlich für den markierten Text.

3 Wurden im Dokument Rechtschreibfehler gefunden, so erhalten Sie jetzt im Aufgabenbereich *Rechtschreibung* für diesen Text Korrekturhilfen in der zuvor festgelegten Sprache.

Bild 3.14 Sprache für markierten Text festlegen   *Bild 3.15 Sprache wählen*

Übersetzungshilfen

Im Register *ÜBERPRÜFEN* erhalten Sie mit der Schaltfläche *Übersetzen* ver-schiedene Übersetzungshilfen. Falls Sie eine andere Sprache als die hier ange-zeigte (standardmäßig Englisch (USA)) benötigen, dann müssen Sie zuvor auf *Sprache für die Übersetzung auswählen...* klicken (Bild 3.16).

■ *Dokument übersetzen* übersetzt das gesamte Dokument mit Hilfe eines Onlineübersetzungsdienstes in die zuvor ausgewählte Sprache und das Ergebnis wird im Webbrowser, z. B. Internet Explorer, angezeigt.

■ Um eine bestimmte Stelle zu übersetzen, markieren Sie diese und klicken auf *Ausgewählten Text übersetzen*. Der Aufgabenbereich *Recherchieren* mit der Übersetzung wird angezeigt. Neben der Auswahl der Sprache können Sie hier ebenfalls das gesamte Dokument übersetzen lassen.

■ Als dritte Möglichkeit können Sie die Übersetzungshilfe aktivieren. Klicken Sie auf Übersetzen und auf *Übersetzungshilfe*. Damit erhalten Sie im Dokument Übersetzungsvorschläge zusammen mit einer kleinen Symbolleiste, wenn Sie auf ein Wort oder eine markierte Textstelle zeigen (Bild 3.17). Ein erneuter Klick auf *Übersetzungshilfe* deaktiviert diese wieder.

Bild 3.16 Übersetzungsmöglichkeiten   *Bild 3.17 Übersetzungshilfe im Text*

Optionen zur Rechtschreib- und Grammatikprüfung

Zusätzliche Einstellungen zur Rechtschreib- und Grammatikprüfung legen Sie in den Word-Optionen fest. Klicken Sie dazu auf das Register *DATEI* und auf *Optionen*, worauf das Dialogfenster *Word-Optionen* geöffnet wird. Klicken Sie links auf den Eintrag *Dokumentprüfung*.

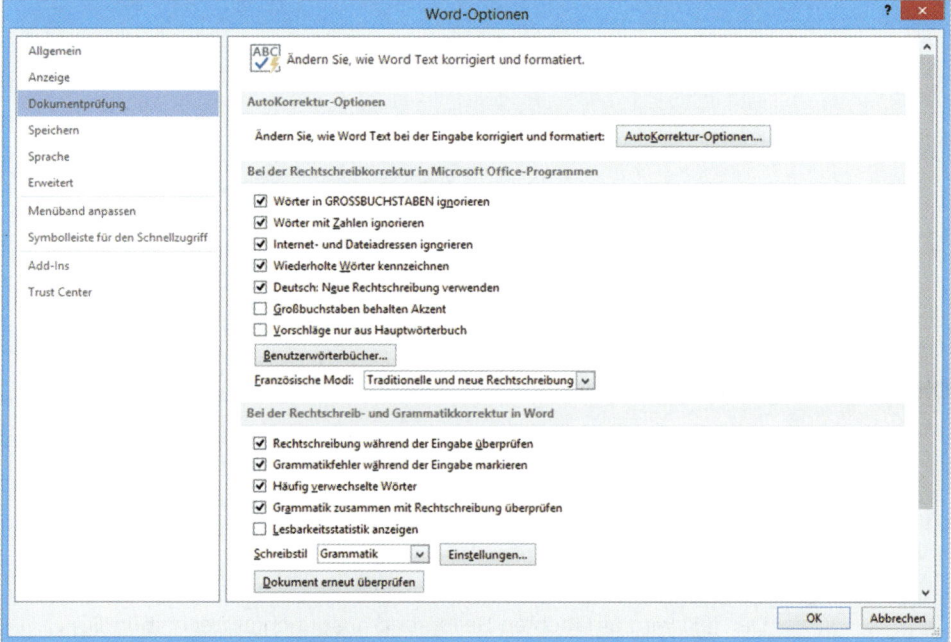

Bild 3.18 Optionen zur Dokumentprüfung

- Ein Kontrollkästchen legt fest, ob Word die neue deutsche Rechtschreibung verwenden soll (dies ist die Standardeinstellung).

- Als Standardeinstellung werden Wörter in Großbuchstaben (häufig Firmenoder Produktnamen), Internetadressen, Dateinamen bzw. Suchpfade und Wörter mit Zahlen von der Rechtschreibprüfung ausgenommen.

3.6   Besonderheiten bei der Eingabe

Leerzeilen am Textende überbrücken

Unterhalb vom Textende erscheinen am Mauszeiger je nach Position Symbole verschiedener Absatzausrichtungen (siehe auch nächste Lektion). Dies signalisiert, dass an dieser Stelle nach einem Doppelklick der Cursor erscheint und Sie sofort Text eingeben können. Der Absatz erhält die angezeigte Ausrichtung und der Abstand zur Cursorposition wird automatisch mit Leerzeilen aufgefüllt.

Möchten Sie beispielsweise in der Mitte eines leeren Dokuments mit der Texteingabe beginnen, dann zeigen Sie an die betreffende Stelle und achten Sie dabei auf den Mauszeiger. Nach einem Doppelklick erscheint hier der Cursor und Sie können Text eingeben.

Bild 3.19 Leerzeilen überbrücken

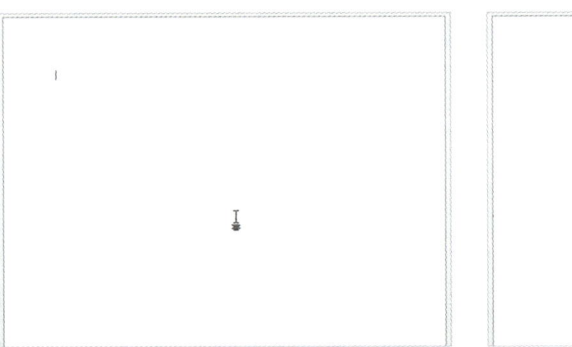 

Die Bedeutung der Symbole:

$I^{\equiv}$	Der Text wird am linken Seitenrand ausgerichtet
$I_{\underline{\equiv}}$	Der Text wird zwischen dem linken und rechten Seitenrand zentriert
$I^{\equiv}$	Der Text wird am rechten Seitenrand ausgerichtet (rechtsbündig)

Zeilenumbrüche

Manuellen Zeilenumbruch einfügen
Durch Drücken der Eingabe-Taste erzeugen Sie ein Absatzende und beginnen eine neue Zeile. In manchen Fällen kann es sinnvoll sein, eine neue Zeile zu beginnen, ohne den Absatz zu beenden. Dies bezeichnet man in Word auch als manuellen Zeilenumbruch oder „weiche" Zeilenschaltung. Einen manuellen Zeilenumbruch fügen Sie mit den Tasten Umschalt + Eingabe-Taste ein. Bei eingeblendeten Steuerzeichen erscheint am Zeilenende dieses Zeichen: ↵

Verwenden·Sie·eine·weiche·Zeilenschaltung,·↵
wenn·Sie·eine·neue·Zeile·beginnen,·nicht·aber·den·Absatz·beenden·möchten¶

¶

Bild 3.20 Weiche Zeilenschaltung

Automatischen Zeilenumbruch verhindern
Standardmäßig erfolgt ein automatischer Zeilenumbruch zwischen zwei Wörtern, also bei einem Leerzeichen. Nicht immer ist dies aber auch erwünscht. So können etwa Bezeichnungen oder Zahlen wie 1 000 000 EUR durch einen Zeilenumbruch getrennt werden. Dies verhindern Sie mit einem geschützen Leerzeichen, das Sie anstelle der Leerzeichen mit der folgenden Tastenkombination eingeben: Strg+Umschalt+Leertaste. Bei eingeblendeten Steuerzeichen sind an dieser Stelle statt normaler Leerzeichen Gradzeichen sichtbar.

1°000°000°EUR·Lottogewinn¶

Wenn Sie bei einem Bindestrich den automatischen Zeilenumbruch verhindern möchten, dann geben Sie anstelle des normalen Bindestrichs mit der Tastenkombination Strg+Umschalt+Bindestrich einen geschützen Bindestrich ein.

Seitenumbruch einfügen

Word erkennt automatisch das Ende einer Druckseite. Es erfolgt ein automatischer Seitenumbruch und eine neue Seite wird an das Dokument angefügt. Benötigen Sie dagegen einen Seitenumbruch an einer bestimmten Stelle, so fügen Sie im Dokument einen manuellen Seitenwechsel oder Seitenumbruch ein.

Platzieren Sie den Cursor an der Stelle des Dokuments, an der Sie eine neue Seite beginnen möchten und klicken Sie im Register *EINFÜGEN*, Gruppe *Seiten,* auf die Schaltfläche *Seitenumbruch*. Der Seitenumbruch wird links vom Cursor eingefügt und bei sichtbaren Steuerzeichen als gepunktete Linie dargestellt.

Das·Intranet·ist·quasi·ein·"Internet·im·Unternehmen".·Es·nutzt·Internet-Technologie,·stellt·aber·
unternehmensspezifische·Daten·zur·Verfügung,·die·von·Unternehmensfremden·nicht·abgerufen·werden·
können.·Diese·Trennung·wird·durch·spezielle·Sicherheitssysteme·(z.B.·"Firewalls")·gewährleistet.¶

·············Seitenumbruch·············¶

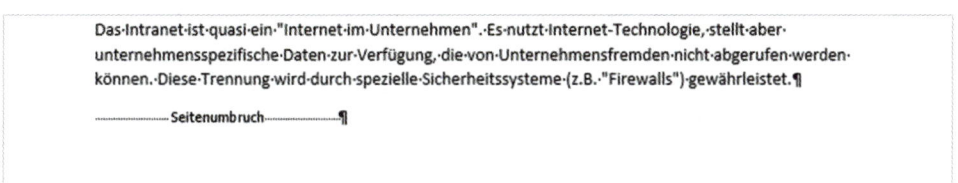

Bild 3.21 Manueller Seitenumbruch im Text

Die Tastenkombination Strg+Eingabe-Taste erzeugt ebenfalls an der Cursorposition einen Seitenumbruch. Im Gegensatz zum automatischen Seitenumbruch können Sie einen manuellen Seitenumbruch jederzeit wieder löschen: Blenden Sie die Steuerzeichen ein, klicken Sie auf den Seitenumbruch und drücken Sie die Entf-Taste.

Silbentrennung

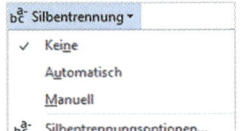

Während der Eingabe erfolgt keine automatische Trennung von Wörtern. Verzichten Sie aber bei der Texteingabe in jedem Fall auf die Eingabe von Trennstrichen in Form eines normalen Bindestrichs. Bei späteren Änderungen am Textinhalt und damit verbundenen Änderungen des Zeilenumbruchs befinden sich sonst die Trennstriche mitten im Text.

Bedingte Trennstriche

Wenn Sie während der Eingabe Trennstriche verwenden möchten, dann sollten Sie anstelle des normalen Bindestrichs den sogenannten „bedingten Trennstrich" mit der Tastenkombination Strg+Bindestrich eingeben. Ein bedingter Trennstrich wird nur dann gedruckt, wenn er benötigt wird, also am Ende einer Zeile und wird ansonsten nicht angezeigt. Nur bei eingeblendeten Steuerzeichen erscheint dieser Trennstrich in der Bildschirmanzeige auch inmitten einer Zeile.

Nachträgliche Silbentrennung vornehmen

Sie können jederzeit die Silbentrennung nachträglich aktivieren. Klicken Sie dazu im Register *SEITENLAYOUT*, Gruppe *Seite einrichten*, auf die Schaltfläche *Silbentrennung* und wählen Sie eine der beiden folgenden Möglichkeiten:

- ■ Am einfachsten aktivieren Sie mit der Einstellung *Automatisch* die automatische Silbentrennung. Diese erfolgt dann im gesamten Text während der Eingabe und bei nachträglichen Änderungen automatisch. Über *Silbentrennungsoptionen* können Sie noch die maximale Zahl der aufeinanderfolgenden Trennstriche festlegen.

- ■ Wählen Sie *Manuell*, so müssen Sie jeden Trennvorschlag bestätigen oder ändern. In diesem Fall verwendet Word ebenfalls bedingte Trennstriche.

Autokorrektur

Wenn während der Eingabe am Anfang eines neuen Satzes oder eines neuen Absatzes der erste Buchstabe eines versehentlich oder absichtlich klein geschriebenen Wortes automatisch in einen Großbuchstaben umgewandelt wird, dann liegt dies an der Autokorrektur von Word. Im Gegensatz zur Rechtschreibprüfung, die Fehler nur kennzeichnet, erfolgt durch die Autokorrektur bereits während der Eingabe eine Korrektur häufiger Rechtschreibfehler oder Buchstabendreher. So wandelt die Autokorrektur beispielsweise die Zeichenfolge „udn" in das Wort „und" um, nach der Eingabe von (c) erscheint das Copyright-Zeichen ©, usw.

Sie können die Autokorrektur anschließend wieder rückgängig machen, wenn Sie auf das Wort zeigen. Unterhalb des Wortes erscheint eine blaue Markierung bzw. eine kleine Schaltfläche und ein Klick darauf erlaubt das Rückgängigmachen der soeben erfolgten Autokorrektur oder das Deaktivieren der automatischen Korrektur für diese Zeichenfolge.

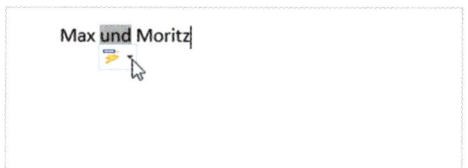 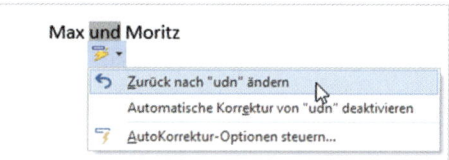

Bild 3.22 AutoKorrektur-Optionen anzeigen

AutoKorrektur-Optionen

Der Befehl *Autokorrektur-Optionen steuern...* öffnet ein Dialogfenster, in dem Sie unter anderem festlegen können, ob Word jeden Satz (und Absatz) automatisch mit einem Großbuchstaben beginnen soll. Dies gilt nicht für gebräuchliche Abkürzungen, die Sie unter der Schaltfläche *Ausnahmen...* finden. Nützlich ist auch die automatische Korrektur, wenn versehentlich die Feststelltaste betätigt wurde.

Alternativ öffnen Sie das Dialogfenster AutoKorrektur in den Word-Optionen. Klicken Sie auf Dokumentprüfung.

Bild 3.23 AutoKorrektur-Optionen

Unterhalb finden Sie eine Liste aller Zeichenfolgen, die sofort nach der Eingabe automatisch korrigiert werden, allerdings nur, wenn das Kontrollkästchen *Während der Eingabe ersetzen* aktiviert ist. Diese Liste können Sie mit eigenen Ersetzungen ergänzen. Geben Sie im Feld *Ersetzen* die zu ersetzende Zeichenfolge, z. B. ein Wort mit vertauschten Buchstaben, ein und daneben im Feld *Durch*

geben Sie das Wort in der richtigen Schreibweise ein. Dann klicken Sie auf *Hin-zufügen*.

Tipp: Sie können die Autokorrektur auch benutzen, um während der Eingabe bestimmte Kürzel durch häufig benötigte Textfloskeln ersetzen zu lassen. Bei-spielsweise Ihre Initialen durch Ihren vollständigen Namen oder den Namen der Firma oder das Kürzel mfg durch die Grußformel „Mit freundlichen Grüßen". Ge-ben Sie hierzu in das Feld *Ersetzen*: „mfg" und in das Feld *Durch*: „Mit freundli-chen Grüßen" ein.

Bild 3.24 Eigene Einträge hinzufügen

Hyperlinks
E-Mail-Adressen oder Adressen im Internet (Webadressen) werden unmittelbar nach der Eingabe automatisch in sogenannte Hyperlinks umgewandelt. Hyper-links, kurz auch als Links bezeichnet, sind Verknüpfungen zu Webseiten oder anderen Dokumenten und werden in Word standardmäßig mit blauer Schrift-farbe und unterstrichen gekennzeichnet. Wenn Sie mit der Maus auf einen Link zeigen, wird der Mauszeiger als Hand dargestellt und es erscheint ein kurzer Hinweistext. Klicken Sie bei gedrückter Strg-Taste auf den Link, so wird Ihr Stan-dardbrowser geöffnet und die entsprechende Seite angezeigt. Bei E-Mail Adres-sen wird automatisch ihr E-Mail-Programm geöffnet und eine neue Nachricht an die angegebene Adresse erstellt.

Um zu vermeiden, dass eine Adresse als Hyperlink angezeigt und später auch mit dieser Formatierung gedruckt wird, machen Sie diese automatische Um-wandlung unmittelbar danach wie die zuvor beschriebene AutoKorrektur rück-gängig. Alternativ verwenden Sie den Befehl *Hyperlink entfernen* im Kontextme-nü der rechten Maustaste.

Bild 3.25 Hyperlinks im Text

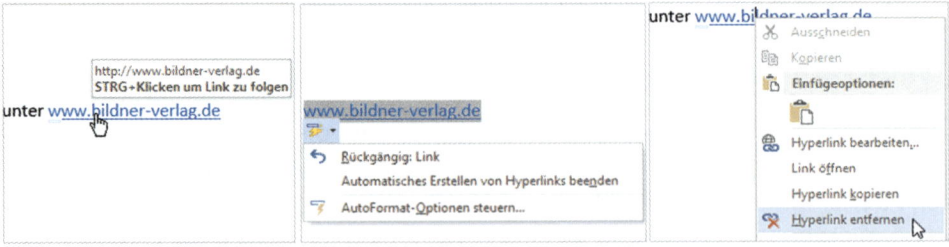

AutoFormat während der Eingabe

Einige Zeichen werden während der Eingabe von Word automatisch ersetzt, so werden beispielsweise "gerade" Anführungszeichen oben sofort nach der Eingabe in „typografische" Anführungszeichen umgewandelt. Die Einstellungen zu dieser automatischen Formatierung finden Sie ebenfalls im Dialogfenster *Auto-Korrektur*. Öffnen Sie das Dialogfenster wie oben beschrieben oder im Register *DATEI* ➜ *Optionen* ➜ *Dokumentprüfung* und klicken Sie auf das Register *Auto-Format während der Eingabe*.

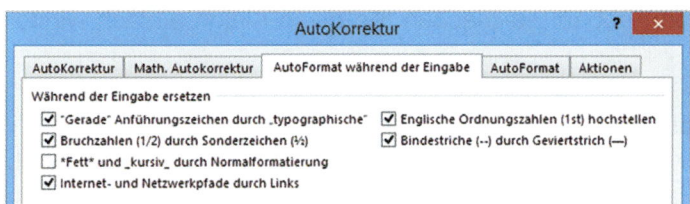

Bild 3.26 Anführungszeichen während der Eingabe ersetzen

3.7 Text verschieben oder kopieren

Eine wichtige Korrektur- und Bearbeitungsmöglichkeit ist das nachträgliche Kopieren oder Verschieben von Text an eine andere Stelle des Dokuments. Dabei können Sie den markierten Text entweder mit der Maus verschieben, dies wird auch als Drag & Drop bezeichnet, oder die Zwischenablage verwenden. In jedem Fall müssen Sie den betreffenden Text zuvor markieren.

Drag & drop, dt. ziehen und fallenlassen

Verwenden der Maus

Innerhalb eines Absatzes oder einer Bildschirmseite können Sie Textstellen mit gedrückter Maustaste verschieben:

Bild 3.38 Text verschieben

1 Markieren Sie zuerst die Textstelle, die Sie verschieben möchten und lassen Sie die Maustaste danach wieder los.

2 Zeigen Sie mit der Maus auf die Markierung (der Mauszeiger erscheint als Pfeil), drücken Sie die linke Maustaste und halten Sie die Taste gedrückt, während Sie die Maus über den Text bewegen. Am Mauszeiger wird ein kleines Kästchen sichtbar und im Text wandert der Cursor mit. Der markierte Text selbst bleibt vorerst an seiner ursprünglichen Stelle.

3 Positionieren Sie den Cursor am Zielort im Text und lassen Sie die Maustaste wieder los. Erst jetzt wird der markierte Text an dieser Stelle eingefügt.
Meist erfolgt mit dem Einfügen auch ein automatischer Ausgleich der Leerzeichen.

4 An der Einfügestelle erscheint ein kleines Kästchen (Bild 3.38), über das
Sie das Übernehmen von Formaten steuern können. Innerhalb eines Absatzes ist dies meist nicht von Bedeutung.

Tipp: Falls dies nicht auf Anhieb klappt und Sie den Text versehentlich an die
falsche Stelle verschoben haben, so machen Sie diese Aktion einfach wieder
rückgängig.

Text mit der Maus kopieren

Kopieren bedeutet, der Text bleibt an der ursprünglichen Stelle erhalten. Auch
dazu können Sie die Maus verwenden. Dabei gehen Sie wie beim Verschieben
vor, müssen aber während des Ziehens gleichzeitig die Strg-Taste gedrückt halten. Am Mauszeiger erscheint dabei ein kleines Pluszeichen.

Bild 3.27 Text kopieren

Die Zwischenablage

Das Drag & Drop-Verfahren mit der Maus eignet sich nicht, wenn Sie in umfangreichen Dokumenten über mehrere Seiten hinweg verschieben oder kopieren
wollen. Dann benutzen Sie besser die Zwischenablage. Ein weiterer Vorteil der
Zwischenablage: Ausgeschnittener oder kopierter Text verbleibt solange in der
Zwischenablage, bis Sie den nächsten Text ausschneiden oder kopieren und
kann daher auch mehrmals eingefügt werden.

Die Schaltflächen zur Verwendung der Zwischenablage finden Sie im Menüband
im Register *START*, Gruppe *Zwischenablage*, sowie im Kontextmenü, wenn Sie
mit der rechten Maustaste auf markierten Text klicken. Alternativ können Sie
auch Tastenkombinationen verwenden.

*Bild 3.28 Zwischenablage
verwenden*

Übersicht Schaltflächen und Tastenkombinationen

Sie möchten...	Symbol	Tastenkombination
Markierten Text in die Zwischenablage ausschneiden	✂ Ausschneiden	Strg + X
Markierten Text in die Zwischenablage kopieren	📋 Kopieren	Strg + C
Text aus der Zwischenablage an der Cursorposition einfügen	📋 Einfügen ▾	Strg + V

Die Vorgehensweise bei Verwendung der Zwischenablage ist immer gleich und möglicherweise bereits von Windows bekannt.

1 Markieren Sie den Text, den Sie kopieren oder ausschneiden möchten.

2 Zum Ausschneiden drücken Sie entweder die Tasten Strg+X oder klicken auf das Symbol *Schere*. Zum Kopieren verwenden Sie die Tasten Strg+C oder klicken auf das Symbol *Kopieren*.

3 Positionieren Sie im Text den Cursor an der Stelle, an der Sie den Text aus der Zwischenablage einfügen möchten. Drücken Sie dann entweder die Tastenkombination Strg+V oder klicken Sie in der Gruppe *Zwischenablage* auf die Schaltfläche *Einfügen*.

Erweiterte Einfügeoptionen

Sie können beim Einfügen steuern, ob auch Formatierungen wie Schriftgröße und -art aus der Quelle beibehalten werden sollen. Hierzu verwenden Sie entweder die Schaltfläche *Einfügeoptionen*, die nach dem Einfügen im Dokument erscheint oder Sie klicken auf den Dropdown-Pfeil der Schaltfläche *Einfügen* (Gruppe *Zwischenablage*).

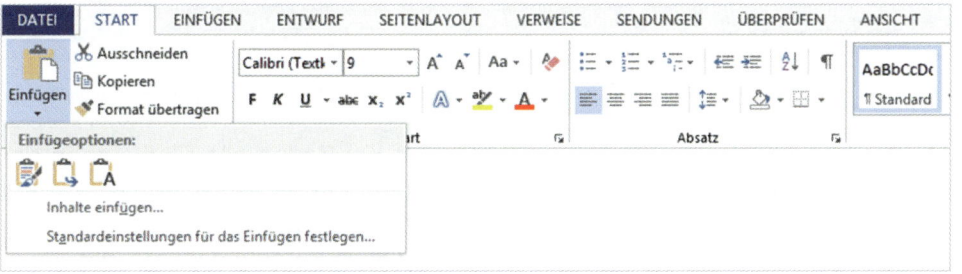

Bild 3.29 Einfügeoptionen

Folgende Möglichkeiten stehen zur Auswahl:

■ *Ursprüngliche Formatierung beibehalten*: Die Formatierung des eingefügten Textes wird aus der Quelle übernommen

■ *Formatierung zusammenführen*: Formatierungsmerkmale wie Fett, Kursiv und Unterstrichen werden aus der Quelle übernommen, nicht jedoch Schriftart und -größe .

■ *Nur den Text übernehmen*: Es werden keine Formatierungsmerkmale aus der Quelle übernommen.

Die Office-Zwischenablage

Mit der oben beschriebenen Methode können Sie immer nur das zuletzt ausgeschnittene oder kopierte Textelement wieder einfügen. Im Gegensatz dazu speichert die Office-Zwischenablage bis zu 24 Elemente. Häufig erscheint der Bereich Office-Zwischenablage automatisch am rechten Rand des Word-Fensters, sobald Sie ein Element in die Zwischenablage ausschneiden oder kopieren.

Sollte dies nicht der Fall sein, so öffnen Sie die Office-Zwischenablage mit einem Mausklick auf das Pfeilsymbol ⌐ der Gruppe *Zwischenablage* (Register *START*).

Der Aufgabenbereich *Zwischenablage* wird am linken Seitenrand eingeblendet. Wenn Sie nun Text kopieren bzw. ausschneiden, so wird er der Zwischenablage hinzugefügt. Die Einträge können auch mehrfach und in beliebiger Reihenfolge an der Cursorposition eingefügt werden. Klicken Sie dazu entweder direkt in das Element oder auf den kleinen Pfeil, der beim Zeigen auf einen Eintrag erscheint. Dieser erlaubt auch das Löschen des betreffenden Eintrags.

Bild 3.30 Die Office-Zwischenablage

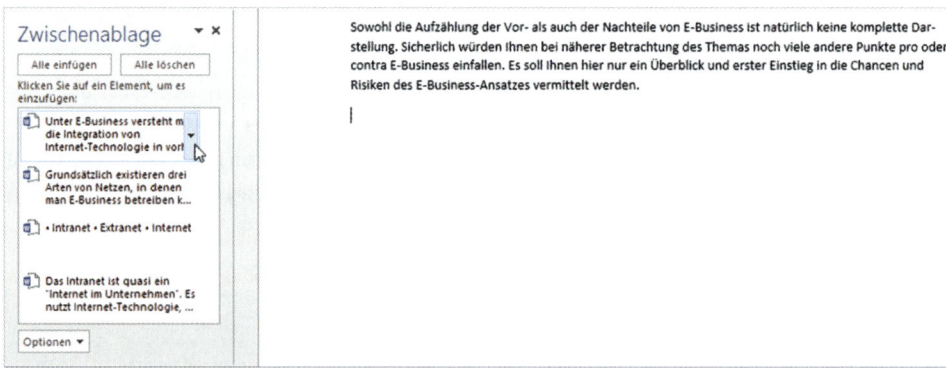

Mit der Schaltfläche *Alle einfügen* lassen sich bei Bedarf alle Elemente in der angezeigten Reihenfolge im Dokument einfügen, die Schaltfläche *Alle löschen* entfernt alle Einträge aus der Office-Zwischenablage. Weitere Möglichkeiten, wie zum Beispiel das automatische Anzeigen der Office-Zwischenablage, aktivieren oder deaktivieren Sie über die Schaltfläche *Optionen*.

Daten zwischen Dokumenten austauschen

Die Zwischenablage kann auch verwendet werden, um Texte oder beliebige Elemente zwischen verschiedenen Dokumenten auszutauschen. Dies können nicht nur Texte aus Word-Dokumenten, sondern beliebige Elemente, wie beispielsweise Bilder, aus anderen Anwendungen sein. Die Office-Zwischenablage unterstützt ausschließlich den Datenaustausch zwischen Microsoft Office-Programmen, beispielsweise Microsoft Excel-Arbeitsmappen oder Microsoft Power-Point-Präsentationen. Die normale Windows-Zwischenablage dagegen können Sie für nahezu alle Anwendungen einsetzen. In jedem Fall müssen beide Dokumente geöffnet sein. So gehen Sie dabei vor:

1 Markieren Sie das betreffende Element und kopieren Sie es in die Zwischenablage.

2 Wechseln Sie über die Taskleiste in das Zieldokument.

3 Positionieren Sie den Cursor an der gewünschten Stelle und fügen Sie den Inhalt der Zwischenablage ein. Bei Verwendung der Office-Zwischenablage müssen Sie diese zuvor öffnen.

3.8   Suchen und ersetzen

Mit den Befehlen *Suchen* und *Ersetzen* können Sie im Dokument gezielt nach Begriffen suchen oder eine Zeichenfolge durch eine andere ersetzen.

Zeichenfolge suchen

Klicken Sie im Register *START*, Gruppe *Bearbeiten*, auf die Schaltfläche *Suchen*. Am linken Rand wird der Bereich *Navigation* eingeblendet. Geben Sie im Feld die gesuchte Zeichenfolge ein. Bereits während der Eingabe listet Word im Bereich darunter alle Textstellen mit der gesuchten Zeichenfolge auf. Zusätzlich werden die Treffer im Dokument farblich hervorgehoben.

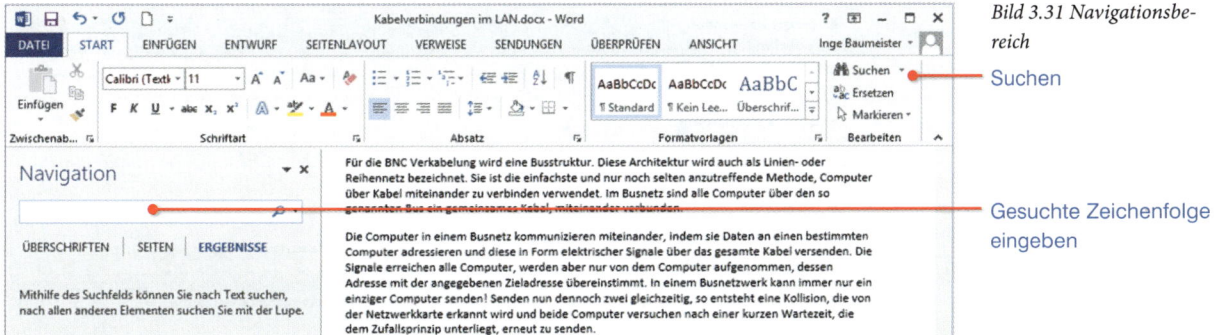

Bild 3.31 Navigationsbereich

Suchen

Gesuchte Zeichenfolge eingeben

Mit den kleinen Pfeilen unterhalb des Suchbegriffs gelangen Sie im Dokument zur jeweils nächsten bzw. vorherigen Fundstelle. Sie können aber auch im Navigationsbereich mit der Maus auf einen Treffer klicken, um im Dokumentbereich zu dieser Stelle zu gelangen. Ein Klick auf das Symbol x im Suchfeld beendet die Suche und entfernt alle Hervorhebungen aus dem Dokument.

Bild 3.32 Suchergebnisse

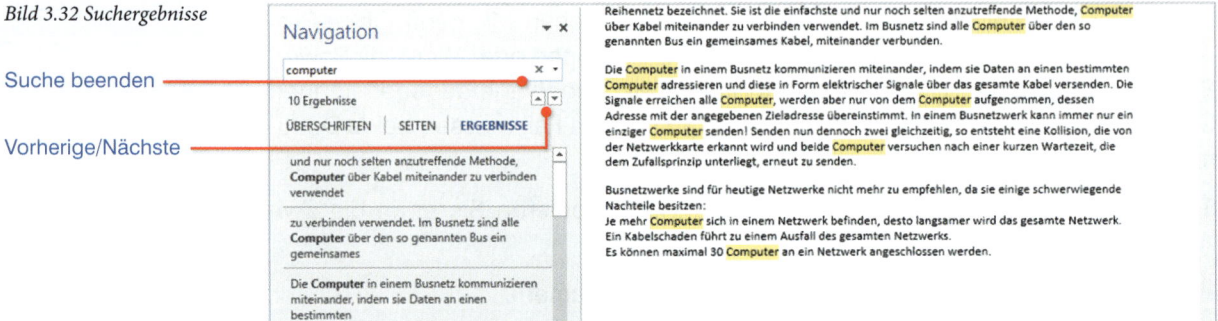

Suche beenden

Vorherige/Nächste

Ersetzen

Sie können gefundenen Text nicht nur markieren, sondern auch gleichzeitig ersetzen lassen. Dazu klicken Sie im Register *START*, Gruppe *Bearbeiten*, auf die Schaltfläche *Ersetzen*. Das Fenster *Suchen und Ersetzen* wird geöffnet.

1 Geben Sie im Feld *Suchen nach* die gesuchte Zeichenfolge ein und im Feld *Ersetzen durch* den Begriff, der diese Zeichenfolge ersetzen soll.

2 Klicken Sie nun auf die Schaltfläche *Weitersuchen*, um die Suche zu starten. Die Suche beginnt ab der aktuellen Cursorposition und die erste Fundstelle wird im Dokument markiert.

3 Klicken Sie auf die Schaltfläche *Ersetzen*, um den Begriff zu ersetzen und zum nächsten Fundort zu gelangen. Mit der Schaltfläche *Weitersuchen* setzen Sie dagegen die Suche fort, ohne den markierten Begriff zu ersetzen. Wenn Sie alle übereinstimmenden Zeichenfolgen automatisch und ohne Rückfrage ersetzen lassen möchten, dann klicken Sie auf *Alle ersetzen*.

Bild 3.33 Suchen und ersetzen

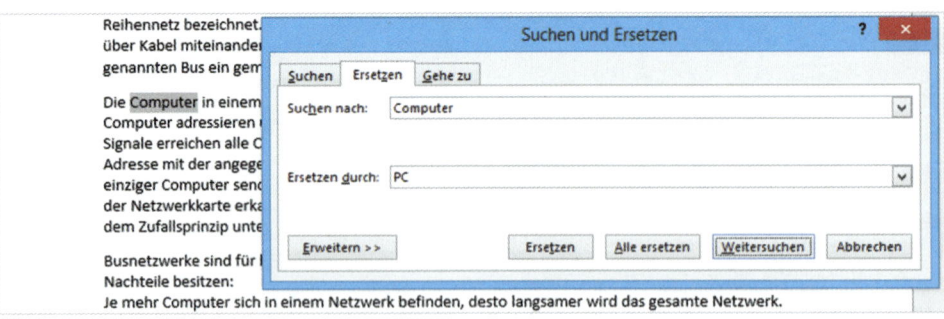

Word beginnt mit der Suche zunächst an der aktuellen Cursorposition und durchsucht das Dokument bis zum Ende, anschließend wird die Suche am Dokumentanfang fortgesetzt. Sie erhalten eine Meldung, wenn keine entsprechende Zeichenfolge mehr gefunden wurde.

Suchoptionen und erweiterte Suche

Um in langen Dokumenten Ihre Suchergebnisse zu verfeinern, kann es nützlich sein, die Suche einzuschränken. Beispielsweise liefert in der Abbildung unten eine Suche nach „eiche" auch zahlreiche andere Wörter, die diese Zeichenfolge enthalten. Um die Suche einzugrenzen, klicken Sie im Bereich *Navigation* auf den Dropdown-Pfeil neben dem Suchen-Feld und wählen *Optionen….*

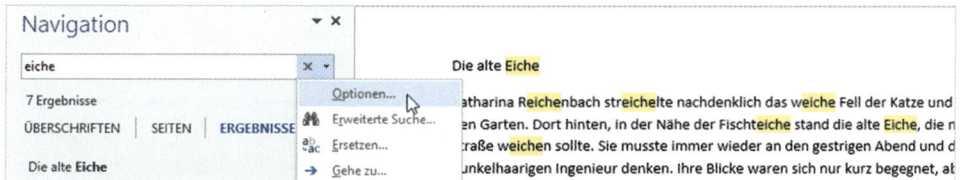

Bild 3.34 Suchoptionen anzeigen

Geben Sie nun im Dialogfenster *Suchoptionen* an, ob Sie beispielsweise *Groß-/Kleinschreibung beachten* oder nur ganze Wörter suchen möchten.

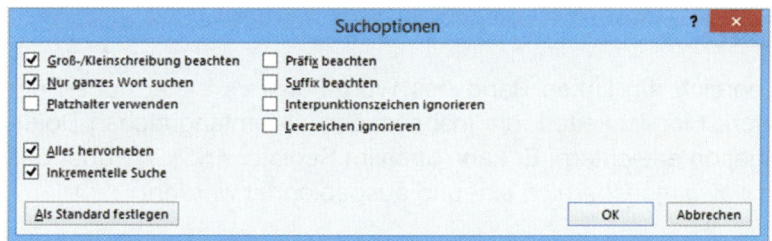

Bild 3.35 Suchoptionen

Um auch die Formatierung bei der Suche zu berücksichtigen, klicken Sie im Navigationsbereich auf den Dropdown-Pfeil des Suchen-Feldes und auf *Erweiterte Suche….* Oder klicken Sie im Menüband auf den Dropdown-Pfeil der Schaltfläche *Suchen* und hier auf *Erweiterte Suche….*

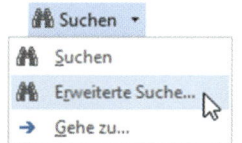

Das Dialogfenster *Suchen und Ersetzen* öffnet sich mit dem Register *Suchen*. Klicken Sie auf die Schaltfläche *Erweitern >>* (Bild 3.36) und anschließend auf *Format*. Hier können sie beispielsweise angeben, nach welcher Schriftart oder -farbe gesucht werden soll. Die Schaltfläche *Sonderformat* ermöglicht eine gezielte Suche nach nicht druckbaren Steuerzeichen, beispielsweise Absatzende.

Falls Sie die gefundenen Zeichen ersetzen möchten, so klicken Sie anschließend im selben Fenster auf das Register *Ersetzen* und verfahren hier ebenso.

Bild 3.36 Erweitertes
Suchen bzw. Ersetzen

Register *Suchen*

Register *Ersetzen*

Format suchen

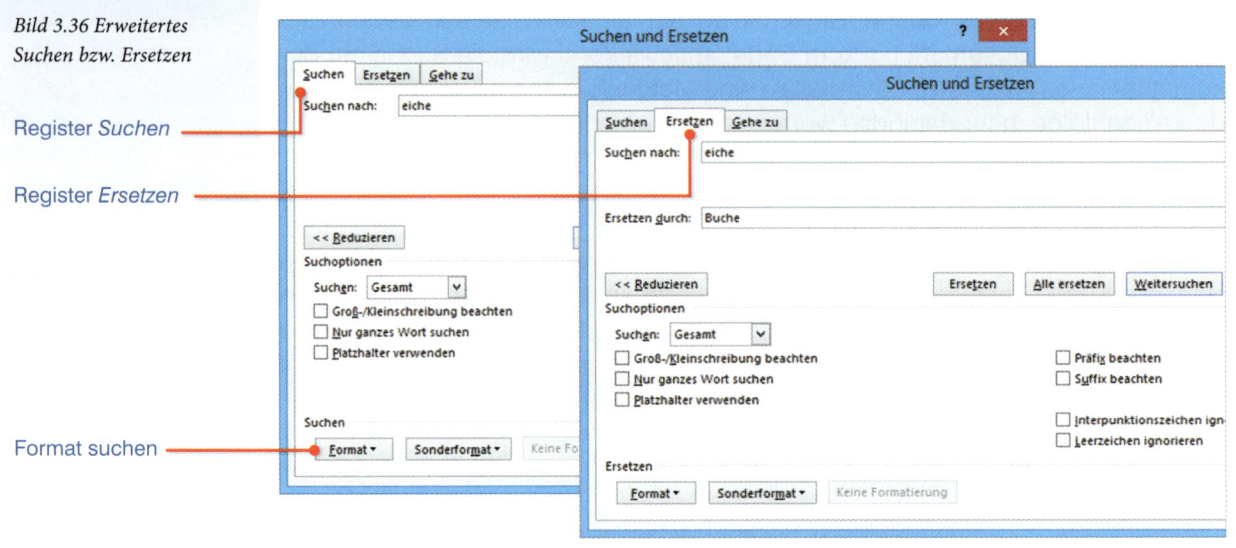

3.9   Weitere Navigationsmöglichkeiten

Navigationsbereich

Der Navigationsbereich am linken Rand des Word-Fensters bietet neben der Suche noch weitere Möglichkeiten, die insbesondere in umfangreichen Dokumenten die Navigation erleichtern. Er kann auch im Register *ANSICHT* über das Kontrollkästchen *Navigationsbereich* ein- und ausgeblendet werden.

Bild 3.37 Navigationsmög-
lichkeiten

Miniaturseiten

Überschriften

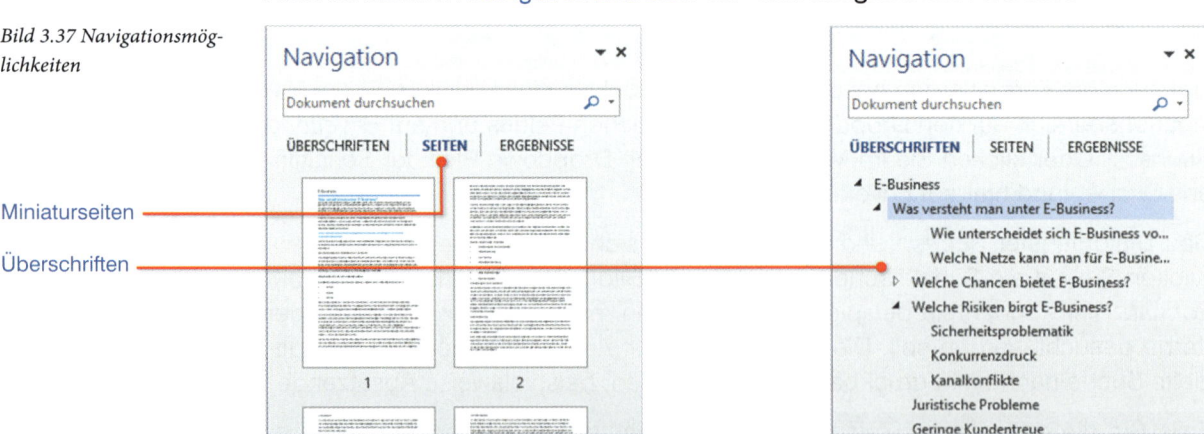

  ■ Sie können in mehrseitigen Dokumenten die Seiten als Miniaturansicht darstellen lassen und mit einem Mausklick schnell zur gewünschten Seite gelangen. Klicken Sie dazu auf *SEITEN*.

■ Eine weitere Möglichkeit ist die Suche anhand der Überschriften, klicken Sie dazu auf *ÜBERSCHRIFTEN*. Beachten Sie aber, dass dies nur funktioniert, wenn die Überschriften mit einer Überschriften-Formatvorlage formatiert sind (siehe Lektion 4). Mit einem Mausklick auf die jeweilige Überschrift erscheint im Dokument die entsprechende Stelle.

Beim Öffnen an der letzten Textstelle fortfahren

Sehr nützlich ist die Funktion *Weiterlesen*. Word 2013 „merkt" sich beim Schließen eines Dokuments automatisch die zuletzt bearbeitete oder angeklickte Stelle. Unmittelbar nach dem nächsten Öffnen erscheint am Dokumentanfang rechts an der Bildlaufleiste ein Lesezeichen und mit einem Mausklick auf dieses Zeichen gelangen Sie wieder zu der Stelle, die Sie zuletzt bearbeitet haben.

3.10   Zusammenfassung

■ Bei einer Textverarbeitung können jederzeit nachträgliche Korrekturen wie Löschen oder Einfügen vorgenommen werden. Eingabe und Korrektur erfolgen ausschließlich an der Cursorposition. Sie müssen also zuvor den Cursor mit der Maus oder der Tastatur an die gewünschte Stelle setzen. Standardmäßig arbeitet Word im Einfügemodus, bereits bestehender Text wird also nicht überschrieben, sondern wandert nach rechts. Mit der Korrekturtaste löschen Sie die Zeichen, die sich links vom Cursor befinden, die Entf-Taste löscht die Zeichen rechts vom Cursor. Längere Texte können Sie auch markieren und ohne vorheriges Löschen durch Tastatureingabe überschreiben.

■ Die automatische Rechtschreib- und Grammatikprüfung kennzeichnet Fehler im Dokument. Allerdings werden nicht alle Fehler gefunden, umgekehrt werden Namen und Adressen, sowie Fremdwörter häufig als Rechtschreibfehler gekennzeichnet. Für längere fremdsprachliche Texte sollten Sie die verwendete Sprache ändern. Im Gegensatz zur Rechtschreibprüfung, korrigiert die Autokorrektur automatisch während der Eingabe. Sie können jedoch diese Änderungen rückgängig machen oder die Autokorrektur deaktivieren.

■ Während der Eingabe erfolgt am Ende einer Zeile ein automatischer Zeilenumbruch. Sie benötigen die Eingabe-Taste also nur, um einen Absatz zu beenden. Eine so genannte „weiche" Zeilenschaltung fügt dagegen einen

Zeilenumbruch ein, ohne einen Absatz zu beenden. Zwischen zwei Wörtern können Sie einen Zeilenumbruch verhindern, indem Sie an dieser Stelle ein geschütztes Leerzeichen oder einen geschützten Bindestrich einfügen.

- Nicht druckbare Steuerzeichen lassen sich am Bildschirm einblenden. Dazu gehören Wortzwischenräume (Leerzeichen) und Absatzende. Diese Zeichen können wie normaler Text auch nachträglich eingefügt und wieder gelöscht werden.

- Während der Eingabe erfolgt keine automatische Trennung. Sie können entweder nachträglich die automatische oder manuelle Silbentrennung aktivieren oder während der Eingabe Trennstriche als bedingte Trennstriche einfügen.

- Mit Hilfe der Zwischenablage können Sie markierten Text ausschneiden oder kopieren und an der Cursorposition wieder einfügen. Im Gegensatz zur normalen Windows-Zwischenablage, speichert die Office-Zwischenablage bis zu 24 Elemente. Die Zwischenablage kann auch zum Datenaustausch zwischen Dokumenten bzw. verschiedenen Anwendungen verwendet werden. Mit gedrückter Maustaste kann Text ebenfalls verschoben oder kopiert werden, in diesem Fall wird die Zwischenablage nicht verwendet.

- Den Navigationsbereich am linken Rand des Word-Fensters verwenden Sie zur Suche nach bestimmten Zeichenfolgen und zur Navigation in umfangreichen Dokumenten. Suchoptionen und die erweiterte Suche erlauben Einschränkungen bei der Suche bzw. die Suche nach bestimmten Formaten. Der Befehl *Suchen und Ersetzen* ersetzt gleichzeitig die gefundene Zeichenfolge durch eine andere.

3.11 Übung

Starten Sie Microsoft Word mit einem neuen, leeren Dokument und speichern Sie das Dokument unter dem Namen Reiseangebot.

Geben Sie ab der ersten Zeile den unten abgebildeten Text ein. Da Sie möglicherweise eine andere Schriftart, Schriftgröße oder auch andere Seitenränder verwenden, kann auf Ihrem Computer der automatische Zeilenumbruch an anderer Stelle erfolgen, dies spielt bei dieser Übung keine Rolle.

> Hin & Weg Reisen
> Schlossallee 100
> 55129 Mainz
> info@hinundweg-irgendwo.com
> www.hinundweg-irgendwo.com
>
>
> Herrn Willi Wahllos
> Akeleiweg 3a
> 50858 Köln
>
>
> Sehr geehrte/(r) Kunde/in,
> wie Sie als unser langjähriger Kunde wissen, sind wir stets auf der Suche nach attraktiven und günstigen Reisen für Sie. Wir freuen uns daher, Ihnen heute wieder unser aktuelles Angebot zu präsentieren:
>
> 9 Tage Mallorca, *** Hotel Finca del Toro, Übernachtung im Doppelzimmer mit Halbpension zum Sonderpreis von 299 € pro Person, inkl. Flug.
>
> 3 Tage London, **** Hotel Towerbrigde-Season, Übernachtung mit Vollpension zum Preis von 199 € pro Person, inkl. Flug ab Frankfurt oder München.
>
> Beachten Sie bitte, dass dieses Angebot nur in der Zeit zwischen 1. Februar und 15. März des Jahres gilt.
>
> Mit freundlichen Grüßen
>
> Heinz Fröhlich – Ihr Reisespezialist

- Korrigieren Sie mit Hilfe der Rechtschreib- und Grammatikprüfung von Word eventuelle Fehler.

- Löschen Sie das Wort „langjähriger" aus dem Brieftext.

- Fügen Sie unterhalb der Anrede „Sehr geehrter…" eine Leerzeile ein.

■ Bewegen Sie den Cursor hinter den Text „… attraktiven und günstigen Reisen für Sie". Löschen Sie das Wort „Sie" und fügen Sie dahinter den Text „unsere Stammkunden" ein.

■ Korrigieren Sie den Preis der Mallorca-Reise: statt 299 Euro beträgt der Preis 320 Euro.

■ Korrigieren Sie die Flughäfen:
der Text soll nun lauten: „… inkl. Flug ab Düsseldorf, Berlin oder München."

■ Verschieben Sie das Angebot „3 Tage London, …" vor das Angebot „9 Tage Mallorca,…" und achten Sie darauf, dass Sie jeweils eine Leerzeile beibehalten.

■ Fügen Sie am Anfang des Dokuments, oberhalb der ersten Zeile nachträglich eine weitere Zeile ein und geben Sie hier folgenden Text ein: - IHRE REISESPEZIALISTEN -

Notizen:

4 Text formatieren

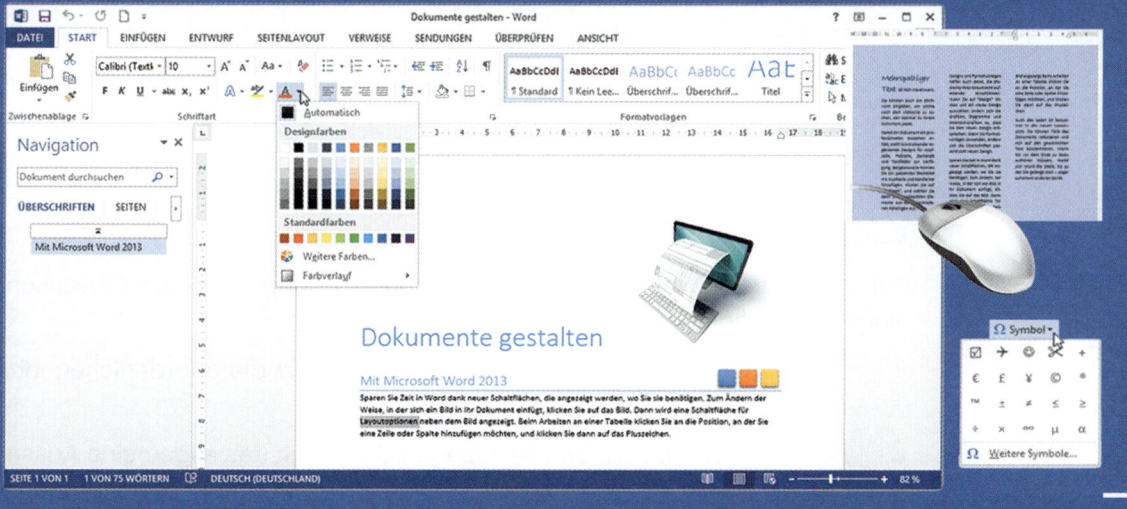

In dieser Lektion lernen Sie...

- Zeichen- und Absatzformate
- Listen mit Aufzählungszeichen und automatischer Nummerierung
- Rahmenlinien und Schattierung

Diese Kenntnisse sollten Sie bereits mitbringen...

- Die Arbeitsumgebung von Word
- Text eingeben und korrigieren
- Text speichern und öffnen

4.1   Grundlegendes zur Textormatierung

Allgemeines

Die vielfältigen optischen Gestaltungsmöglichkeiten von Text bezeichnet man als Formatierung. Word unterscheidet dabei zwischen den folgenden grundlegenden Typen der Formatierung:

- Zeichenformate legen die Darstellung einzelner Zeichen oder Zeichenfolgen fest. Dazu gehören beispielsweise Schriftart und -farbe.

- Absatzformate definieren das Aussehen eines Absatzes bis zur nächsten Absatzendemarke, also auch mehrerer Zeilen. Zu den Absatzformaten zählen beispielsweise die Abstände zwischen den Zeilen oder die Ausrichtung.

- Andere Einstellungen beziehen sich auf das gesamte Dokument oder einen Dokumentabschnitt, dazu zählen Seitenränder oder Papierformat. Näheres dazu erfahren Sie in der nächsten Lektion 5.

Vorgehensweise

Beim Formatieren von Text sollten Sie zur Vermeidung unnötiger Arbeitsschritte einige Grundregeln beachten:

1   Geben Sie zuerst den Text ein und nehmen Sie die erforderlichen inhaltlichen Korrekturen vor.

2   Dann formatieren Sie den Text: Legen Sie zuerst das allgemeine Aussehen des gesamten Textes fest, beispielsweise Schriftart und Schriftgröße eines Briefs.

3   Danach nehmen Sie alle abweichenden Formatierungen vor, indem Sie beispielsweise einzelne Wörter fett hervorheben, unterstreichen oder Absätze einrücken.

Zeichenformate übernehmen
Wenn Sie im Text nachträglich weitere Zeichen einfügen, so erhalten diese automatisch die Zeichenformatierung, die an dieser Stelle bereits vorhanden ist. Wenn Sie z. B. in einen unterstrichenen Satz weitere Wörter einfügen, dann werden diese ebenfalls automatisch unterstrichen.

Absatzformat übernehmen
Durch Drücken der Eingabe-Taste beenden Sie einen Absatz und beginnen einen neuen Absatz. Dieser erhält automatisch alle Absatzformate des vorhergehenden Absatzes. Haben Sie beispielsweise während der Eingabe den aktuellen Absatz zentriert, also in der Mitte der Seite ausgerichtet, so wird nach dem Drücken der Eingabe-Taste ein neuer, ebenfalls zentrierter Absatz angefügt.

Textbereich auswählen

Bevor Sie eine Formatierung zuweisen, müssen Sie festlegen, auf welchen Bereich sich die Formatierung beziehen soll, dabei gilt:

- Bei allen Zeichenformaten müssen Sie den gesamten, zu formatierenden Textbereich markieren. Ausnahme: Zur Formatierung eines einzelnen Wortes es genügt es, wenn sich der Cursor im Wort befindet.

- Absatzformate beziehen sich immer auf den gesamten Absatz. Zur Formatierung eines einzelnen Absatzes reicht es daher, wenn sich der Cursor im Absatz befindet. Wenn mehrere Absätze dasselbe Format erhalten sollen, dann formatieren Sie entweder die Absätze einzeln nacheinander oder markieren zuerst alle Absätze.

4.2   Zeichenformate

Die Zeichenformate finden Sie im Register *START* in der Gruppe *Schriftart*. Einige der wichtigsten sind auch in der Minisymbolleiste enthalten, die im Text erscheint, sobald Sie eine Textstelle markiert haben.

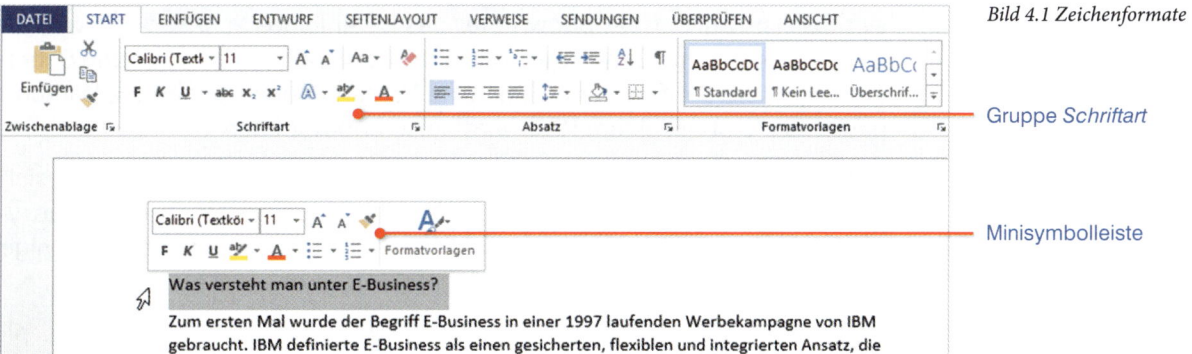

Bild 4.1 Zeichenformate

Gruppe *Schriftart*

Minisymbolleiste

Schriftart, Schriftgröße und Schriftschnitt

Schriften

Schriftart und Schriftgröße (Schriftgrad) gehören zu den wichtigsten Zeichenformaten. Ihr PC verfügt über eine umfangreiche Auswahl an integrierten Schriftarten, die auch von Word verwendet werden. Die meisten Schriftarten sind so genannte Proportionalschriften mit Zeichen unterschiedlicher Breite, der Buchstabe m benötigt beispielsweise mehr Platz als ein i. Nur bei wenigen Schriftarten, wie z. B. Courier haben alle Zeichen die gleiche Breite. Daher kann sich bei Änderung der Schriftart auch der Zeilenumbruch ändern. Man unterscheidet bei den Schriftarten auch noch zwischen Serifenschriften und serifenlosen Schriften. Serifen sind die geschwungenen Enden der Zeichen. Eine typische Serifenschriftart ist zum Beispiel Times New Roman, als serifenlose Schriftart kommen häufig Arial oder Calibri zum Einsatz.

Zu den Schriftarten von Word gehören auch einige Symbolschriften, die anstelle von Buchstaben grafische Zeichen darstellen.

Bild 4.2 Beispiel Schriftarten

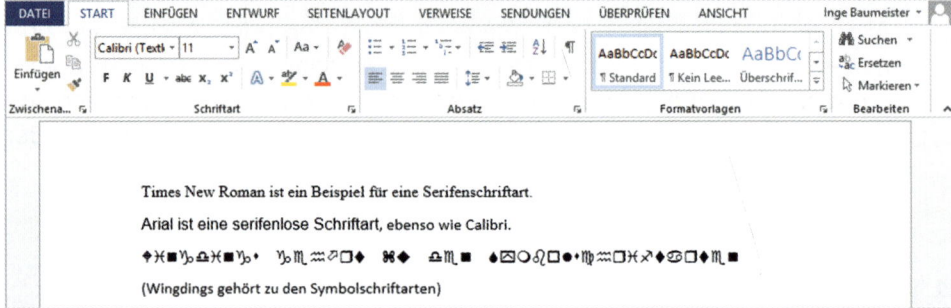

Schriftart ändern

1 Markieren Sie den betreffenden Text.

2 Klicken Sie entweder im Register *START,* Gruppe *Schriftart* oder in der Minisymbolleiste auf den Dropdown-Pfeil des Listenfeldes *Schriftart* und wählen Sie die gewünschte Schrift aus (Bild 4.3). Tipp: Beim Zeigen auf eine Schriftart sehen Sie am markierten Text eine Vorschau und können die Wirkung beurteilen, erst mit einem Klick wird diese übernommen

3 Die Symbole links neben den Namen der Schriftarten geben an, ob es sich um so genannte OpenType- (erkennbar am Buchstaben O) bzw. TrueType- (doppeltes T) Schriftarten handelt. OpenType-Schriftarten bieten einige erweiterte Möglichkeiten der Schriftgestaltung, siehe weiter unten.

 Tipp: Um schnell eine bestimmte Schriftart, beispielsweise Arial zu finden, klicken Sie direkt in das Feld und tippen die ersten Buchstaben der Schriftart über die Tastatur ein. Der Name der Schriftart wird automatisch ergänzt, zum Übernehmen drücken Sie die Eingabe-Taste. Sollte die gewünschte Schriftart nicht darunter sein, so klicken Sie auf den Dropdown-Pfeil, die alphabetisch geordnete Liste wird mit dem angegeben Buchstaben geöffnet, und Sie können ab dieser Stelle weitersuchen.

Schriftgröße (Schriftgrad) ändern

Die Schriftgröße wird in Word in dem typografischen Maß Punkt (pt) angegeben, ein Punkt entspricht etwa 0,35 mm. Die normale Schriftgröße, etwa für Briefe, liegt, abhängig von der jeweiligen Schriftart, meist zwischen 8 und 11 Punkt.

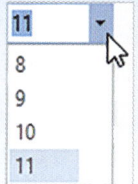

Wie beim Ändern der Schriftart, markieren Sie wieder zuerst die betreffende Textstelle. Klicken Sie dann auf den Dropdown-Pfeil des Listenfeldes *Schriftgrad* rechts von der Schriftart und wählen Sie eine Schriftgröße. Wie bei der Schriftart, erhalten Sie eine Vorschau am markierten Text. Steht die gewünschte Größe, beispielsweise 6 pt nicht in der Liste zur Auswahl, so klicken Sie direkt in das Feld und geben die Schriftgröße über die Tastatur ein. Bestätigen Sie anschließend mit der Eingabe-Taste.

Auch mit den beiden Schaltflächen *Schriftgrad vergrößern/ verkleinern* lässt sich die Schriftgröße schnell ändern: Jeder Mausklick auf eine der Schaltflächen vergrößert, bzw. verkleinert die Schrift um jeweils 1 Stufe, während Sie das Ergebnis im Text verfolgen können.

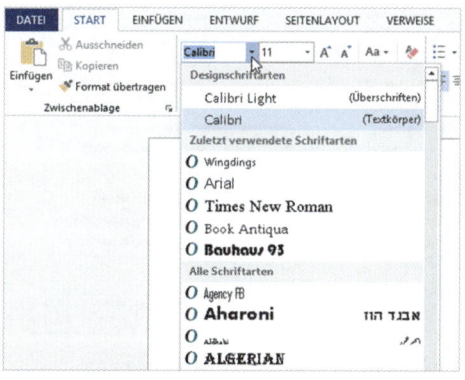

Bild 4.3 Schriftart wählen

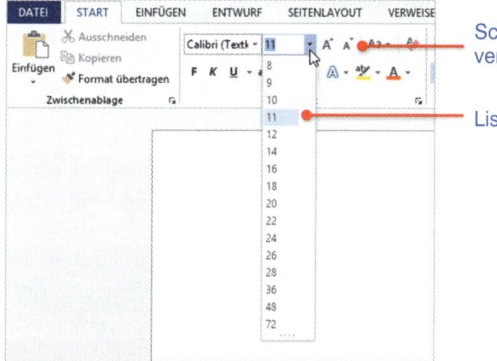

Schriftgrad vergrößern/ verkleinern

Listenfeld Schriftgrad

Bild 4.4 Schriftgröße ändern

Schriftschnitt

Als Schriftschnitt bezeichnet man Attribute wie Fett, Kursiv und Unterstrichen. Die Symbole dazu finden Sie in der Gruppe *Schriftart* und in der Minisymbolleiste. Diese Symbole bzw. Schaltflächen besitzen Umschaltfunktion, d. h. mit einem Mausklick auf ein Symbol wird Text z. B. unterstrichen, ein weiterer Mausklick auf dasselbe Symbol entfernt die Unterstreichung wieder. Natürlich müssen Sie in beiden Fällen zuvor den betreffenden Text markieren. Die verschiedenen Attribute lassen sich auch kombinieren.

Symbol	Beispiel
F	**Dieser Satz ist fett formatiert.**
K	*Dieser Satz ist kursiv formatiert.*
<u>U</u>	<u>Dieser Satz ist unterstrichen.</u>

Doppelt/nur Wörter unterstreichen

Weitere Varianten der Unterstreichung erhalten Sie, wenn Sie auf den Drop-down-Pfeil der Schaltfläche *Unterstrichen* klicken. Hier stehen nicht nur mehrere Linienarten zur Auswahl, bei Bedarf können Sie auch die Unterstreichungsfarbe wählen. Falls Sie nur Wörter unterstreichen möchten, so klicken Sie auf den Dropdown-Pfeil der Schaltfläche und auf *Weitere Unterstreichungen...*. Das Dialogfenster *Schriftart* wird geöffnet, klicken Sie hier auf den Dropdown-Pfeil *Unterstreichung* und auf *Nur Wörter*.

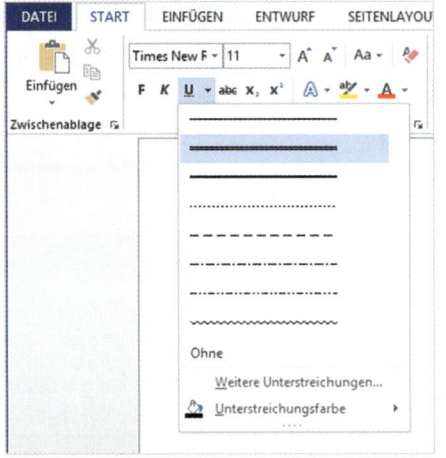

Bild 4.5 Unterstreichungen

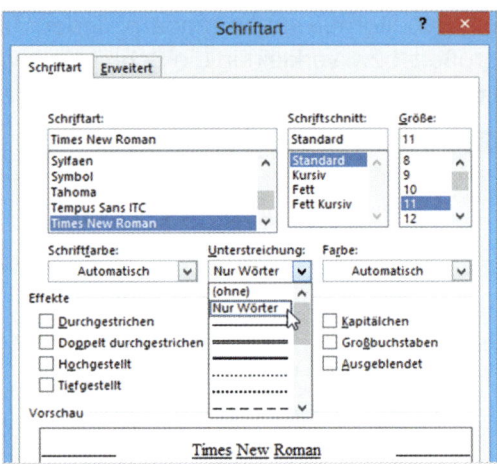

Bild 4.6 Dialogfenster Schriftart: Nur Wörter

Das Dialogfenster *Schriftart* öffnen Sie übrigens auch, indem Sie im Register *START* auf den kleinen Pfeil ⌐ in der rechten unteren Ecke der Gruppe *Schriftart* klicken.

Farben verwenden

Schriftfarbe ändern

Markieren Sie die Textstelle und verwenden Sie zum Ändern der Text- oder Schriftfarbe die Schaltfläche *Schriftfarbe* (Register *START*, Gruppe *Schriftart*). Beachten Sie dabei: Ein Mausklick direkt auf das Symbol weist dem Text die Farbe auf der Schaltfläche, standardmäßig rot zu. Ein Klick auf den Dropdown-Pfeil der Schaltfläche öffnet dagegen ein Feld zur Farbauswahl. Hier werden zusammen mit den Standardfarben in erster Linie die *Designfarben*, d. h. die Farben des verwendeten Designs angeboten. Wenn Sie eigene Farben definieren möchten, dann klicken Sie auf *Weitere Farben...*. Wie Sie das Design und die Designfarben ändern, erfahren Sie unter 4.6.

Standardmäßig gilt für normalen Text die Einstellung *Automatisch*, dies bedeutet, die Standardtextfarbe von Windows (meistens schwarz) wird verwendet.

Die hier angebotenen Farben, die so genannten Designfarben, hängen vom gewählten Design ab. Wie Sie Design und Designfarben ändern, erfahren Sie in Lektion 4.7, Formatvorlagen verwenden.

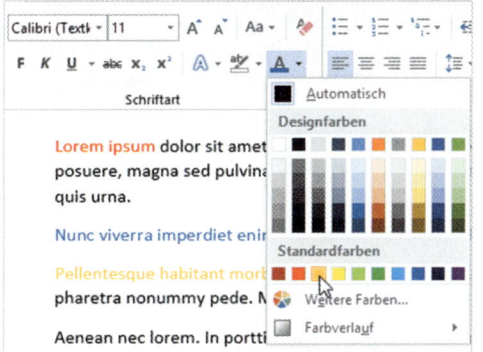

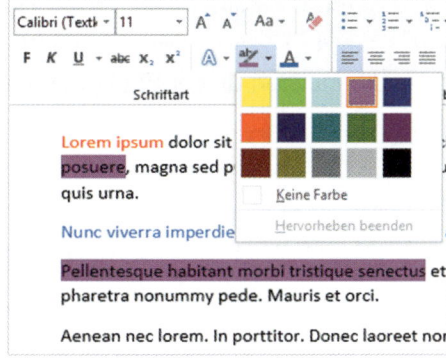

Bild 4.7 Schriftfarbe   *Bild 4.8 Texthervorhebungsfarbe*

Texthervorhebungsfarbe

Im Gegensatz zur Textfarbe, benutzen Sie die Schaltfläche *Texthervorhebungsfarbe*, um vergleichbar einem Textmarker, bestimmte Textteile farbig zu hinterlegen. Die Textfarbe selbst wird nicht geändert. Dies dient in erster Linie dazu, Text auf dem Bildschirm hervorzuheben, ist aber auf dem Ausdruck optisch wenig ansprechend. Für ansprechende Texthintergründe verwenden Sie besser die Schaltfläche *Schattierung*, Näheres unter 4.5, Rahmen und Schattierung.

Verwechseln Sie die Texthervorhebungsfarbe nicht mit Schattierungen bzw. Hintergrundfarben!

Die Vorgehensweise unterscheidet sich etwas von der übrigen Zeichenformatierung.

1 Klicken Sie im Register *START*, Gruppe *Schriftart* auf den Dropdown-Pfeil *Texthervorhebungsfarbe* und wählen Sie eine Farbe. Haben Sie zuvor Text markiert, so wird dieser nun hervorgehoben.

2 Ist kein Text markiert, so erscheint am Mauszeiger ein Stift ⍆ und Word befindet sich im Hervorheben-Modus. Markieren Sie nun der Reihe nach alle hervorzuhebenden Textstellen. Zum Beenden des Hervorheben-Modus klicken Sie erneut auf dieselbe Schaltfläche.

Hervorhebung entfernen

Markieren Sie den Text, dessen Hervorhebung Sie entfernen möchten und wählen Sie als Hervorhebungsfarbe *Keine Farbe*. Um aus einem Text alle Hervorhebungen zu entfernen, markieren Sie am einfachsten zuvor den gesamten Text, es macht nichts, wenn auch nicht hervorgehobener Text markiert ist.

Texteffekte

Mit einem Mausklick auf das Symbol *Texteffekte* erhalten Sie vielfältige Möglich-keiten, den markierten Text mit Effekten zu versehen. Sie können aus einer Liste vorgefertigter Effekte wählen oder über die Menüpunkte *Kontur*, *Schatten*, *Spiegelung* und *Leuchten* individuelle Effekte zusammenstellen. Beachten Sie aber, dass die meisten dieser Effekte erst ab einer bestimmten Schriftgröße wirken.

Bild 4.9 Texteffekte

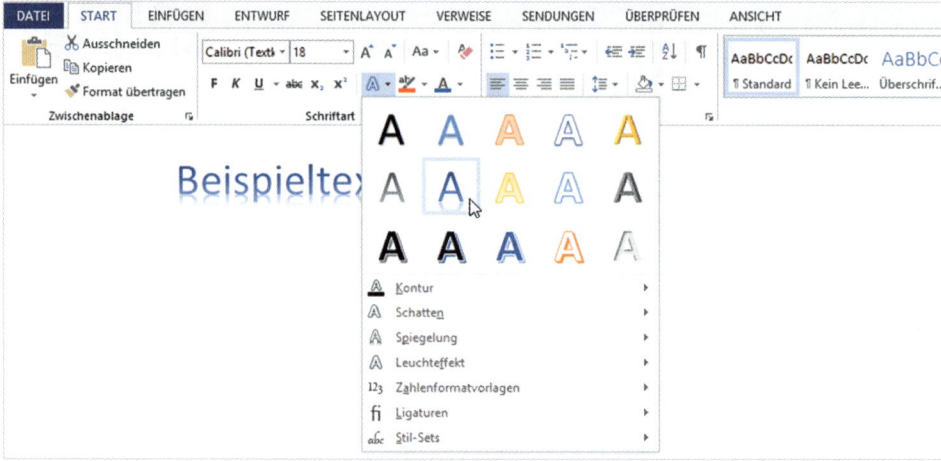

Wie bei der Schriftfarbe sind auch die Farben der Texteffekte vom Design abhängig

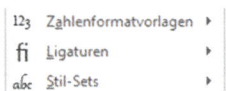

Zusätzliche Open-Type Features zum Anpassen des Schriftbildes weisen Sie ebenfalls über die Schaltfläche *Effekte* zu. Auch diese gelten jeweils für den mar-kierten Text.

- Über *Zahlenformatvorlagen* regeln Sie Größe, Position und Abstände von Zahlen im Text.

- Als *Ligaturen* bezeichnet man Verbindungen von mindestens zwei Buch-staben zu einer Einheit.

- *Stil-Sets* sind von der Schriftart vorgegebene Variationen.

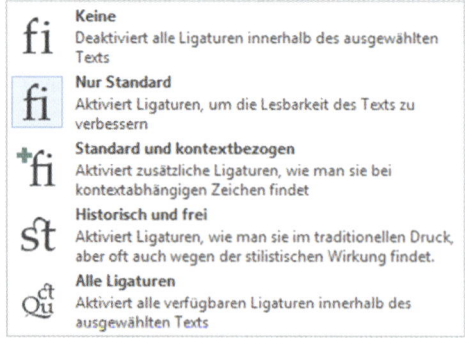

Bild 4.10 Ligaturen   *Bild 4.11 Zahlenformatvorlagen*

Weitere Formate

In der Gruppe *Schriftart* finden Sie noch weitere Symbole zur Textformatierung.

Symbol	Bedeutung
a̶b̶c̶	Markierten Text durchstreichen
x^2 x_2	Markierten Text hochstellen, bzw. tiefstellen
Aa ▾	Wählen Sie zwischen verschiedenen Formen der Groß- und Kleinschreibung.
✐	Alle Formatierungen löschen, der markierte Text erhält wieder das Standardaussehen.

Das Dialogfenster Schriftart

Weitere Möglichkeiten bietet das Dialogfenster *Schriftart*. Zum Anzeigen klicken Sie im Register *START* auf das Pfeilsymbol ⌐ der Gruppe *Schriftart*.

Im Register *Schriftart* des Dialogfensters finden Sie nicht nur eine Zusammenfassung aller bereits beschriebenen Zeichenformate, Sie haben noch zusätzlich die Möglichkeit, Text *Doppelt durchgestrichen* oder in *Kapitälchen* darzustellen. Als *Ausgeblendet* formatierter Text erscheint nicht auf dem Ausdruck und ist auch auf dem Bildschirm nur zusammen mit den eingeblendeten, nicht druckbaren Steuerzeichen sichtbar.

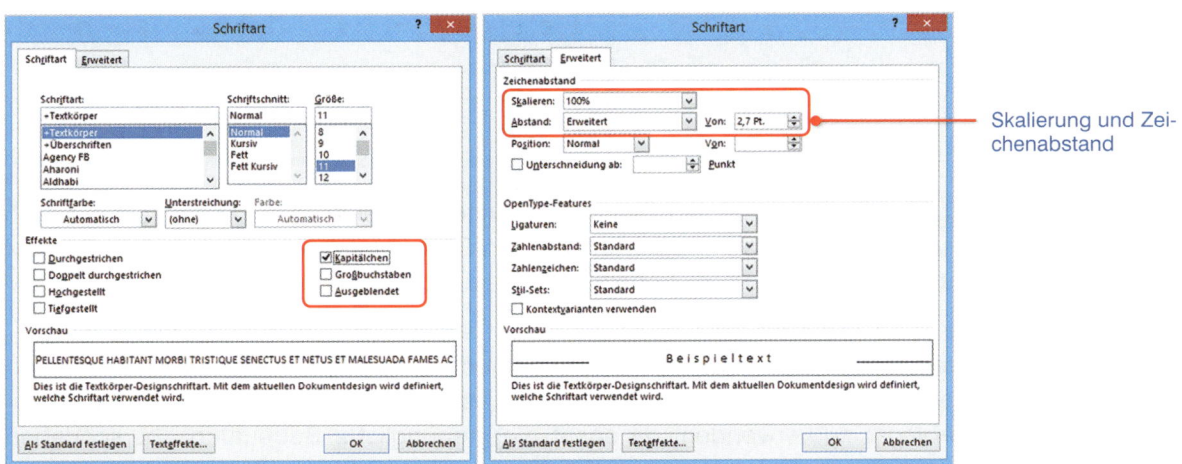

Skalierung und Zeichenabstand

Bild 4.12 Register Schriftart   *Bild 4.13 Register Erweitert*

Zeichenabstand

Im zweiten Register *Erweitert* des Dialogfensters *Schriftart* können Sie unter *Zeichenabstand* den Abstand zwischen den Zeichen steuern. Klicken Sie dazu im Feld *Abstand* auf den Dropdown-Pfeil und wählen Sie zwischen *Erweitert* und *Schmal*, dann geben Sie im Feld *Von:* rechts dahinter den Abstand in Punkt an. Eine weitere Option stellt die Skalierung dar: Damit können Sie die Zeichen horizontal um einen bestimmten Prozentsatz strecken oder komprimieren.

Symbolschriften verwenden

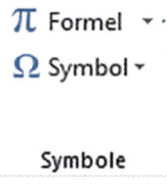

Zum Einfügen eines Symbols aus einer der Symbolschriften, positionieren Sie zuerst den Cursor an der entsprechenden Stelle im Text. Klicken Sie auf das Register *EINFÜGEN* und hier in der Gruppe *Symbole* auf die Schaltfläche *Symbol*. Mit einem Klick fügen Sie eines der Symbole ein. Weitere Symbole erhalten Sie im Dialogfenster *Symbol*, das Sie über den Befehl *Weitere Symbole…* öffnen.

1   Wählen Sie hier im Listenfeld zunächst die gewünschte Schriftart, beispielsweise Wingdings.

2   Markieren Sie das gewünschte Symbol und klicken Sie auf die Schaltfläche *Einfügen*, auch ein Doppelklick auf ein Symbol fügt dieses an der Cursorposition ein.

Bild 4.14 Dialogfenster Symbol

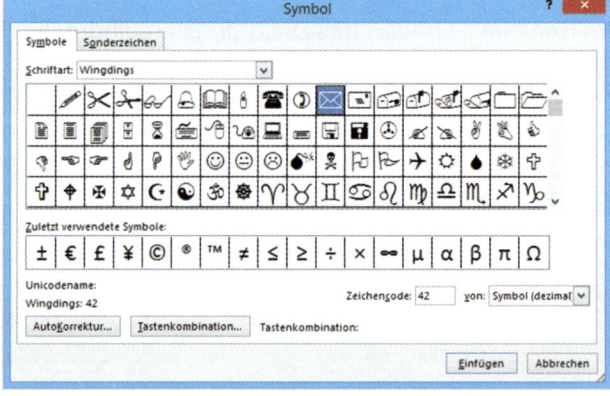

Tipp: Häufig benötigten Symbolen können Sie eine Tastenkombination zuweisen und diese so schneller im Text einfügen. Markieren Sie dazu das Symbol und klicken Sie auf die Schaltfläche *Tastenkombinationen…*.

Klicken Sie in die Zeile *Neue Tastenkombination* und drücken Sie die gewünschten Tasten. Dabei sollten Sie unbedingt darauf achten, keine der wichtigen und ebenfalls häufig benutzen Tasten, z. B. Strg + X (Ausschneiden in die Zwischenablage) zu verwenden, da sonst die urspüngliche Bedeutung überschrieben wird. Am einfachsten verwenden Sie die Tasten Strg + Alt in Verbindung mit einem Sonderzeichen, Umlaut oder einer Zahl.

4.3   Einfache Absatzformate

Ein Absatz kann aus einer oder mehreren Zeilen bestehen und wird während der Eingabe durch Drücken der Eingabe- bzw. Enter-Taste beendet. Da sich Absatzformate immer auf den gesamten Absatz beziehen, ist Markieren nicht zwingend erforderlich, es genügt, wenn sich der Cursor an beliebiger Stelle im Absatz befindet.

Beim Löschen der Absatzendemarke ¶ wird ein Absatz mit dem nachfolgenden verbunden und dessen Absatzformate gehen verloren!

Ausrichtung

Zum Standardabsatzformat eines Dokuments gehört linksbündige Ausrichtung, das bedeutet, die Zeilen eines Absatzes sind bündig am linken Seitenrand ausgerichtet. Im Register *START*, Gruppe *Absatz* finden Sie Schaltflächen für die folgenden Möglichkeiten der Absatzausrichtung:

Ausrichtung	Symbol	Beschreibung
Linksbündig	≡	Die Zeilen sind bündig am linken Seitenrand ausgerichtet.
Zentriert	≡	Alle Zeilen eines Absatzes werden zwischen dem linken und rechten Seitenrand zentriert ausgerichtet.
Rechtsbündig	≡	Die Zeilen sind bündig am rechten Seitenrand ausgerichtet.
Blocksatz	≡	Text im Blocksatz schließt sowohl am linken, als auch am rechten Seitenrand bündig ab. Der Ausgleich erfolgt über die Wortzwischenräume.

Beispiele:

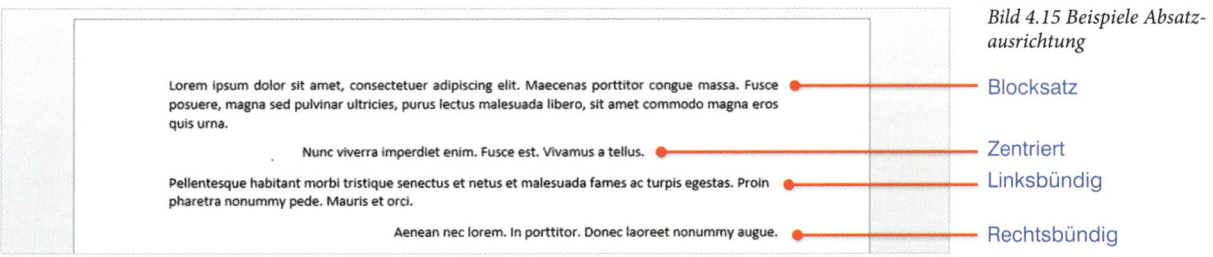

Bild 4.15 Beispiele Absatzausrichtung

Einzüge

Unter Einzug versteht man den Abstand eines Absatzes zum linken oder rechten Seitenrand, häufig auch als Einrücken eines Absatzes bezeichnet. Den linken Einzug ändern Sie schnell mit den beiden Schaltflächen im Register *START*, Gruppe *Absatz*. Mit jedem Klick auf die Schaltfläche *Einzug vergrößern* wird der aktuelle Absatz um 1,25 cm eingerückt. Umgekehrt verkleinert jeder Mausklick auf die Schaltfläche *Einzug verkleinern* den Abstand zum Seitenrand wieder. Um zum Beispiel den aktuellen Absatz um 2,5 cm einzurücken, klicken Sie zweimal auf die Schaltfläche *Einzug vergrößern*.

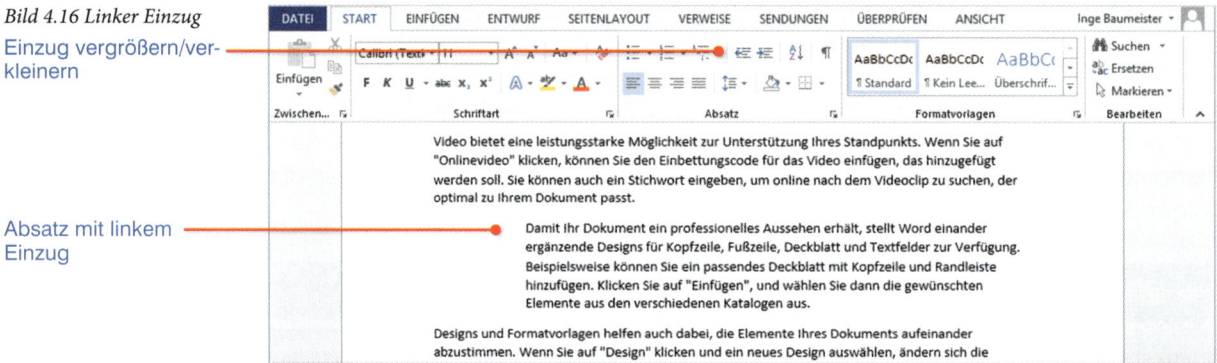

Bild 4.16 Linker Einzug

Einzug vergrößern/verkleinern

Absatz mit linkem Einzug

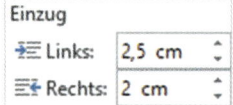

Ein beliebiges Maß als Einzug können Sie im Register *SEITENLAYOUT*, Gruppe *Absatz* angeben, hier ist auch ein rechter Einzug möglich. Benutzen Sie zur Eingabe die kleinen Dreiecke nach oben bzw. unten oder klicken Sie direkt in das Feld und geben das gewünschte Maß ein.

Tipp: Wenn Sie einen negativen Einzug, z. B. -1cm angeben, dann ragt der Absatz um 1cm in den Seitenrand hinein.

Sondereinzüge

Sondereinzüge steuern den Einzug der ersten Zeile gegenüber den restlichen Zeilen des Absatzes. Diese finden Sie im Dialogfenster *Absatz*, welches Sie im Register *START* mit einem Klick auf das Pfeilsymbol ⌐ der Gruppe *Absatz* öffnen.

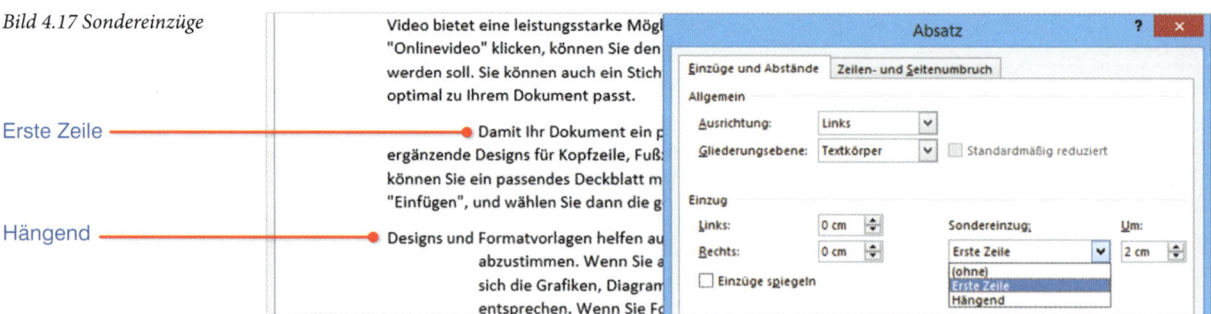

Bild 4.17 Sondereinzüge

Erste Zeile

Hängend

Klicken Sie im Register *Einzüge und Abstände* auf den Dropdown-Pfeil *Sonder-einzug*, wählen Sie zwischen *Erste Zeile* und *Hängend* und geben Sie im Feld dahinter das Maß in cm ein.

- Erstzeileneinzug bedeutet, nur die erste Zeile des Absatzes wird gegenüber den übrigen Zeilen eines Absatzes eingerückt.

- Bei einem hängenden Einzug beginnt die erste Zeile des Absatzes am Seitenrand und die übrigen Zeilen sind eingerückt.

Einzüge im Lineal ändern

Einzüge können auch über das Lineal kontrolliert und geändert werden. Sollte das Lineal nicht sichtbar sein, dann klicken Sie auf das Register *ANSICHT* und aktivieren das Kontrollkästchen in der Gruppe *Anzeigen*.

Im Lineal befinden sich am linken Seitenrand die drei Einzugsmarken *Erstzeilen-einzug*, *Hängender* und *Linker Einzug*. Verschieben Sie einfach mit gedrückter Maustaste die einzelnen Marken (Bild 4.18 und Bild 4.19) und beachten Sie, dass sich die Änderungen ausschließlich auf den aktuellen bzw. markierten Absatz beziehen. Eine Marke zum Ändern des rechten Einzugs finden Sie am rechten Seitenrand im Lineal.

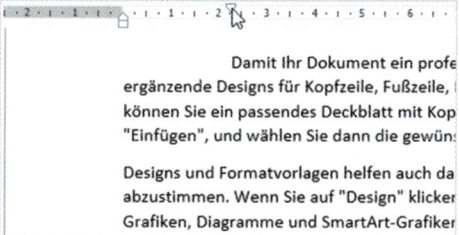

Bild 4.18 Beispiel hängender Einzug

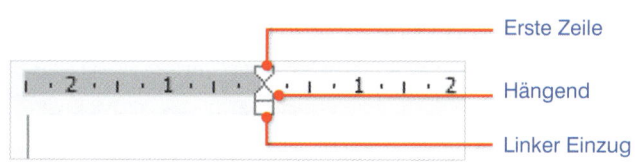

Bild 4.19 Einzugmarken im Lineal

Abstände

Word unterscheidet zwischen Zeilen- und Absatzabständen. Der Zeilenabstand regelt den Abstand der Zeilen innerhalb eines Absatzes, während ein Absatzabstand einen festen Abstand zur letzten Zeile des vorhergehenden bzw. zur ersten Zeile des nachfolgenden Absatzes erzeugt. Als Standardabsatzformat verwendet Word 2013 etwas größere Absatzabstände, dies haben Sie möglicherweise bereits während der Eingabe festgestellt.

Standardmäßig orientiert sich der Zeilenabstand von Word an der Schriftgröße. Als Zeilenabstand verwenden Sie im einfachsten Fall ein Mehrfaches der normalen Zeilenhöhe, diese orientiert sich an der Schriftgröße. Der Absatzabstand wird dagegen wie die Schriftgröße in Punkt angegeben. Zum Ändern klicken Sie im Register *START*, Gruppe *Absatz* auf die Schaltfläche *Zeilen- und Absatzabstand*.

- Das Listenfeld enthält eine Auswahl an mehrfachen Abständen, der Wert 2 bedeutet beispielsweise einen doppelten Zeilenabstand.

- Absatzabstände fügen Sie mit den beiden Einträgen am Ende der Liste hinzu bzw. entfernen diese (Bild 4.20).

- Beim Zeigen auf einen Abstand sehen Sie im Dokument am aktuellen Absatz eine Vorschau, erst mit einem Klick übernehmen Sie die Einstellung.

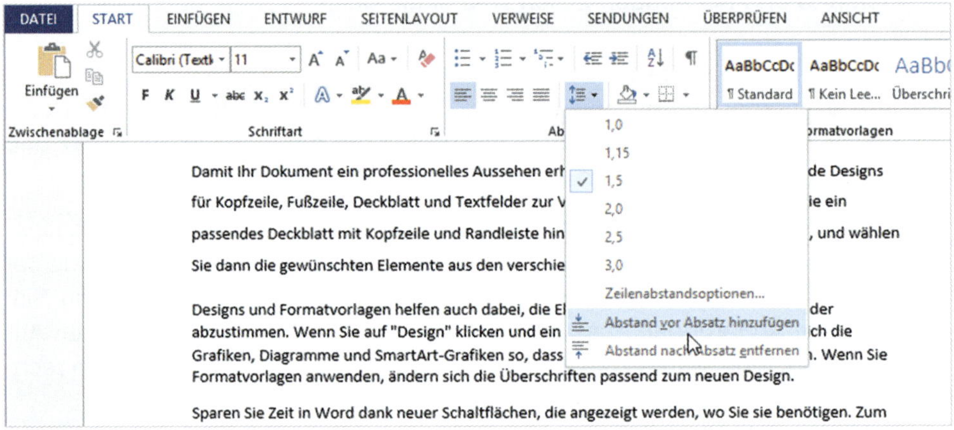

Bild 4.20 Zeilen- und Absatzabstände

Weitere Möglichkeiten finden Sie im Dialogfenster *Absatz*, das Sie entweder den Eintrag *Zeilenabstandsoptionen…* oder mit einem Klick auf das Symbol ⌐ der Gruppe *Absatz* öffnen.

Bild 4.21 Dialogfenster Absatz: Abstände

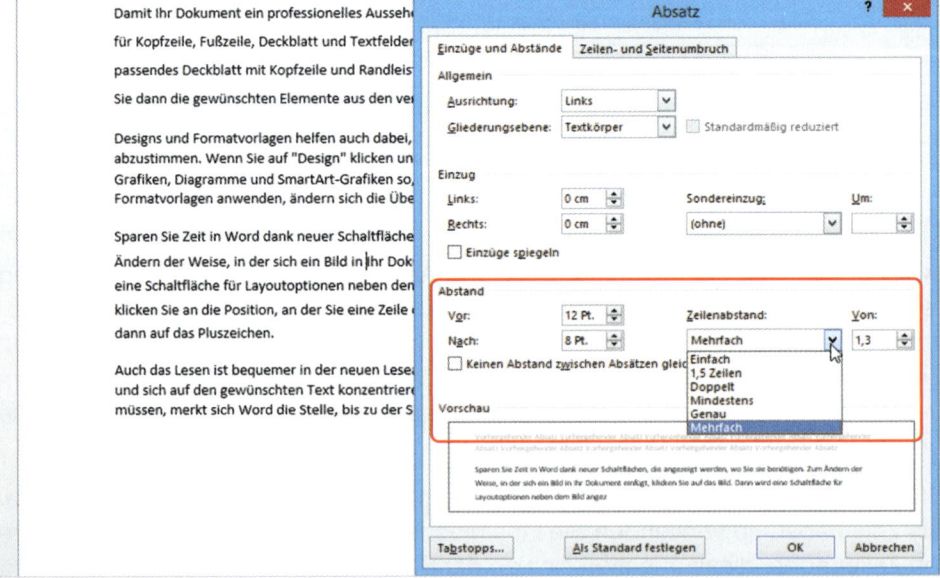

Geben Sie unter *Abstand* die gewünschten Abstände vor und nach dem Absatz ein. Mit den kleinen Dreiecken ändern Sie die Abstände in Schritten von 6 Punkt, dies entspricht bei einer Schriftgröße von 10 pt und einem Zeilenabstand von 12 pt einer halben Zeile. Andere Werte müssen direkt in die Felder eingegeben werden. Falls Sie die Abstände in Zentimetern oder Milimetern angeben möchten, so müssen Sie die Maßeinheit cm oder mm mit angeben, in Pt. (Punkt) ist dies nicht zwingend erforderlich. Hinweis: Achten Sie darunter auf das Kontrollkästchen *Keinen Abstand zwischen Absätzen gleicher Formatierung einfügen*. Möglicherweise ist es aktiviert und verhindert Abstände!

Auch im Listenfeld *Zeilenabstand* sind weitere Einstellungen möglich. Die Auswahl *Mindestens* erlaubt die Angabe eines Mindestmaßes, das nicht unterschritten werden darf, mit *Genau* können Sie einen exakten Wert vorgeben, auch wenn sich dadurch eventuell Zeilen überschneiden.

Eine zweite Möglichkeit zur Eingabe der Absatzabstände finden Sie im Register *SEITENLAYOUT*, Gruppe *Absatz*.

4.4　Nummerierung und Aufzählungen

Absätze lassen sich mit Hilfe von Formatierungen schnell mit einer fortlaufenden automatischen Nummerierung oder mit Aufzählungszeichen versehen. Ein weiterer Vorteil: Beim nachträglichen Löschen oder Verschieben von nummerierten Absätzen wird die fortlaufende Nummerierung automatisch angepasst.

Aufzählungen

Mit einem Mausklick auf die Schaltfläche *Aufzählungszeichen* (Register *START*, Grupep *Absatz*) versehen Sie den aktuellen Absatz, bzw. die markierten Absätze, mit einem Aufzählungszeichen, standardmäßig ist dies ein Punkt. Gleichzeitig erhalten die Absätze einen linken Einzug, werden also gegenüber dem linken Seitenrand eingerückt. Mit einem Klick auf dieselbe Schaltfläche entfernen Sie Aufzählungszeichen wieder von den markierten Absätzen und diese erhalten das ursprüngliche Aussehen zurück.

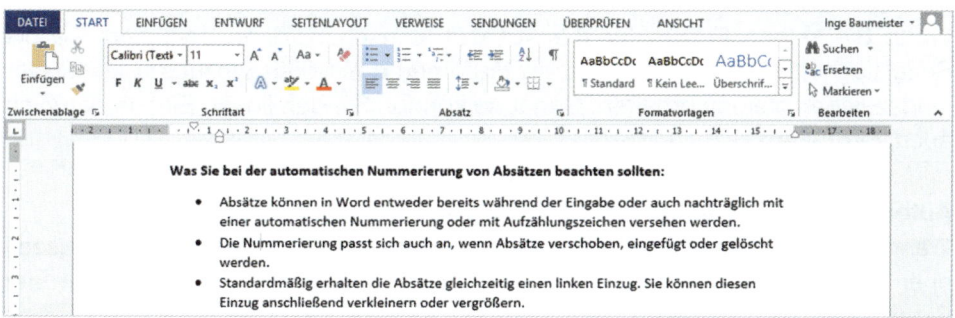

Anderes Symbol wählen

Ein Klick auf den Dropdown-Pfeil der Schaltfläche *Aufzählungszeichen* öffnet die Aufzählungszeichenbibliothek. Klicken Sie zum Übernehmen auf das gewünschte Symbol. Falls Sie ein anderes Symbol aus einer der Symbolschriften verwenden möchten, so öffnen Sie mit einem Klick auf *Neues Aufzählungszeichen definieren...* das gleichnamige Dialogfenster.

■ Die Schaltfläche *Symbol...* öffnet das Dialogfenster *Symbol* und Sie können ein Zeichen aus einer der Symbolschriftarten von Windows auswählen. Über die Schaltfläche *Schriftart...* legen Sie anschließend bei Bedarf noch Farbe und Größe des Symbols fest.

■ Die Schaltfläche *Bild...* erlaubt die Verwendung von Bildern oder Grafiken, allerdings eignet sich nicht jedes Bild als Aufzählungszeichen. Damit öffnen Sie das Fenster *Bilder einfügen* und wählen zunächst, aus welcher Quelle Sie das Bild beziehen möchten. Mit der Auswahl *Aus einer Datei* bzw. der Schaltfläche *Durchsuchen* verwenden Sie eine gespeicherte Grafikdatei. Falls Sie nach einer ClipArt-Grafik oder einem Bild im Internet suchen möchten, so geben Sie im dazugehörigen Feld einen Suchbegriff ein.

Bild 4.22 Aufzählungszeichenbibliothek

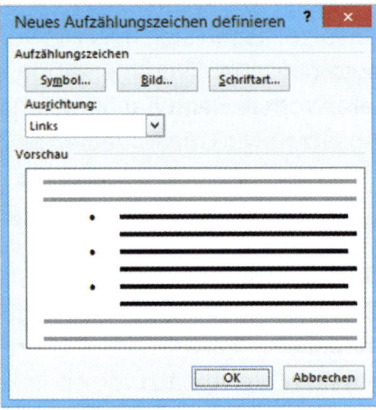

Bild 4.23 Neues Aufzählungszeichen

Einzug ändern

Wenn Sie keinen Einzug für die Absätze wünschen, dann benutzen Sie die Schaltfläche *Einzug verkleinern* zum Entfernen des linken Einzugs. Die Aufzählungszeichen bleiben erhalten. Genauso können Sie den linken Einzug natürlich auch vergrößern.

Automatische Aufzählungen während der Eingabe

Wenn Sie bereits während der Eingabe einen Absatz mit einem Aufzählungszeichen versehen, dann erhält nach Beenden dieses Absatzes bzw. Drücken der Eingabe-Taste auch der nächste Absatz automatisch dasselbe Aufzählungszeichen. Sie können also die Aufzählung beliebig lange fortsetzen. Zum Beenden der Aufzählung drücken Sie einfach zweimal die Eingabe-Taste und der nächste Absatz erhält wieder normales Aussehen.

Auch wenn Sie einen Absatz mit einem Bindestrich oder Stern (*), gefolgt von einem Leerzeichen beginnen, interpretiert Word dieses Zeichen automatisch als Aufzählungszeichen und der Absatz erhält einen Einzug. Gleichzeitig erscheint im Text eine kleine Schaltfläche. Falls Sie keine Aufzählung erstellen möchten, so klicken Sie auf diese Schaltfläche und machen die automatische Aufzählung rückgängig. Als weitere Option können Sie hier das automatische Erstellen von Aufzählungen auch deaktivieren.

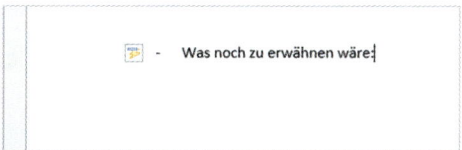 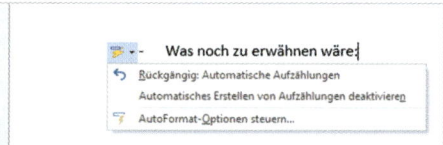

Bild 4.24 Automatisches Erstellen von Aufzählungen

Tipp: Eine automatische Aufzählung erhalten Sie auch, wenn Sie einen Absatz mit einem Symbol aus einer der Symbolschriftarten beginnen. Unmittelbar danach müssen Sie allerdings die Tabulator-Taste betätigen.

Nummerierung

Auf die gleiche Weise versehen Sie Absätze nachträglich mit einer fortlaufenden Nummerierung: Markieren Sie die Absätze und klicken Sie auf die Schaltfläche *Nummerierung* (Register *START*, Gruppe *Absatz*). Der Dropdown-Pfeil der Schaltfläche *Nummerierung* öffnet die Nummerierungsbibliothek mit verschiedenen Varianten. Der Befehl *Neues Zahlenformat definieren…* öffnet ein Dialogfenster, in dem Sie die automatische Nummerierung individuell anpassen, und mit zusätzlichen Zeichen, beispielsweise Klammern oder Paragraphzeichen, versehen können.

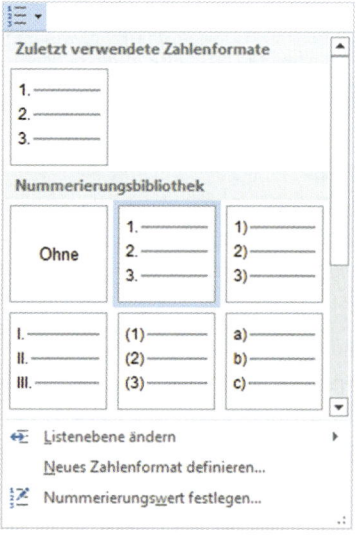

Bild 4.25 Nummerierungsbibliothek

Bild 4.26 Neues Zahlenformat

So gehen Sie bei der Erstellung eines neuen Zahlenformats vor:

1   Wählen Sie im Listenfeld *Zahlenformatvorlage* eine Vorlage für die Zahlendarstellung.

2   Anschließend erscheint im Feld *Zahlenformat* das gewählte Zahlenformat und Sie können weitere Zeichen, wie Punkt, Klammern oder Pluszeichen, links oder rechts von der Zahl hinzufügen.

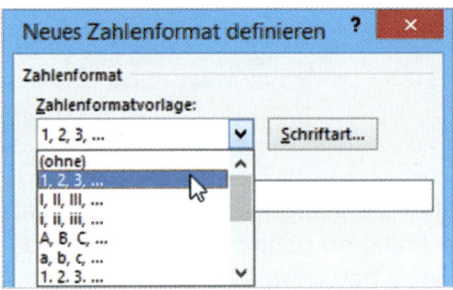
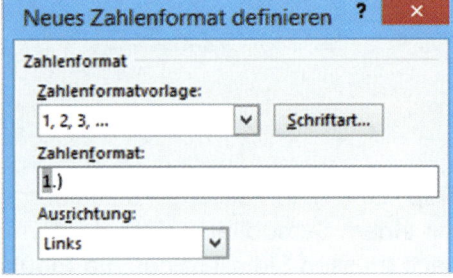

Bild 4.27 Zahlenformatvorlage wählen   *Bild 4.28 Weitere Zeichen eingeben*

Nummerierung entfernen

Zum Entfernen der Nummerierung markieren Sie die betreffenden Absätze und klicken erneut auf die Schaltfläche *Nummerierung*. Sie können damit auch innerhalb einer fortlaufend nummerierten Liste einzelne Absätze aus der Nummerierung herausnehmen. Um für nicht nummerierte Absätze den Einzug anzupassen, verwenden Sie die Schaltflächen *Einzug verkleinern/ vergrößern*.

Bild 4.29 Einzug anpassen

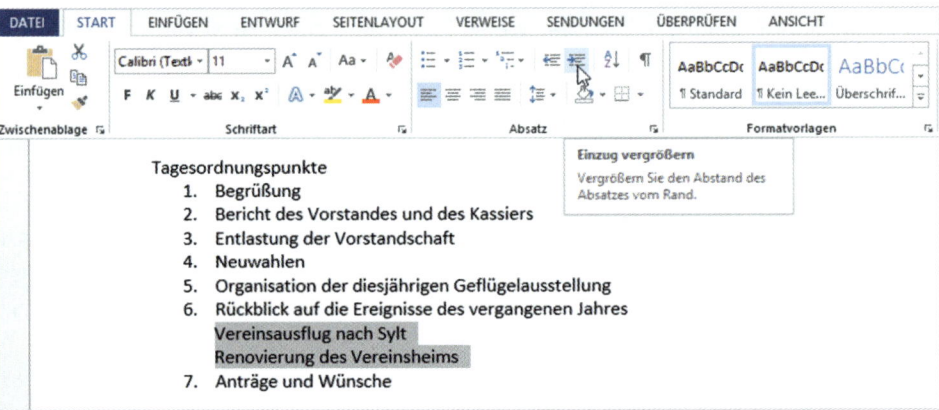

Neu nummerieren oder mit der Nummerierung fortfahren?

Ob nach Unterbrechungen die Nummerierung fortgeführt oder neu begonnen werden soll, das legen Sie am einfachsten über das Kontextmenü der rechten Maustaste fest. Klicken Sie mit der rechten Maustaste in den ersten Absatz, ab dem die Nummerierung geändert werden soll und wählen Sie aus dem Kontextmenü den Eintrag *Neu beginnen mit 1* bzw. *Nummerierung fortsetzen*. Sie können auch genau festlegen, mit welcher Zahl die Liste beginnen soll. Dazu klicken Sie im Kontextmenü der rechten Maustaste auf *Nummerierungswert festlegen…* und geben im sich öffnenden Dialogfenster den gewünschten Wert an.

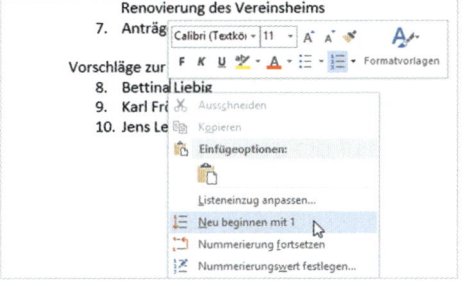

Bild 4.30 Kontextmenü

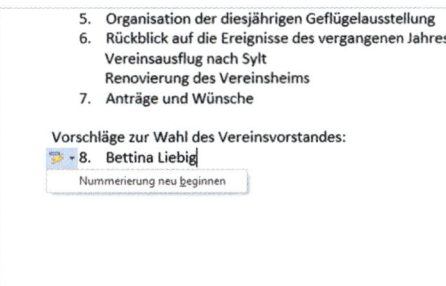

Bild 4.31 Schaltfläche im Text

Eine weitere Möglichkeit erhalten Sie über eine Schaltfläche: Wenn Sie am Ende einer nummerierten Liste einen Absatz nachträglich mit einer Nummerierung versehen, erscheint im Text an dieser Stelle eine Schaltfläche. Klicken Sie darauf, so erhalten Sie die Option *Nummerierung neu beginnen*, bzw. *Nummerierung fortsetzen* (Bild 4.31).

Automatische Nummerierung während der Eingabe

Beginnen Sie während der Eingabe einen Absatz mit 1, gefolgt von einem Punkt und einem Leerzeichen, dann formatiert Word nach Eingabe des Leerzeichens diesen Absatz automatisch mit einer Nummerierung und einem linken Einzug. Möchten Sie die Nummerierung beibehalten, so fahren Sie einfach mit der Eingabe fort und übernehmen mit Drücken der Eingabetaste die Nummerierung für die nachfolgenden Absätze. Beenden Sie die nummerierte Liste entweder mit zweimaligem Drücken der Eingabetaste oder schalten Sie mit einem Mausklick auf die Schaltfläche die Nummerierung wieder aus.

Bei automatischer Erstellung einer Nummerierung erscheint im Text an dieser Stelle eine Schaltfläche mit AutoFormat-Optionen. Falls Sie keine automatische Nummerierung wünschen, so machen Sie entweder die Nummerierung rückgängig oder deaktivieren diese Funktion auch für künftige Eingaben.

Bild 4.32 Rückgängig: Automatische Nummerierung

Gegliederte Listen

Mit der Schaltfläche *Liste mit mehreren Ebenen* im Register *START*, Gruppe *Absatz* erstellen Sie gegliederte Listen mit hierarchischen Ebenen. Die Gliederungsebenen orientieren sich dabei am Einzug. So gehen Sie vor, wenn Sie bereits bestehenden Absätzen nachträglich eine Gliederung zuweisen möchten:

1 Markieren Sie alle betreffenden Absätze.

2 Klicken Sie im Register *START* auf die Schaltfläche *Liste mit mehrenen Ebenen* und klicken Sie in der Listenbibliothek auf die gewünschte Variante.

3 Alle Absätze erhalten nun zunächst Gliederungsebene 1. Positionieren Sie nun den Cursor im ersten Absatz, welchen Sie tieferstufen möchten und klicken Sie auf die Schaltfläche *Einzug vergrößern*. Genauso verfahren Sie mit den übrigen Absätzen.

Jeder Klick auf die Schaltflächen *Einzug verkleinern* bzw. *Einzug vergrößern* stuft den jeweiligen Absatz eine Ebene tiefer bzw. höher.

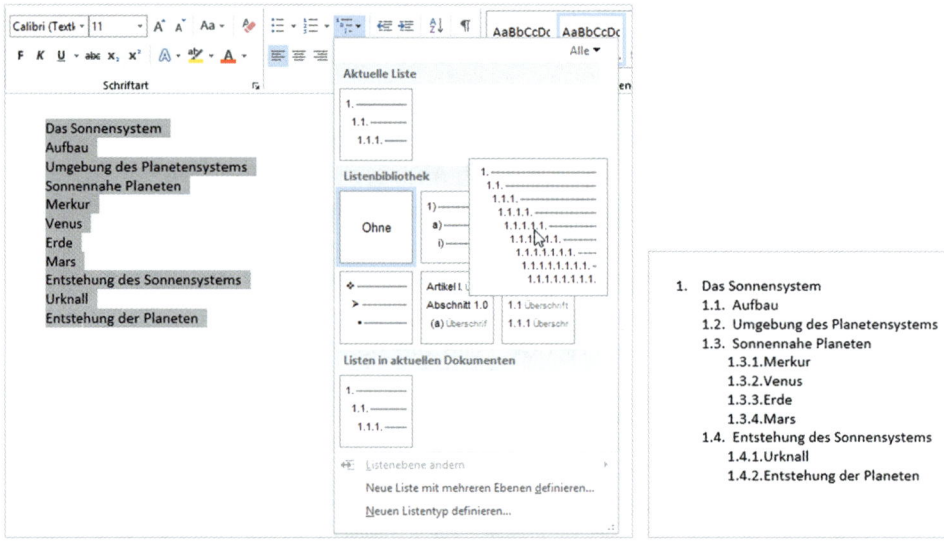

Bild 4.33 Listenbibliothek   Bild 4.34 Ergebnis

Tabulator-Taste:
Absatz tiefer stufen.
Umschalt + Tab:
Absatz höher stufen

Um bereits während der Eingabe eine solche Liste zu erstellen, genügt es, wenn Sie dem ersten Absatz eine Listenformatvorlage zuweisen. Dieser erhält Gliederungsebene 1 und mit Drücken der Eingabe-Taste erhält der nächste Absatz dieselbe Ebene. Soll dieser Absatz eine Ebene tiefer gestuft werden, so drücken Sie die Tab-Taste der Tastatur, bevor Sie mit dem eigentlichen Text beginnen.

Jedes Drücken der Tab-Taste stuft einen Absatz um jeweils 1 Ebene tiefer, mit den Tasten Umschalt + Tab wird der Absatz wieder höher gestuft. Word unterscheidet maximal 9 Gliederungsebenen.

4.5 Rahmen und Schattierung

Rahmenlinien

Rahmenlinien können sowohl einzelne Zeichen als auch Absätze einschließen. Als dritte Option können auch noch Druckseiten mit Rahmen versehen werden. In allen drei Fällen benutzen Sie dazu im Register *START*, Gruppe *Absatz* die Schaltfläche *Rahmen*. Beachten Sie, dass Rahmen nicht automatisch Rahmenlinien an allen vier Seiten bedeutet; ein Klick direkt auf die Schaltfläche liefert die angezeigte Einstellung, meist eine einzelne Rahmenlinie unten, während ein Klick auf den Dropdown-Pfeil der Schaltfläche die gesamte Liste der Möglichkeiten öffnet.

Ob einzelne Zeichen oder der gesamte Absatz mit einem Rahmen versehen werden, richtet sich nach der Markierung:

- Um ein oder mehrere Wörter mit einem Rahmen zu versehen, müssen Sie diese zuvor markieren (Zeichenformatierung).

- Soll ein Absatz einen Rahmen erhalten, so genügt es, wenn sich der Cursor im Absatz befindet. Wenn gleich mehrere Absätze in einem Rahmen zusammengefasst werden sollen, so müssen alle Absätze markiert sein.

Wichtig: Die Breite eines Absatzrahmens richtet sich nach dem Einzug des Absatzes. Das bedeutet, der Rahmen reicht, unabhängig von der Anzahl der Zeichen in der Zeile vom linken bis an den rechten Seitenrand. Um den Rahmen zu verkürzen, müssen Sie den rechten oder linken Einzug des Absatzes ändern. Beachten Sie außerdem, dass mehrere Absätze nur dann in einem einzigen Rahmen zusammengefasst werden können, wenn alle denselben Einzug besitzen.

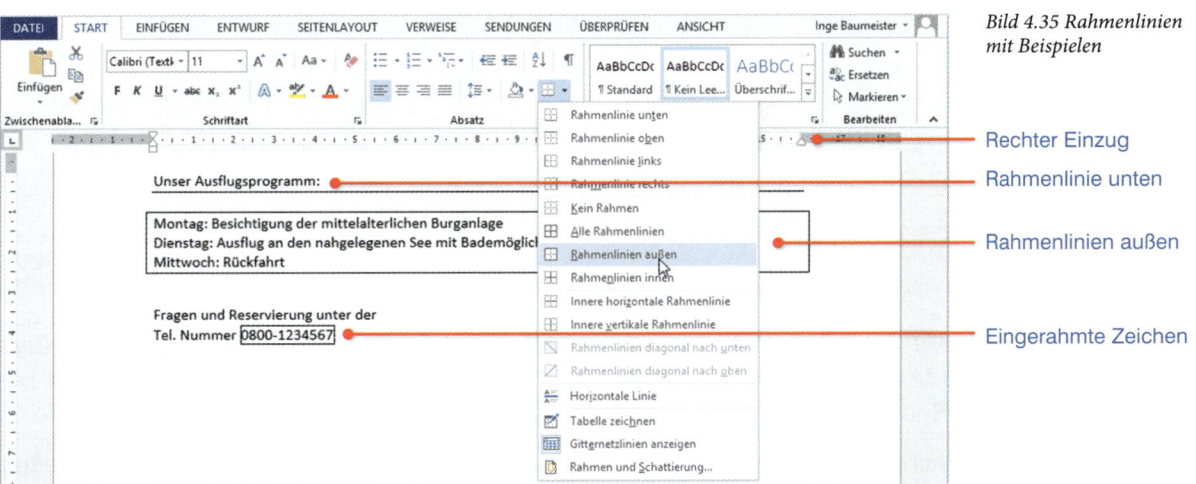

Bild 4.35 Rahmenlinien mit Beispielen

103

Rahmen entfernen

Zum Entfernen eines Rahmens markieren Sie den betreffenden Text, klicken auf den DropDown-Pfeil der Schaltfläche *Rahmenlinien* und wählen *Kein Rahmen*.

Linienart und -farbe

Klicken Sie auf den Dropdown-Pfeil der Schaltfläche *Rahmen* und hier auf *Rahmen und Schattierung...*. Das gleichnamige Dialogfenster öffnet sich, hier erhalten Sie weitergehende Möglichkeiten.

1 Klicken Sie auf das Register *Rahmen*. Soll der gesamte Absatz mit dem ausgewählten Rahmen versehen werden, so klicken Sie auf die *Einstellung Kontur*. Als weitere Möglichkeiten finden Sie hier noch *Schatten* und *3D*. Für individuelle Einstellungen wählen Sie *Anpassen*.

2 Wählen Sie dann im Listenfeld *Formatvorlage* die gewünschte Linienart, sowie darunter Farbe und Linienbreite.

3 Kontrollieren Sie rechts die Vorschau: Mit der Einstellung *Kontur* bzw. *Schatten* befinden sich die ausgewählten Linien nun an allen vier Seiten. Haben Sie dagegen *Anpassen* gewählt, so müssen Sie die Linien einzeln hinzufügen. Dazu klicken Sie entweder direkt in der Vorschau an die entsprechende Stelle oder benutzen die kleinen Schaltflächen. Ein weiterer Klick auf eine Linie entfernt diese ggfs. wieder.

Bild 4.36 Dialogfenster Rahmen und Schattierung

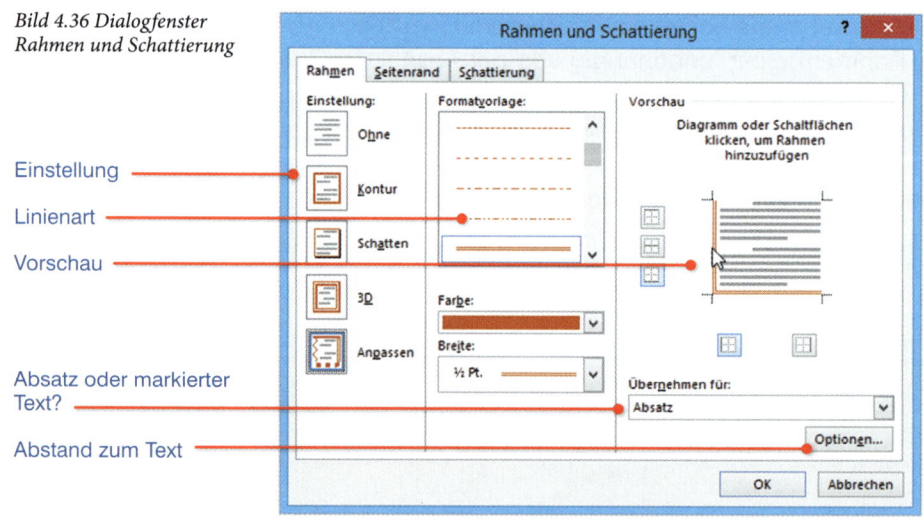

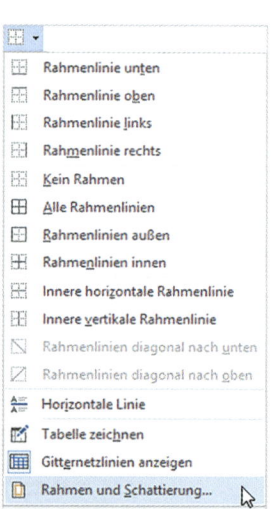

Einstellung
Linienart
Vorschau

Absatz oder markierter Text?
Abstand zum Text

Mit dem Listenfeld *Übernehmen für* können Sie kontrollieren, ob Sie gerade Text (Zeichenformatierung) oder einen Absatz mit Rahmen versehen und dies bei Bedarf ändern. Mit der Schaltfläche *OK* übernehmen Sie die Rahmenlinien.

Achtung: Die geänderte Linienart wird beibehalten. Dies bedeutet, Sie erhalten dieselbe Linienart auch, wenn Sie anschließend auf den Dropdown-Pfeil der Schaltfläche *Rahmen* klicken und z. B. *Rahmenlinie unten* wählen. Um wieder eine einfache schwarze Linien zu erhalten, müssen Sie daher erneut das Dialogfenster *Rahmen und Schattierung* öffnen und die Linienart wieder ändern.

Abstand zum Text

Den Abstand der Rahmenlinien zum Text ändern Sie, indem Sie das Fenster *Rahmen und Schattierung* öffnen und unten rechts auf die Schaltfläche *Optionen* klicken. Geben Sie im Fenster *Rahmen- und Schattierungsoptionen* den Abstand oben, unten, rechts und links in Punkt (Pt.) ein.

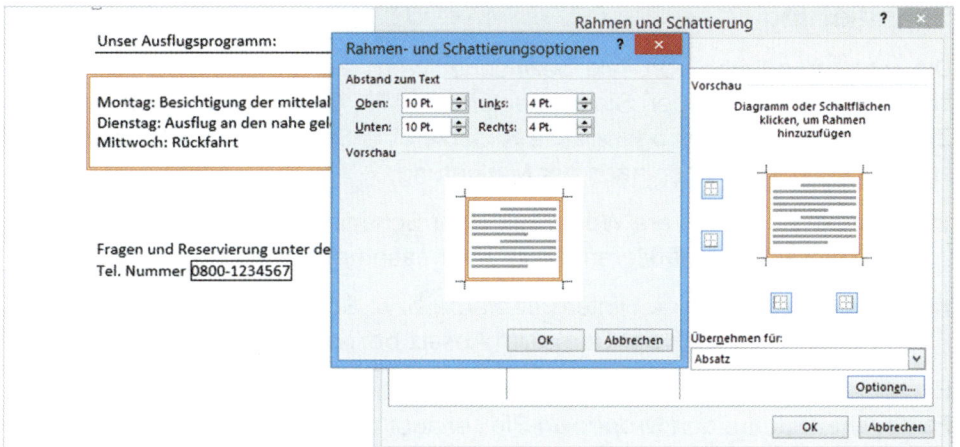

Bild 4.37 Abstand zum Text

Hinweis: Seite einrahmen

Das Dialogfenster *Rahmen und Schattierung* enthält ein weiteres Register *Seitenrand*. Im Gegensatz zum oben beschriebenen Register *Rahmen* erhalten Sie hier die Möglichkeit, eine oder mehrere Druckseiten mit Rahmen zu versehen.

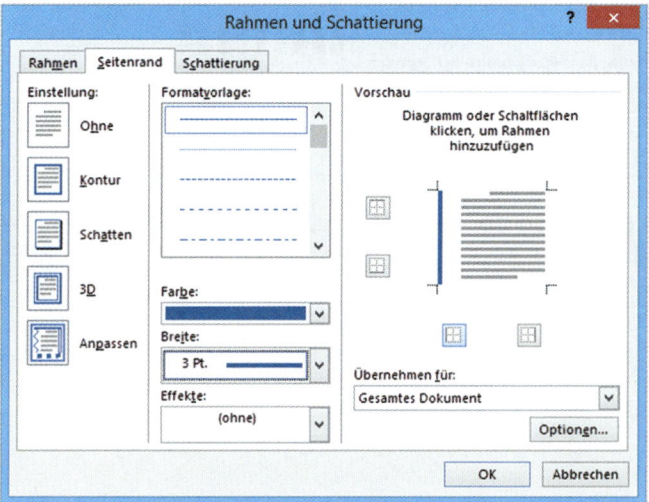

Bild 4.48 Register Seitenrand

Sie sollten also die beiden Register nicht verwechseln! Auch hier wählen Sie zunächst Linienart, Farbe und Breite, bevor Sie in der Vorschau Linien hinzufügen oder entfernen. Anstelle normaler Linien, stehen Ihnen unter *Effekte* auch verschiedene grafische Darstellungen zur Verfügung. Zusätzlich können Sie über ein Listenfeld angeben, für welchen Bereich des Dokuments die Rahmenlinien Gültigkeit besitzen. Dasselbe Dialogfenster öffnen Sie auch mit der Schaltfläche *Seitenränder* im Register *ENTWURF*, Gruppe *Seitenhintergrund*.

Schattierung

Die Hintergrundfarbe von Text bezeichnet Word als Schattierung. Die Schaltfläche *Schattierung* finden Sie im Register *START*, Gruppe *Absatz*. Ob einzelne Zeichen, z. B. ein Wort oder ganze Absätze eine Schattierung erhalten, richtet sich wie bei den Rahmen nach der Markierung.

■ Um ein oder mehrere Wörter mit einer Schattierung zu versehen, müssen Sie diese zuvor markieren (Zeichenformatierung).

■ Soll ein Absatz eine Hintergrundfarbe bzw. Schattierung erhalten, so genügt es, wenn sich der Cursor im Absatz befindet.

Designfarben ändern, siehe Formatvorlagen schnell anpassen, S. 109

Bild 4.38 Hintergrundfarbe/Schattierung

Ein Klick direkt auf die Schaltfläche verwendet die, auf dem Symbol abgebildete Farbe, ein Klick auf den Dropdown-Pfeil erlaubt dagegen eine Farbauswahl aus den Designfarben bzw. den Standardfarben.

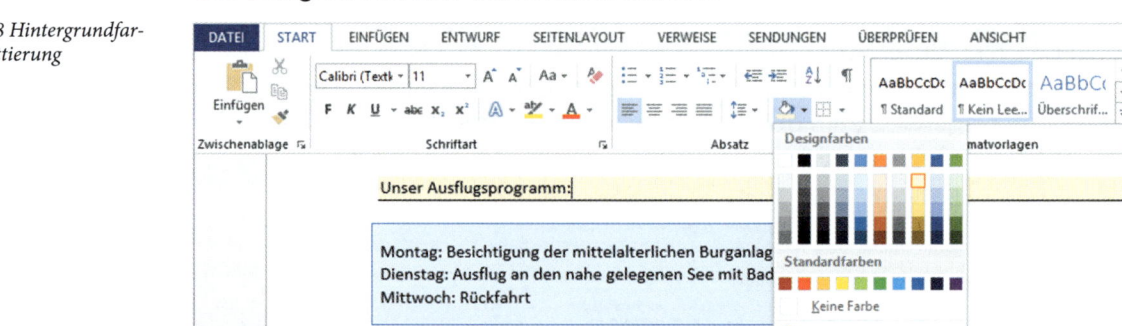

Wie beim Rahmen, richtet sich auch bei der Hintergrundfarbe von Absätzen die Breite nicht nach der Anzahl der Zeichen, sondern nach dem linken und rechten Einzug.

4.6 Format übertragen

Häufig wird an mehreren Textstellen dieselbe Formatierung benötigt. Am einfachsten kopieren Sie in diesem Fall die Formatierung mit Hilfe des Symbols *Format übertragen* (Register *START*, Gruppe *Zwischenablage*). So gehen Sie dabei vor:

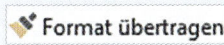

1 Markieren Sie die Textstelle deren Format Sie kopieren möchten (Vorlage).

2 Klicken Sie im Register *START*, Gruppe *Zwischenablage* oder in der Minisymbolleiste auf die Schaltfläche *Format übertragen*.

3 Am Mauszeiger sehen Sie nun ein Pinselsymbol. Markieren Sie jetzt mit der Maus die Textstelle, der Sie die Formatierung zuweisen möchten (Ziel).

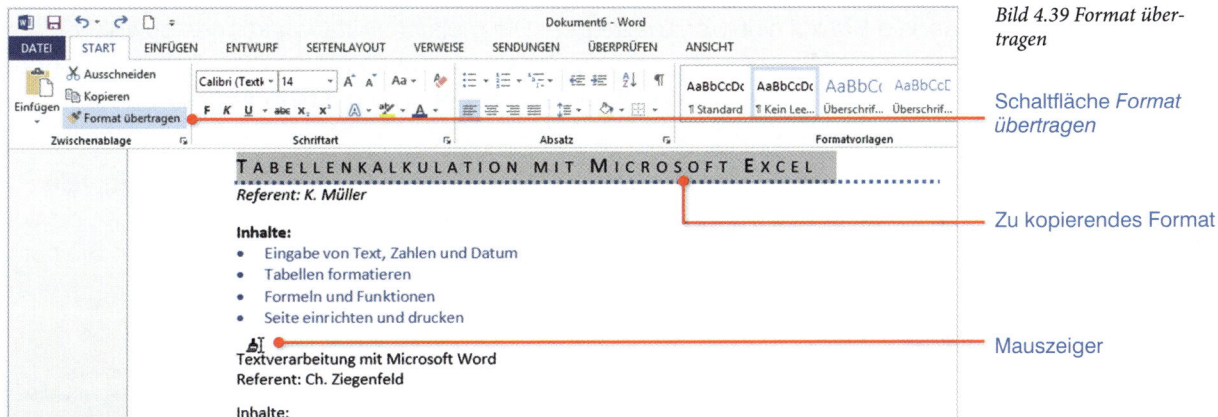

Bild 4.39 Format übertragen

Schaltfläche *Format übertragen*

Zu kopierendes Format

Mauszeiger

Mit einem Doppelklick auf die Schaltfläche *Format übertragen* bleibt diese Funktion dauerhaft aktiviert. Sie können also ein Format nacheinander gleich auf mehrere Textstellen übertragen. Mit der Esc-Taste oder einem nochmaligen Mausklick auf das Symbol schalten Sie die Funktion wieder aus. Ob Sie die Formatierung auf Zeichen oder ganze Absätze übertragen, hängt von der Markierung ab.

Zeichenformate übertragen
Markieren Sie eine Textstelle, deren Formatierung kopiert werden soll und klicken Sie auf *Format übertragen*. Anschließend markieren Sie diejenigen Zeichen, die das Format erhalten sollen.

Auf gesamten Absatz übertragen
Zum Übertragen des gesamten Absatzformats genügt es, wenn sich der Cursor in dem Absatz befindet, welcher als Vorlage dient. Oder markieren Sie den gesamten Absatz einschließlich der (nicht sichtbaren) Absatzendemarke. Klicken Sie auf *Format übertragen*. Klicken Sie dann entweder einfach in den Zielabsatz oder markieren Sie den gesamten Absatz.

4.7   Formatvorlagen verwenden

Formatvorlage zuweisen

Formatvorlagen speichern gleich mehrere Formatierungsmerkmale für Zeichen und/oder Absätze und leisten nützliche Dienste, wenn umfangreiche Dokumente ein einheitliches Aussehen erhalten sollen. Word 2013 bringt einen ganzen Satz fertiger Formatvorlagen für unterschiedliche Zwecke, z. B. Überschriften mit, die Sie schnell anpassen können.

Die Formatvorlagen für Text finden Sie im Register *START* in der Gruppe *Formatvorlagen*. Ein Mausklick auf die Schaltfläche *Weitere* ⊡ öffnet den gesamten Katalog und Sie sehen am markierten Text bzw. aktuellen Absatz eine Vorschau, sobald Sie auf eine Vorlage zeigen. Die meisten Vorlagen können sowohl für die markierten Zeichen als auch für Absätze verwendet werden. Formatvorlagen, die sich ausschließlich auf Absätze beziehen sind mit dem Absatzsymbol ¶ gekennzeichnet.

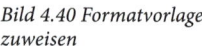

Um eine Formatvorlage zu verwenden, brauchen Sie nur die Textstelle markieren (Zeichenformatierung) oder in den Absatz klicken (Absatzformatierung) und auf die gewünschte Formatvorlage klicken. Falls diese nicht gefällt, können Sie dem Text jederzeit wieder eine andere Formatvorlage zuweisen.

Bild 4.40 Formatvorlage zuweisen

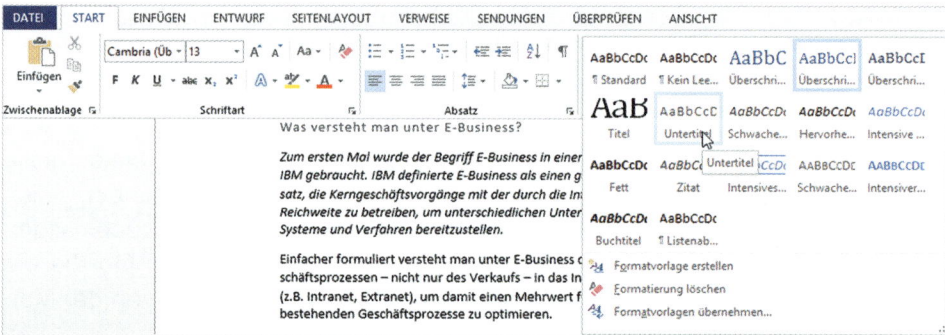

Die Formatvorlage Standard

Die wichtigste Formatvorlage ist die Vorlage *Standard*. Sie legt die Standardschriftart und -größe, sowie das Standardabsatzformat z. B. linksbündige Ausrichtung fest. Wenn Sie nach dem Öffnen eines leeren Dokuments mit der Eingabe beginnen und nichts anderes festgelegt haben, dann erhält der Text alle Merkmale der Formatvorlage *Standard*. Wenn also bei Verwendung von Formatvorlagen der Text wieder das ursprüngliche Aussehen erhalten soll, dann brauchen Sie nur die Formatvorlage *Standard* zuweisen.

Auch Löschen der Formatierung bedeutet eigentlich nichts anderes als den Text wieder auf die Formatvorlage *Standard* zurücksetzen.

Die Formatvorlage Kein Leerraum

Eine komfortable Möglichkeit, nicht benötigte Abstände zwischen Absätzen, z. B. in einem Brief schnell zu entfernen, bietet sich mit der Formatvorlage *Kein Leerraum* an. Diese beinhaltet einen einfachen Zeilenabstand (1) und keine Abstände zwischen Absätzen. Markieren Sie die betreffenden Absätze und klicken Sie dann auf die Formatvorlage *Kein Leerraum*.

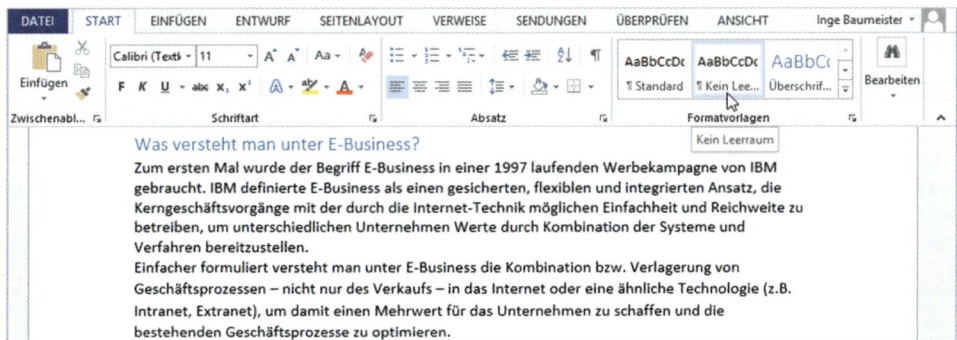

Bild 4.41 Formatvorlage Kein Leerraum

Überschriften

Der Einsatz der übrigen Formatvorlagen eignet sich in erster Linie für längere Dokumente, z. B. Haus- und Facharbeiten oder Dokumentationen. Nützlich sind insbesondere die Vorlagen für Überschriften, z. B. Überschrift 1, Überschrift 2, usw., mit ihnen lassen sich bis zu neun Ebenen gestalten.

Formatvorlagen schnell anpassen

Das Register *ENTWURF* enthält Schaltflächen, mit denen Sie Farben, Schriftarten, Absatzabstände und allgemeines Aussehen der Formatvorlagen schnell anpassen können.

Bild 4.42 Register ENTWURF

Achtung: Alle in diesem Register vorgenommenen Änderungen beziehen das gesamte aktuelle Dokument ein und können somit bestehende Formatierungen verändern. Dies gilt insbesondere für die Verwendung von Designfarben, beispielsweise als Schrift- oder Hintergrundfarbe. Auch das Aussehen von Absätzen, die auf einer Formatvorlage, z. B. Standard basieren, ändert sich.

Nehmen Sie daher am besten diese Änderungen vor, bevor Sie mit der Textformatierung beginnen oder kontrollieren Sie bei nachträglicher Änderung nochmals alle Formatierungen.

Design wählen

Als einfachste Möglichkeit weisen Sie dem aktuellen Dokument ein anderes Design zu. Ein Design ist eine komplette Zusammenstellung von ausgewählten Schriftarten, Farben, Abständen und grafischen Effekten. Klicken Sie dazu im Register *ENTWURF* auf die Schaltfläche *Designs* (Gruppe *Dokumentformatierung*). Falls Formatvorlagen verwendet wurden, erhalten Sie beim Zeigen auf ein Design im Dokument eine Vorschau, erst mit einem Klick übernehmen Sie das Design.

Bild 4.43 Design auswählen

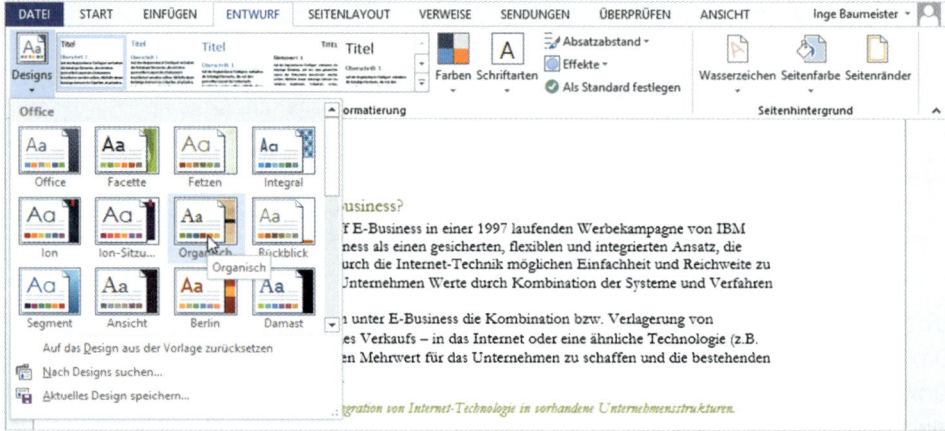

Formatvorlagensatz

Eine weitere Möglichkeit der Dokumentgestaltung ist die Wahl eines Formatvorlagensatzes. Als solche bezeichnet Word 2013 Zusammenstellungen unterschiedlicher Formatvorlagen, basierend auf dem verwendeten Design. Die Formatvorlagensätze finden Sie ebenfalls im Register *ENTWURF*, Gruppe *Dokumentformatierung* (Bild 4.44). Ein Klick auf die Schaltfläche *Weitere* ⯆ zeigt den gesamten Katalog auf einen Blick an und Sie erhalten wieder im Dokument eine Vorschau, wenn Sie auf einen Vorlagensatz zeigen.

Bild 4.44 Formatvorlagensatz wählen

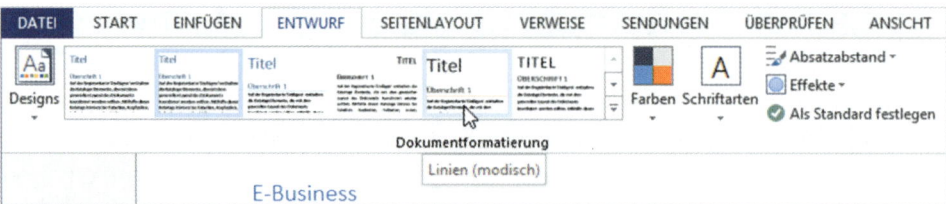

Design anpassen

Anstelle eines kompletten Designs können Sie auch Farben, Schriftarten, Absatzabstände und Effekte des aktuellen Designs beliebig ändern und so ein eigenes Design zusammenstellen. Dazu verwenden Sie im Register *ENTWURF*, Gruppe *Dokumentformatierung* die Schaltflächen *Farben*, *Schriftarten*, *Absatzab-*

stand und *Effekte*. Beachten Sie, dass Änderungen der Effekte sich ausschließlich auf grafische Elemente, nicht aber auf Text auswirken.

Um beispielsweise die Designfarben zu ändern, die beim Klick auf die Symbole *Schriftfarbe* oder *Schattierung* angezeigt werden, klicken Sie hier auf *Farben* und wählen die gewünschte Farbzusammenstellung.

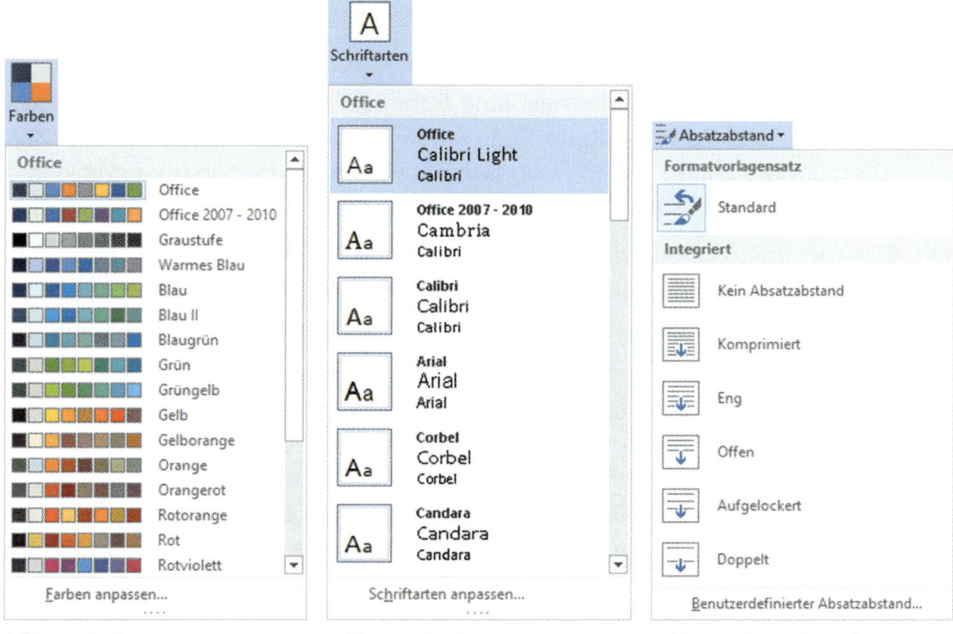

Bild 4.45 Farben   Bild 4.46 Schriftarten   Bild 4.47 Absatzabstand

Tipp: Abstände

Mit der Schaltfläche *Absatzabstand* ändern Sie die Zeilen- und Absatzabstände im gesamten Dokument. Die Einstellung *Kein Absatzabstand* verwendet einen einfachen Zeilenstand (1) und keine Abstände zwischen Absätzen und bezieht sich im Gegensatz zur Formatvorlage *Kein Leerraum* auf das gesamte Dokument. Sie eignet sich daher besonders für Briefe.

Design und Anpassungen als Standard festlegen

Alle oben beschriebenen Änderungen wirken sich ausschließlich auf das aktuelle Dokument aus. Um alle vorgenommenen Änderungen und Einstellungen dauerhaft auch als Standardeinstellung für alle neuen leeren Dokumente festzulegen, klicken Sie im Register *ENTWURF*, Gruppe *Dokumentformatierung* auf die Schaltfläche *Als Standard festlegen* und bestätigen die nachfolgende Meldung mit *Ja*. Bereits erstellte und gespeicherte Dokumente werden dadurch nicht geändert!

4.8   Zusammenfassung

■ Word unterscheidet bei der Textformatierung zwischen Zeichen- und Absatzformaten. Vor Verwendung der Zeichenformate muss die betreffende Textstelle markiert sein, Ausnahme: Wort. Absatzformate beziehen sich dagegen auf den aktuellen Absatz oder mehrere markierte Absätze. Mit Hilfe der Schaltfläche *Format übertragen* können Sie beide Arten von Formaten schnell auf weitere Texte kopieren.

■ Die wichtigsten Zeichenformate sind Schriftart, Schriftfarbe und Schriftgröße, sowie die Schriftattribute Fett, Kursiv und Unterstrichen. Weitere Zeichenformate finden Sie im Dialogfenster *Schriftart*, das Sie über das kleine Pfeilsymbol der Gruppe Schriftart öffnen.

■ Die wichtigsten Absatzformate steuern Ausrichtung und Einzug eines Absatzes. Als Einzug bezeichnet man den Abstand zum rechten oder linken Seitenrand, die Sondereinzüge Erste Zeile und Hängend steuern das Aussehen der ersten Zeile eines Absatzes.

■ Zeilen- und Absatzabstände gehören ebenfalls zu den Absatzformaten. Sie legen den Zeilenabstand innerhalb eines Absatzes und die Abstände zum vorherigen, bzw. nachfolgenden Absatz fest. Standardmäßig verwendet Word 2013 etwas größere Abstände. Benötigen Sie einfachen Zeilenabstand und keine Abstände zwischen den Absätzen, so verwenden Sie für einzelne Absätze die Formatvorlage *Kein Leerraum* oder passen im Register *ENTWURF* die Absatzabstände des aktuellen Designs an. Dies bezieht sich auf das gesamte Dokument.

■ Absätze können entweder während der Eingabe oder nachträglich mit Aufzählungszeichen oder einer fortlaufenden Nummerierung versehen werden. Auch gegliederte Listen mit bis zu neun Ebenen lassen sich auf diese Weise erstellen.

■ Rahmenlinien und Hintergrundfarbe (Schattierung) können sich sowohl auf markierte Zeichen, als auch auf einen oder mehrere Absätze beziehen. Bei Absätzen richtet sich die Rahmenbreite nach dem linken und rechten Einzug. Damit mehrere Absätze in einem einzigen Rahmen zusammengefasst werden können, müssen alle Absätze unbedingt gleiche Einzüge besitzen!

■ Zur schnellen Formatierung sind im Register *START* unter der Bezeichnung „Formatvorlagen" mehrere komplette Formate, z. B. für Überschriften verfügbar. Ihr Aussehen beruht auf dem verwendeten Design. Auswahl und Anpassung eines Designs erfolgt im Register *ENTWURF*. Sie können entweder ein vordefiniertes Design verwenden oder über die Schaltflächen *Farben*, *Schriftarten*, *Absatzabstand* und *Effekte* eigene Designs zusammenstellen.

4.9   Übung

Erstellen Sie ein neues, leeres Dokument und geben Sie den folgenden Text ein. Speichern Sie das Dokument anschließend unter dem Namen Formatierung_Angebot in einem beliebigen Ordner Ihres PCs.

Das gesamte Dokument erhält als normale Schrift die Schriftart Calibri in Schriftgröße 11 (dies ist auch die Standardeinstellung von Word 2013).

SumSum – Moderne Haushaltsgeräte
Grenzstr. 12b
58443 Orthingen
Telefon 08123-4711
Fax 08123-4712

Frau Bettina B. Liebig
Wasserweg 2
99812 Irgendwo

Ohrtingen, 1. April 2010

Angebot

Sehr geehrte Frau Liebig,

Wie gewünscht, senden wir Ihnen unser Angebot an Staubsaugern:
SuperMaxx 3D-Turbo, unser Premium-Modell mit tiefer gelegtem Fahrwerk und sportlichem Sound
589,00 €
Mega SX 3000, unser bewährtes Standardmodell, in vielen verschiedenen Lackierungen erhältlich
Gold metallic, Silber metallic, Camouflage-Look und Ferrari-rot
299,00 €

Bei Fragen helfen wir Ihnen gern unter der folgenden Hotline weiter:
0900 981287

Bei etwaigen Reklamationen beachten Sie bitte unsere allgemeinen Geschäftsbedingungen:
Transportschaden oder Transportverlust
Bei Transportschäden kontaktieren Sie uns bitte innerhalb von Werktagen nach Erhalt der Lieferung telefonisch unter der Nr. 0180-111111 oder schriftlich, bzw. per E-Mail an info@sumsum.de
Falschlieferung
Bei einer Falschlieferung kontaktieren Sie uns bitte umgehend nach Erhalt der Ware telefonisch unter der Nummer 0180-222222 oder schriftlich, bzw. per E-Mail an oben genannte Adresse. Sie erhalten dann eine Vorgangsnummer, welche Sie bitte bei der Rücksendung angeben. Nach Eingang der falsch gelieferten Ware werden wir umgehend eine Korrekturlieferung veranlassen.
Widerruf
Bei Nichtgefallen können Sie die gekaufte Ware innerhalb von 14 Tagen ohne Angabe von Gründen zurückgeben.

Formatieren Sie das Dokument ähnlich dem abgebildeten Muster:

SUMSUM – Moderne Haushaltsgeräte

Grenzstr. 12b
58443 Orthingen
☎ 08123-4711
Fax: 08123-4712

Frau Bettina B. Liebig
Wasserweg 2
99812 Irgendwo

Ohrtingen, den 1. April 2010

Angebot

Sehr geehrte Frau Liebig,

wie gewünscht, senden wir Ihnen unser Angebot an Staubsaugern:

- **SuperMaxx 3D-Turbo**
  unser Premium-Modell mit tiefer gelegtem Fahrwerk und sportlichem Sound
  589,00 €

- **Mega SX 3000**
  unser bewährtes Standardmodell, in vielen verschiedenen Lackierungen erhältlich
  Gold metallic, Silber metallic, Camouflage-Look und Ferrari-rot
  299,00 €

Bei Fragen helfen wir Ihnen gern unter der folgenden Hotline weiter:
0900 - 981 287 *(2,50 € je angefangene Minute)*

Bei etwaigen Reklamationen beachten Sie bitte unsere allgemeinen Geschäftsbedingungen:

Transportschaden oder Transportverlust
Bei Transportschäden kontaktieren Sie uns bitte innerhalb von Werktagen nach Erhalt der Lieferung telefonisch unter der Nr. 0180-111111 oder schriftlich, bzw. per E-Mail an info@sumsum.de

Falschlieferung
Bei einer Falschlieferung kontaktieren Sie uns bitte umgehend nach Erhalt der Ware telefonisch unter der Nummer 0180-222222 oder schriftlich, bzw. per E-Mail an oben genannte Adresse. Sie erhalten dann eine Vorgangsnummer, welche Sie bitte bei der Rücksendung angeben. Nach Eingang der falsch gelieferten Ware werden wir umgehend eine Korrekturlieferung veranlassen.

Widerruf
Bei Nichtgefallen können Sie die gekaufte Ware innerhalb von 14 Tagen ohne Angabe von Gründen zurückgeben.

Formatierungshinweise

Absenderangaben

■ Zeile 1: Text „SumSum" in Schriftart Times New Roman, Schriftgröße 36, Kapitälchen, Zeichenabstand erweitert um 4 pt. Die beiden Buchstaben S erhalten Schriftfarbe dunkelblau, die übrigen Zeichen dunkelgrau. Den Text „Moderne Haushaltsgeräte" formatieren Sie ebenfalls in dunkelgrauer Schrift, Schriftgröße 18.

■ Die beiden nächsten Zeilen (Straße und Ort) erhalten Schriftgröße 10, Telefon und Fax Schriftgröße 8.

■ Die gesamte Absenderadresse erhält eine hellgraue Hintergrundfarbe und eine dunkelblaue Rahmenlinie unterhalb, Linienbreite 3 Pt. Absenderort und Datum werden rechtsbündig ausgerichtet.

Angebotstext

■ Der Text „Angebot" wird zentriert ausgerichtet und erhält Schriftart Arial Black, Größe 18pt.

■ Die beiden Staubsaugermodelle formatieren Sie ähnlich der Abbildung mit Aufzählungszeichen und linkem Einzug. Zusätzlich erhalten diese Absätze auch noch einen rechten Einzug von 2 cm. Die Preise formatieren Sie fett und rot, die Modellbezeichnungen fett und in Schriftgröße 14.

■ Der Absatz „Bei Fragen ...." erhält einen linken Einzug von 7,5 cm sowie einen Rahmen. Die Schrift formatieren Sie in Größe 8pt, kursiv, die Telefonnummer in Größe 11, fett entsprechend der Abbildung.

■ Den Absatz „bei etwaigen Reklamationen..." formatieren Sie entsprechend der Abbildung.

■ Die letzten drei Absätze (allgemeine Geschäftsbedingungen) erhalten einen linken Einzug von 3,75 cm, Blocksatz sowie Schriftgröße 8pt. Die jeweiligen Überschriften formatieren Sie zusätzlich fett und unterstrichen.

■ Falls erforderlich, fügen Sie noch Leerzeilen ein, entsprechend der Abbildung.

Text formatieren

Notizen:

5 Seitenlayout festlegen und Dokument drucken

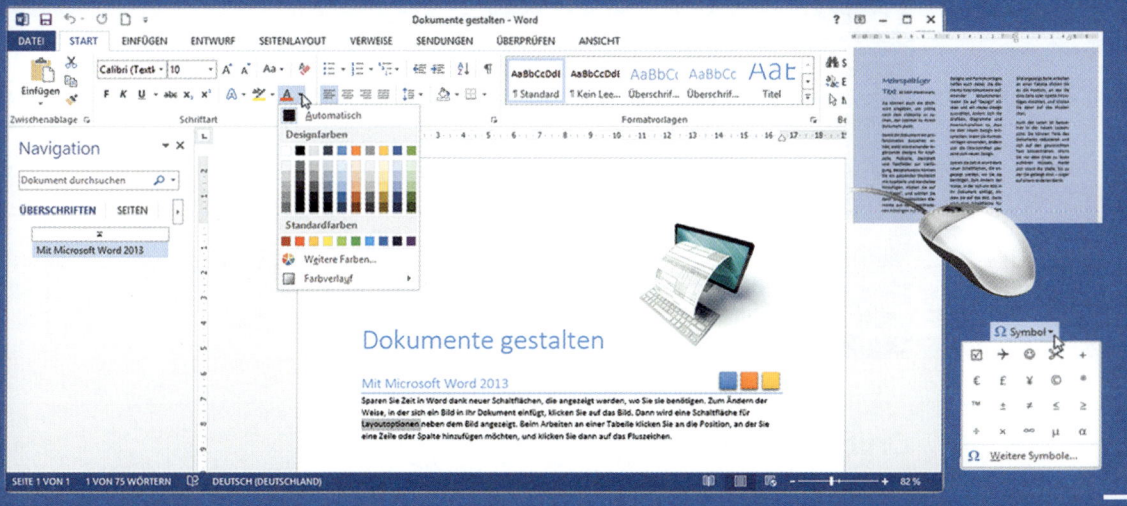

In dieser Lektion lernen Sie...

- Word-Dokumente in der Druckvorschau kontrollieren und drucken
- Seitenränder und Papierformat
- Ein Dokument in Abschnitte aufteilen
- Mehrspaltiger Text

Diese Kenntnisse sollten Sie bereits mitbringen...

- Text eingeben und formatieren
- Dokument speichern und öffnen

5.1   Dokument drucken

Neben den allgemeinen Druckeinstellungen, ermöglicht Word auch eine vorherige Kontrolle des Ausdrucks in einer Druckvorschau. Die Vorschau und alle Druckeinstellungen finden Sie im Register *DATEI*. Klicken Sie links auf *Drucken*.

Bild 5.1 Register DATEI-Drucken

Ausdruck starten

Vorschau

Einstellungen

Zoom

Seiten blättern

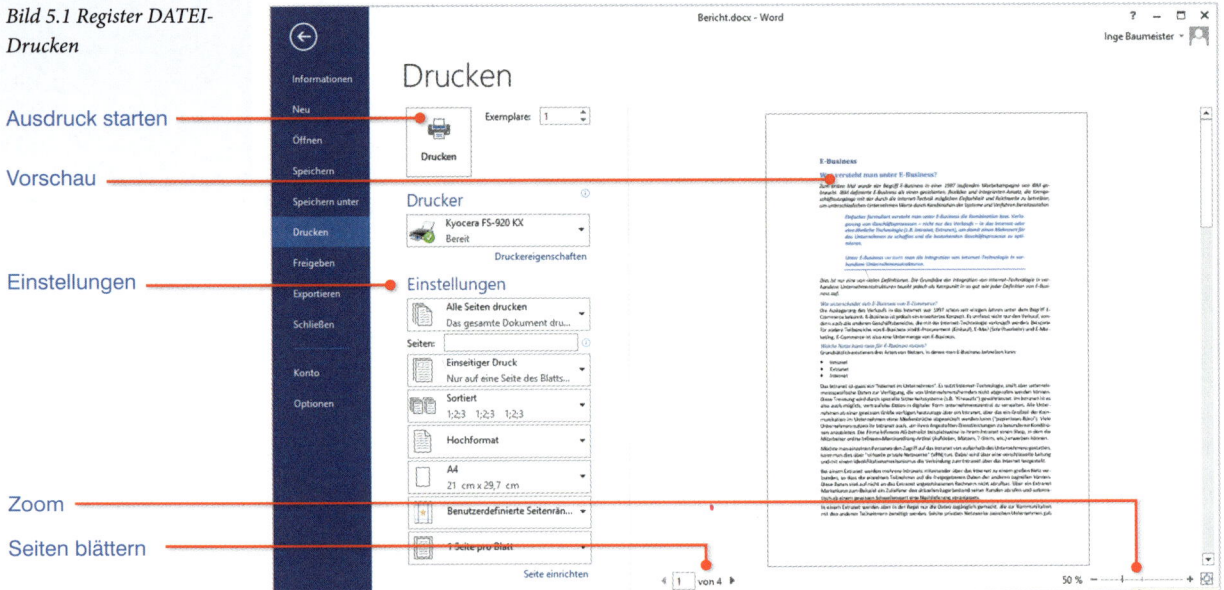

Druckvorschau

Auf der rechten Seite sehen Sie die Druckvorschau, mit deren Hilfe Sie das Ergebnis vor dem Drucken noch einmal kontrollieren können. Sie zeigt das Dokument exakt so, wie es später auch gedruckt wird, Änderungen am Inhalt sind hier nicht möglich.

Zum Blättern in der Vorschau verwenden Sie die kleinen Pfeile nach rechts und links am unteren Rand des Fensters. Hier sehen Sie auch zusammen mit der Gesamtzahl der Seiten, welche Seite gerade angezeigt wird. Die Bildlaufleiste am rechten Fensterrand oder das Mausrad (Scrollen) können ebenfalls zum Blättern benutzt werden. Zum Vergrößern oder Verkleinern der Vorschau verwenden Sie den Zoombereich am rechten Rand.

Drucken und Druckeinstellungen

Mit einem Klick auf die Schaltfläche *Drucken* senden Sie das Dokument an den Drucker. Sie sollten jedoch zuvor noch einige Druckeinstellungen kontrollieren bzw. ändern, diese werden unterhalb unter *Einstellungen* angezeigt. Alle Einstellungen sind mit einem kleinen, nach unten weisenden Dreieck versehen, zum Ändern klicken Sie auf die jeweilige Schaltfläche.

Anzahl Exemplare

Rechts neben der Schaltfläche *Drucken* können Sie eingeben, wie oft Sie Ihr Dokument ausdrucken möchten, standardmäßig ist hier 1 eingestellt. Falls Sie mehrere Exemplare drucken, sollten Sie bei mehrseitigen Dokumenten auch die Sortierung kontrollieren. Klicken Sie auf das Dropdown-Feld *Sortierung* und wählen Sie zwischen *Sortiert* und *Getrennt*. Die Standardeinstellung ist *Sortiert* (Bild 5.3).

Drucker auswählen

Verfügen Sie über mehrere Drucker, so klicken sie auf das Dropdown-Feld *Drucker* und wählen Sie den gewünschten Drucker. Standardmäßig wird der von Windows als Standarddrucker konfigurierte Drucker verwendet. Weitere druckerspezifische Eigenschaften, wie z. B. Druckqualität und Papierzufuhr, öffnen Sie mit einem Mausklick auf den Link *Druckereigenschaften*.

Der Standarddrucker ist auch am grünen Häkchen zu erkennen.

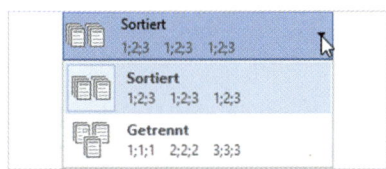

Bild 5.2 Drucker und Anzahl Exemplare

Bild 5.3 Sortierung

Seitenbereich

Standardmäßig werden alle Seiten des Dokuments gedruckt. Wenn Sie nur bestimmte Seiten drucken möchten, dann klicken Sie auf *Alle Seiten drucken* und wählen entweder *Aktuelle Seite drucken* oder *Benutzerdefinierter Druck*.

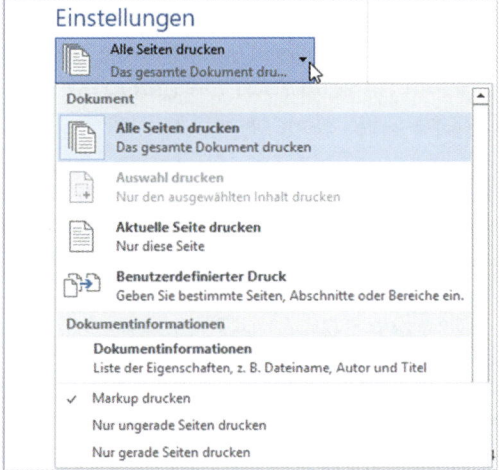

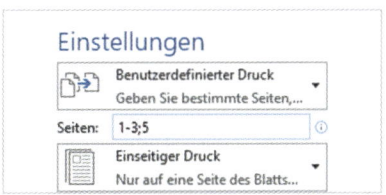

Bild 5.4 Seiten drucken

Bild 5.5 Seiten angeben

Bei der Auswahl *Benutzerdefinierter Druck* geben Sie anschließend im Feld darunter die zu druckenden Seitenzahlen ein. Sie können bei der Eingabe die Sonderzeichen - (Bindestrich) und ; (Semikolon) verwenden (Bild 5.5). Eine weitere Option ermöglicht das Drucken ausschließlich gerader bzw. ungerader Seiten.

Mehrere Seiten

Um Papier und Toner bzw. Tinte zu sparen, können Sie umfangreichere Dokumente entweder beidseitig drucken, oder mehrere Seiten des Dokuments verkleinert auf einem Blatt neben- bzw. untereinander drucken (*Seite/n pro Blatt*).

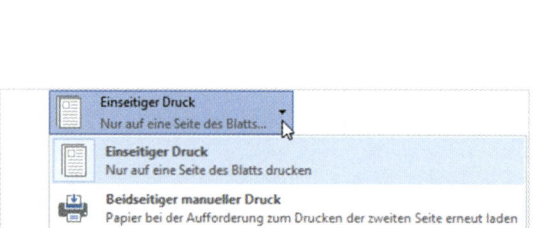

Bild 5.6 Ein- oder beidseitiger Druck

Bild 5.7 Anzahl Seiten pro Blatt

Beim beidseitigen Druck wählen Sie, ob die Blätter an der langen oder kurzen Seite gedreht werden sollen. Unterstützt Ihr Drucker keinen automatischen beidseitigen Druck (Duplexdruck), so wählen Sie die Option *Beidseitiger manueller Druck*. Word blendet dann nach dem Ausdruck der Hälfte der Seiten eine Aufforderung ein, das Papier gedreht erneut in den Drucker einzulegen.

5.2   Seitenlayout

Die wichtigsten Einstellungen zum Seitenlayout, nämlich Papierformat, Seitenränder und Ausrichtung, finden Sie sowohl im Register *DATEI* → unter *Drucken*, als auch im Register *SEITENLAYOUT*, Gruppe *Seite einrichten*.

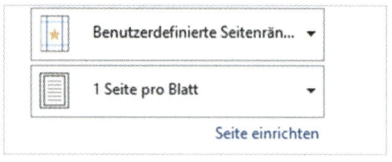

Bild 5.8 Register DATEI

Bild 5.9 Register SEITENLAYOUT

Papierformat

Das Papier- bzw. Seitenformat legen Sie über die Schaltfläche *Format* fest. Sollte die gewünschte Größe nicht in der Liste enthalten sein, so können Sie über *Weitere Papierformate…* ein eigenes Papierformat definieren.

Ausrichtung

Die Ausrichtung der Seiten Ihres Dokuments steuern Sie über die Schaltfläche *Ausrichtung*. Wählen Sie zwischen dem standardmäßig eingestellten *Hochformat* und *Querformat*.

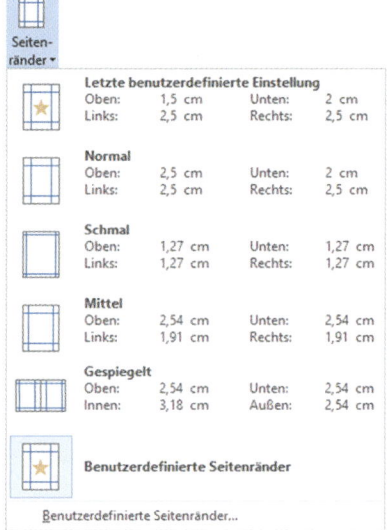

Bild 5.10 Seitenränder

Bild 5.11 Ausrichtung

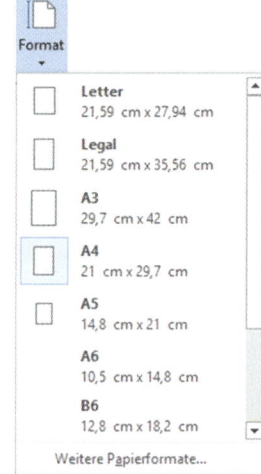

Bild 5.12 Papierformat

Seitenränder

Mit einem Klick auf die Schaltfläche *Seitenränder* erhalten Sie eine Auswahl verschiedener Einstellungen. Leider enthält diese Liste meist nicht die benötigten Einstellungen, insbesondere für Briefe. Klicken Sie in diesen Fällen am Ende der Liste auf *Benutzerdefinierte Seitenränder…* um das Dialogfenster *Seite einrichten* zu öffnen.

Tipp: Schneller gehts, wenn Sie zum Ändern der Seitenränder gleich das Dialogfenster *Seite einrichten* öffnen, siehe unten.

Das Dialogenster Seite einrichten

Eine weitere Möglichkeit erhalten Sie im Dialogfenster *Seite einrichten*. Dieses Fenster öffnen Sie entweder im Register *DATEI → Drucken* mit einem Klick auf den Link *Seite einrichten*, oder klicken Sie im Register *SEITENLAYOUT* auf den kleinen Pfeil ⌐ der Gruppe *Seite einrichten*.

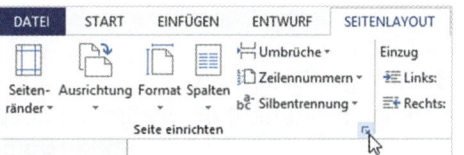

Bild 5.13 Seite einrichten öffnen

Klicken Sie auf das Register *Seitenränder* und geben Sie hier die gewünschten Maße entweder direkt in die Felder ein oder benutzen Sie die kleinen Pfeile. Die

Maßangabe cm ist das Standardmaß und muß nicht zwingend eingegeben werden. Falls Sie einen zusätzlichen Rand zum Binden oder Heften berücksichtigen möchten, so geben Sie diesen unter *Bundsteg* an.

Bild 5.14 Seite einrichten

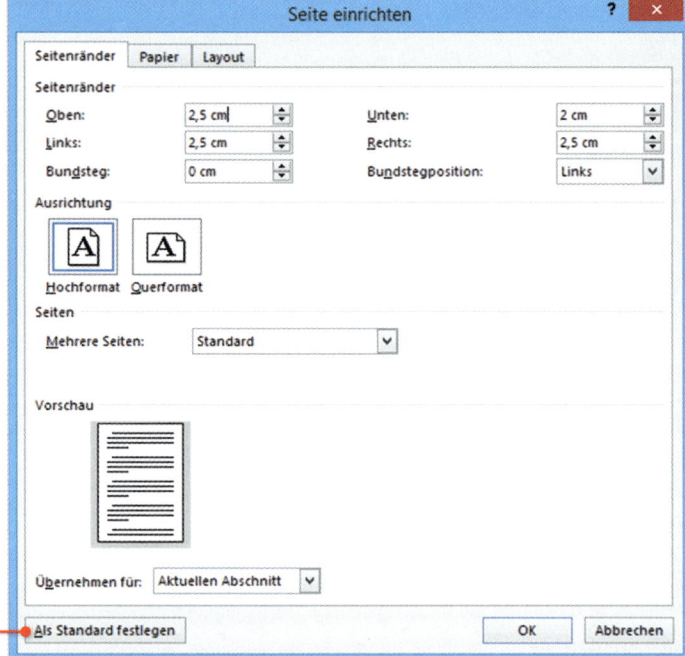

Seitenränder als Standardeinstellung festlegen ———

Papierformat und -zufuhr
Einstellungen zu Papierformat und Papierzufuhr des Druckers, können ebenfalls im Dialogfenster *Seite einrichten* vorgenommen werden. Klicken Sie dazu auf das Register *Papier*.

Bild 5.15 Papierformat und -zufuhr

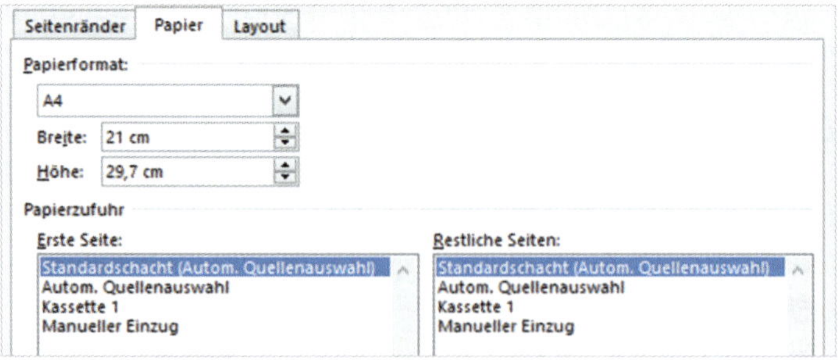

Beiseitiger Druck
Soll das Dokument beidseitig mit gespiegelten Seitenrändern gedruckt werden, so öffnen Sie das Fenster *Seite einrichten* und klicken auf das Register *Seitenränder*. Klicken Sie unter *Seiten* auf den Dropdown-Pfeil des Feldes *Mehrere Seiten* und wählen Sie *Gegenüberliegende Seiten* anstatt der Einstellung *Standard*.

In diesem Fall geben Sie als Seitenrändern anstelle von Rechts und Links die Maße für Innen und Außen an (Bild 5.16).

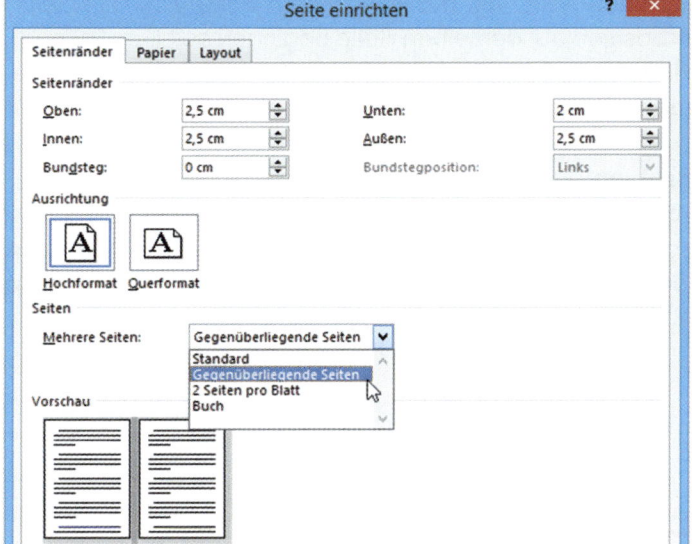

Seitenränder als Standardeinstellung speichern

Benötigen Sie häufig dieselben Seitenränder? Dann speichern Sie Ihre Einstellungen als Standardeinstellung für alle neuen leeren Dokumente. Dazu öffnen Sie das Dialogfenster *Seite einrichten* und legen zunächst die Seitenränder fest. Kontrollieren Sie auch die Einstellung *Mehrere Seiten*, für Briefe benötigen Sie die Auswahl *Standard*. Zuletzt klicken Sie auf die Schaltfläche *Als Standard festlegen* (Bild 5.14) und bestätigen die nachfolgende Meldung mit *Ja*.

5.3   Dokument in Abschnitte aufteilen

Einstellungen wie Seitenränder und Papierausrichtung sind eigentlich Abschnittsformate und beziehen sich nur auf einen bestimmten Abschnitt des Dokuments. Da jedoch die meisten Dokumente nur aus einem einzigen Abschnitt bestehen, gelten diese Einstellungen auch automatisch für das gesamte Dokument. Benötigen Sie dagegen innerhalb eines Dokuments unterschiedliche Seitenränder oder möchten Sie eine oder mehrere Seiten des Dokuments abweichend im Querformat drucken, dann müssen Sie zuvor das Dokument in Abschnitte aufteilen und anschließend das Seitenlayout für jeden Abschnitt festlegen.

Abschnittsumbruch einfügen

1   Positionieren Sie im Dokument den Cursor an der Stelle, an der Sie einen Abschnittswechsel einfügen möchten, Abschnitts- und Seitenumbrüche werden immer links vom Cursor eingefügt.

2 Klicken Sie im Menüband auf das Register *SEITENLAYOUT* und in der Gruppe *Seite einrichten* auf die Schaltfläche *Umbrüche*.

3 Wählen Sie, ob der neue Abschnitt mit einer neuen Seite (*Nächste Seite*) oder ab der Cursorposition auf derselben Seite beginnen soll (*Fortlaufend*). Weitere Möglichkeiten sind, den neuen Abschnitt automatisch auf einer geraden oder ungeraden Seite zu beginnen.

Abschnittswechsel anzeigen

Abschnittswechsel werden zusammen mit den nicht druckbaren Steuerzeichen von Word ein- und ausgeblendet. Klicken Sie dazu im Register *START*, Gruppe *Absatz* auf die Schaltfläche. Der Abschnittswechsel erscheint im Dokument als gepunktete Doppellinie.

Bild 5.17 Abschnittsumbruch einfügen

Fortlaufender Abschnittswechsel

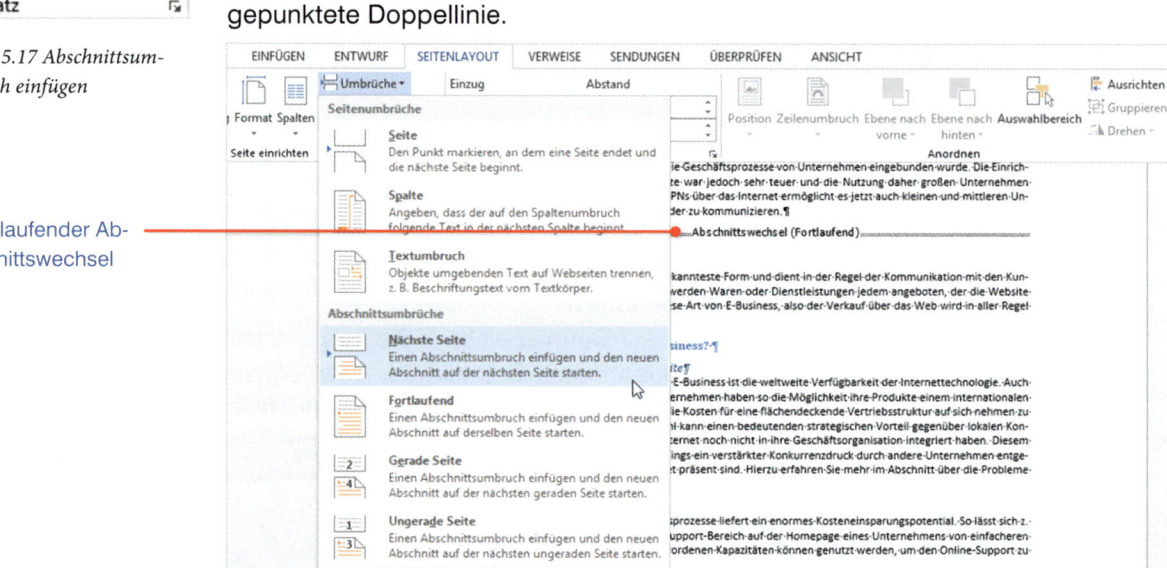

Abschnittswechsel löschen

Sorgen Sie dafür, dass mit den nicht druckbaren Zeichen (Absatzmarken) auch der Abschnittswechsel sichtbar ist, klicken Sie mit der Maus in die Doppellinie und drücken Sie die Entf-Taste. Achtung: damit werden alle Einstellungen des Abschnitts gelöscht und das Seitenlayout des nachfolgenden Abschnitts übernommen.

Layout einem Abschnitt zuweisen

Wenn Sie Einstellungen wie Papierausrichtung und Seitenränder für jeden Abschnitt getrennt festlegen möchten, dann achten Sie darauf, dass sich der Cursor im entsprechenden Abschnitt befindet, bevor Sie das Fenster *Seite einrichten* öffnen. Nehmen Sie Ihre Einstellungen zu Seitenrändern und Papierausrichtung vor und wählen Sie dann im Listenfeld *Übernehmen für* den aktuellen Abschnitt aus.

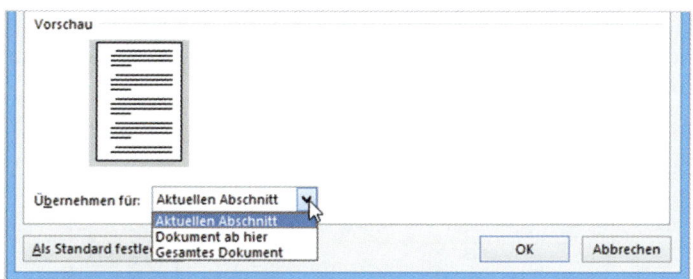

Bild 5.18 Abschnitt wählen

Tipp: Wenn Sie im Listenfeld *Übernehmen für* die Auswahl *Dokument ab hier* wählen, dann gilt diese Einstellung ab Cursorposition bis zum Ende des Dokuments und Word fügt an dieser Stelle automatisch einen fortlaufenden Abschnittswechsel ein.

Abschnitt in der Statusleiste anzeigen

In umfangreichen Dokumenten mit mehreren Abschnitten kann es nützlich sein, wenn der aktuelle Abschnitt in dem sich der Cursor gerade befindet in der Statusleiste am unteren Rand des Word-Fensters sichtbar ist. Klicken Sie zum Anpassen mit der rechten Maustaste auf einen freien Bereich der Statusleiste und aktivieren Sie die Einstellung *Abschnitt*.

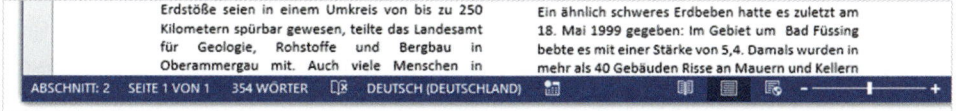

Bild 5.19 Statusleiste: Abschnitt anzeigen

5.4   Mehrspaltiger Text

Word kann Text auch in zwei oder mehr Spalten anordnen. Besteht das Dokument aus einem einzigen Abschnitt, so bezieht sich die Spaltenaufteilung auf das gesamte Dokument. Soll dagegen nur ein Teil des Dokuments mehrspaltig sein, dann müssen Sie das Dokument zuvor wieder in Abschnitte aufteilen (siehe oben).

Achten Sie darauf, dass sich der Cursor im entsprechenden Abschnitt befindet und rufen Sie das Register *SEITENLAYOUT*, Gruppe *Seite einrichten* auf, und klicken Sie auf die Schaltfläche *Spalten*. Wählen Sie entweder im Listenfeld eine der Standardmöglichkeiten oder öffnen Sie mit dem Befehl *Weitere Spalten...* das Dialogfenster *Spalten* für detailliertere Einstellungen.

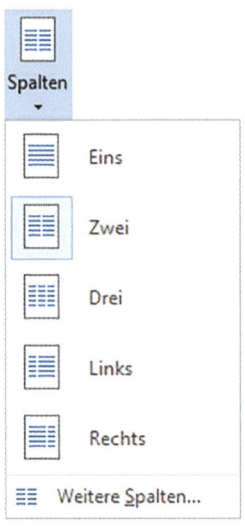

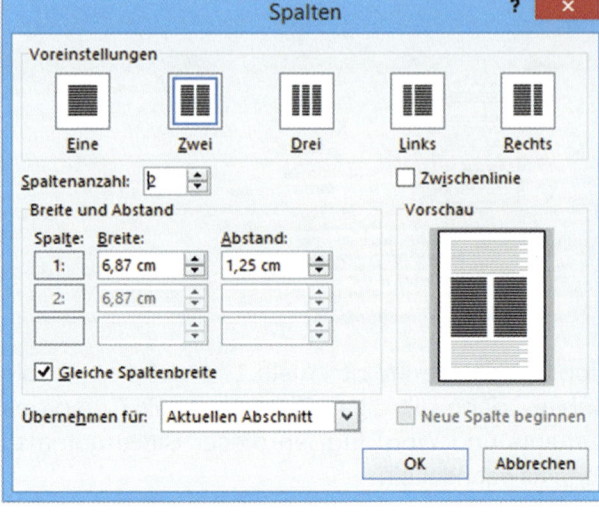

Bild 5.20 Spalten   *Bild 5.21 Dialogfenster Spalten*

Im Dialogfenster *Spalten* können Sie zusätzlich den Abstand zwischen den Spalten festlegen. Ist das Kontrollkästchen *Gleiche Spaltenbreite* aktiviert, so erfolgt eine automatische Anpassung der Spaltenbreiten entsprechend der gewählten Spaltenanzahl und der Seitenbreite. Eine Zwischenlinie zwischen den Spalten fügen Sie mit dem Kontrollkästchen *Zwischenlinie* ein.

 Tipp: Mit einem Mausklick auf den Pfeil des Listenfeldes *Übernehmen für* und der Einstellung *Dokument ab hier* fügt Word an der Cursorposition automatisch einen fortlaufenden Abschnittswechsel ein.

*Bild 5.22 Beispiel mehr-
spaltiger Text*

Abschnitt 1: Eine Spalte

Abschnitt 2: Zwei
Spalten

Spaltenwechsel einfügen
Zum Einfügen eines Spaltenwechsels klicken Sie im Register *SEITENLAYOUT* auf die Schaltfläche *Umbrüche* und wählen *Spalte*.

5.5   Zusammenfassung

■ Die Befehle zum Drucken, sowie die wichtigsten Einstellungen zum Druck und Seitenlayout rufen Sie in Word 2013 im Register *DATEI* unter *Drucken*, auf. Hier erhalten Sie auch gleichzeitig eine Vorschau auf das Dokument, so wie es später auf dem Ausdruck erscheint.

■ Dieselben Einstellungen finden Sie auch im Register *SEITENLAYOUT* in der Gruppe *Seite einrichten*. Klicken Sie auf die Schaltflächen *Seitenränder*, *Ausrichtung* und *Format* oder öffnen Sie mit einem Klick auf den Pfeil der Gruppe das Dialogfenster *Seite einrichten*.

■ Standardmäßig gelten Einstellungen zum Seitenlayout immer für den jeweiligen für Dokumentabschnitt, in den meisten Fällen ist dies das gesamte Dokument. Mit der Schaltfläche *Umbrüche*, Register *SEITENLAYOUT* fügen Sie Abschnittsumbrüche fortlaufend oder zusammen mit einer neuen Seite ein. Dann können Sie jedem der Abschnitte ein eigenes Seitenlayout zuweisen.

■ Auch mehrspaltiger Text bezieht sich auf Abschnitte. Soll ein Dokument sowohl einspaltigen als auch zweispaltigen Text enthalten, so muss dazu ein Abschnittswechsel eingefügt werden.

5.6   Übung

■ Erstellen Sie ein neues Dokument und tippen Sie aus der Abbildung auf der nächsten Seite die ersten Einträge ab oder laden Sie das Dokument 05_Computerlexikon.docx herunter und öffnen Sie es.

■ Speichern Sie das Dokument unter dem Namen 05_Computerlexikon_fertig im Ordner Dokumente oder einem beliebigen anderen Ordner.

■ Kontrollieren Sie das Dokument in der Druckvorschau.

■ Richten Sie das Seitenlayout so ein, dass das Dokument im Querformat gedruckt wird.

■ Ändern Sie die Seitenränder: Links und rechts jeweils 2 cm, oben und unten je 3 cm.

■ Die Überschrift erhält ein einspaltiges Layout. Der übrige Text soll in drei Spalten angeordnet werden. Alle drei Spalten erhalten gleiche Breite mit einem Abstand von 1 cm und einer Zwischenlinie.

■ Zentrieren Sie die Überschrift.

■ Schriftart und -größe sowie die Farben des übrigen Textes gestalten Sie nach Ihren Vorstellungen.

- Achten Sie darauf, dass die Begriffe und die dazugehörige Erklärung nicht durch Spalten oder Seiten getrennt werden und fügen Sie ggfs. Spaltenwechsel ein.

Das Ergebnis sollte etwa so aussehen wie hier abgebildet.

Kleines Computerlexikon

AMD
Hersteller von Prozessoren.

Betriebssystem
Das Betriebssystem ist die wichtigste Software eines Computers und umfasst eigentlich eine ganze Gruppe von Programmen zur Bedienung und Verwaltung eines Computers. Dazu gehören die Steuerung der Hardware, die Dateiverwaltung und die Benutzeroberfläche zur Bedienung des Computers.

BIOS
Abkürzung für Basic Input Output System, enthält die wichtigsten Funktionen, die zum Starten eines Computers nötig sind. Das BIOS ist fester Bestandteil des Computers.

Bit
Ein Bit stellt in der EDV die kleinste Speichereinheit dar, allerdings lassen sich damit nur die Informationen 0 und 1 speichern. Ein Byte umfasst 8 Bit.

Booten
Den Startvorgang nach dem Einschalten des Computers bezeichnet man auch als Booten.

Bussystem
Der eigentliche Datentransport zwischen den verschiedenen Geräten, beispielsweise Tastatur, CD und Bildschirm erfolgt über ein so genanntes Bussystem. PCI (Peripheral Component Interconnect) ist einer der bekanntesten Standards.

Byte
Ein Byte umfasst 8 Bit, und kann die Zahlen von 0 bis 255 speichern.

CPU
Abkürzung für Central Processing Unit, eine gebräuchliche Bezeichnung für den Prozessor als zentrale Verarbeitungseinheit.

dpi
Die Auflösung eines Druckers wird in dpi = Dots per Inch (Punkt pro Inch) angegeben

Drag & Drop
dt. ziehen und fallenlassen, bezeichnet eine Methode, wie mit gedrückter Maustaste Objekte verschieben kann.

DSL
Abkürzung für Digital Subscriber Line, eine Technik zur schnellen Datenübermittlung über eine Telefonleitung.

DVD
Digital Versatile Disk, weist im Gegensatz zur CD mit 4,7 GB eine erheblich höhere Speicherkapazität auf und ist daher auch zum Speichern von Videos geeignet.

Floppy Disk
Eine andere Bezeichnung für die Diskette.

INTEL
Hersteller von Prozessoren.

JPEG
Dateiformat, das häufig für die Speicherung von Bildern verwendet wird.

LAN
Local Area Network. Ein lokales Netzwerk, das innerhalb eines abgegrenzten Bereiches mehrere Computer miteinander zum Datenaustausch verbindet.

Notizen:

_____

_____

_____

_____

_____

_____

_____

_____

6 Tabulatoren und Tabellen

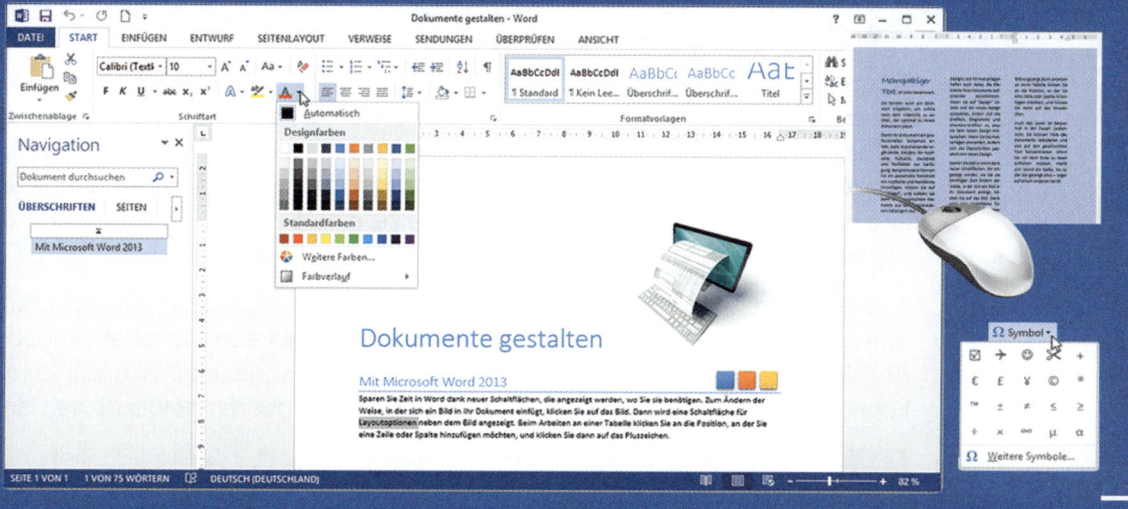

In dieser Lektion lernen Sie...

■ Arbeiten mit Tabstopps
■ Tabellen einfügen und bearbeiten
■ Formatieren von Tabellen

Diese Kenntnisse sollten Sie bereits mitbringen...

■ Text eingeben und korrigieren
■ Zeichen- und Absatzformate

Viele Inhalte lassen sich in Tabellenform besser darstellen. Zu diesem Zweck können Sie entweder Tabstopps oder Tabellen verwenden, aber auf keinen Fall sollten Sie die Abstände zwischen Spalten mit Leerzeichen erzeugen! Da fast immer Proportionalschriften mit unterschiedlichen Zeichenbreiten verwendet werden, ist es mit Leerzeichen nicht möglich, Text über mehrere Zeilen in Spalten exakt untereinander auszurichten. Auch bei nachträglichen Änderungen geraten auf diese Weise erzeugte Spalten schnell aus den Fugen.

6.1   Text mit Tabstopps ausrichten

Standardtabstopps

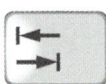

Tabstopps orientieren sich nicht an der Zeichenbreite, sondern sind feste, vorgegebene Positionen, die Sie mit der Tab-Taste der Tastatur ansteuern. Sogenannte Standardtabstopps in Abständen von je 1,25 cm sind in Word bereits vorhanden. Mit ihrer Hilfe können Sie während der Eingabe schnell größere Abstände in einer Zeile erzeugen und auf diese Weise eine Spalteneinteilung auch über mehrere Zeilen erhalten.

Jedes Drücken der Tab-Taste erzeugt ein Tabulatorzeichen. Diese gehören zu den nicht druckbaren Steuerzeichen und werden, falls diese Zeichen eingeblendet sind, auf dem Bildschirm in Form kleiner Pfeile angezeigt. Wie alle Zeichen können Tabulatorzeichen auch nachträglich eingefügt oder gelöscht werden.

Bild 6.1 Beispiel Telefonliste

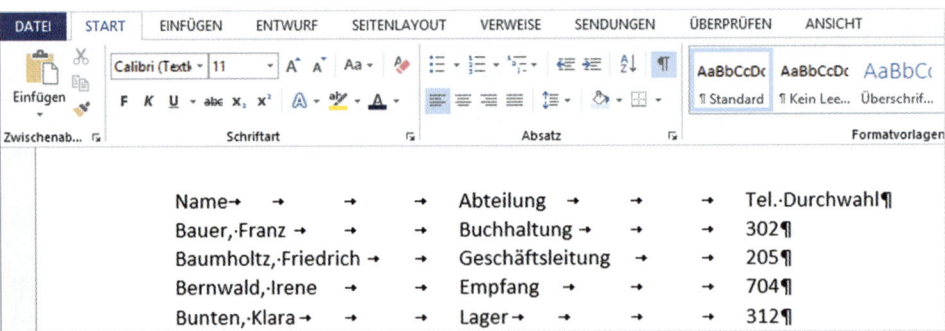

Nachteile

■ Die Standardtabstopps sind immer linksbündige Tabstopps, das bedeutet, der Text wird an der Tabstopp-Position linksbündig ausgerichtet.

■ Nachträgliche Änderungen im Text machen unter Umständen auch das Löschen oder Einfügen weiterer Tabulatorzeichen nötig. Daher eignen sich die Standardtabstopps nur bedingt für größere Tabellen.

Benutzerdefinierte Tabstopps

Anstelle der Standardtabstopps können Sie auch eigene Tabstopps verwenden. Ein benutzerdefinierter Tabstopp hebt alle Standardtabstopps links von dieser Position auf, so dass Sie mit einmaligem Drücken der Tab-Taste sofort zum ersten benutzerdefinierten Tabstopp springen. Tabstopps gelten nicht für das gesamte Dokument, sondern werden im aktuellen oder markierten Absatz gesetzt und während der Eingabe durch Drücken der Eingabe-Taste in den nächsten Absatz übernommen.

Vorteile

- Benutzerdefinierte Tabstopps können auch nachträglich gesetzt und wieder gelöscht werden. Bereits vorhandene lassen sich nachträglich verschieben.

- Sie können zwischen den Tabstopp-Ausrichtungen linksbündig, rechtsbündig, zentriert wählen. Mit der Ausrichtung Dezimal werden die Dezimaltrennzeichen, standardmäßig Komma, am Tabstopp ausgerichtet. Diese Einstellung eignet sich für Zahlen, z. B. bei der Erstellung einer Preisliste.

- Mit benutzerdefinierten Tabstopps können Sie den Zwischenraum bis zum nächsten Tabstopp mit Füllzeichen auffüllen lassen, z. B. mit Punkten oder Bindestrichen.

Lineal einblenden

Beim Arbeiten mit Tabstopps sollten Sie zunächst dafür sorgen, dass oberhalb des Dokuments das Lineal sichtbar ist. Ist dies nicht der Fall, so klicken Sie auf das Register *ANSICHT* und blenden das Lineal durch Aktivieren des Kontrollkästchens in der Gruppe *Anzeigen* ein.

Bild 6.2 Das Lineal

Tabstopps im Lineal festlegen

Achten Sie darauf, dass sich der Cursor in dem Absatz befindet, der einen Tabstopp erhalten soll. Soll der Tabstopp für mehrere Absätze gelten, so müssen diese markiert sein.

1 Links neben dem Lineal befindet sich ein kleines Kästchen mit der aktuellen Tabstoppausrichtung, standardmäßig linksbündig.

2 Klicken Sie nun mit der Maus im Lineal an die gewünschte Position. Anschließend erscheint an dieser Stelle eine Tabstoppmarke mit der gewählten Ausrichtung.

Ausrichtung

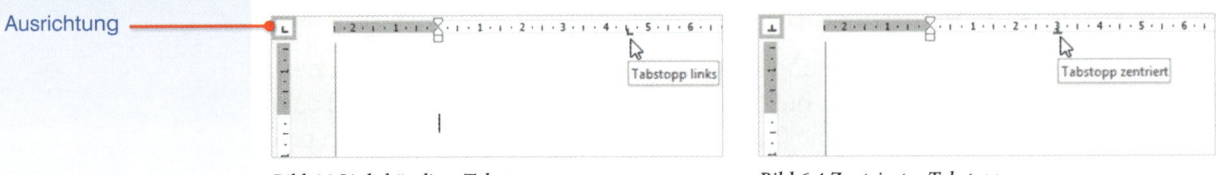

Bild 6.3 Linksbündiger Tabstopp   Bild 6.4 Zentrierter Tabstopp

Tabstoppausrichtung wählen

Um einen Tabstopp mit einer anderen Ausrichtung, z. B. zentriert zu setzen, klicken Sie zuerst mehrmals auf das Kästchen bis die gewünschte Tabstoppausrichtung erscheint. Anschließend setzen Sie mit einem Klick im Lineal an der gewünschten Position die Tabstoppmarke. Sie können auf diese Weise nacheinander auch mehrere Tabstopps unterschiedlicher Ausrichtung setzen und so in einem Absatz miteinander kombinieren.

An Lineal erkennen Sie auch, ob ein Absatz bereits über benutzerdefinierte Tabstopps verfügt. Beachten Sie aber, dass immer nur die Tabstoppmarken des aktuellen Absatzes, in dem sich der Cursor befindet, sichtbar sind.

Die Tabstopp-Ausrichtungen im Überblick:

└ Linksbündig

┘ Rechtsbündig

┴ Zentriert

⊥ Dezimal

Bild 6.5 Beispiel Tabstopp-Ausrichtungen

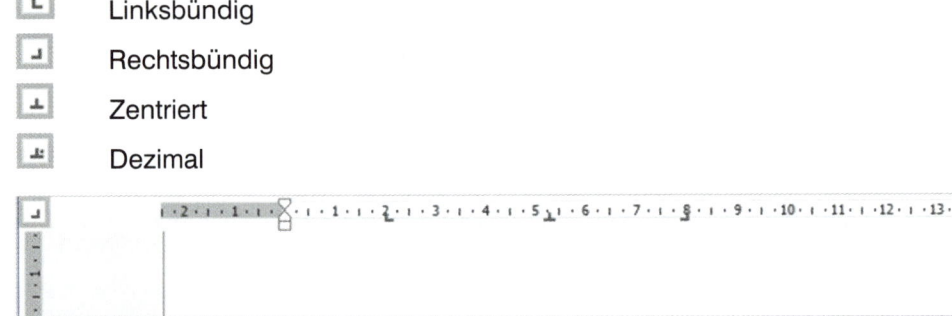

Hinweis: Die übrigen Symbole *Linker* und *Rechter Einzug*, sowie *Leiste Tabstopp*, das im Dokument an der Tabstoppposition einen senkrechten Strich einfügt, werden in der Regel nicht benötigt. Klicken Sie einfach solange auf das Kästchen, bis wieder das Symbol *Linksbündig* erscheint.

Benutzerdefinierte Tabstopps ändern

Sämtliche Änderungen an benutzerdefinierten Tabstopps gelten nur für den aktuellen Absatz oder für mehrere markierte Absätze. Haben Sie also beispielsweise einen Tabstopp über mehrere Absätze verwendet und möchten diesen verschieben, so müssen Sie diese Absätze zuvor markieren.

Am einfachsten verschieben Sie einen Tabstopp mit der Maus im Lineal: zeigen Sie auf die Tabstoppmarke und ziehen Sie die Marke mit gedrückter linker Maustaste nach rechts oder links.

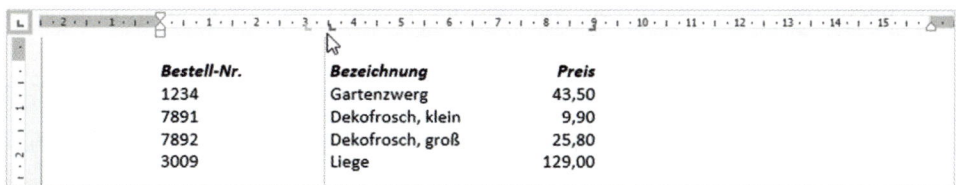

Bestell-Nr.	Bezeichnung	Preis
1234	Gartenzwerg	43,50
7891	Dekofrosch, klein	9,90
7892	Dekofrosch, groß	25,80
3009	Liege	129,00

Nicht mehr benötigte oder überzählige Tabstopps sollten Sie löschen. Dazu genügt es, wenn Sie die Tabstoppmarke mit gedrückter Maustaste aus dem Lineal heraus nach unten ziehen.

Füllzeichen verwenden

Benötigen Sie bis zur nächsten Tabstoppposition Füllzeichen, beispielsweise Punkte, so müssen Sie dazu das Dialogfenster *Tabstopps* öffnen. Klicken Sie dazu auf den kleinen Pfeil ⌐ der Gruppe *Absatz* (Register *START*) und klicken Sie auf die Schaltfläche *Tabstopps...*. Als Alternative öffnen Sie das Dialogfenster mit einem Doppelklick auf eine Tabstoppmarke im Lineal.

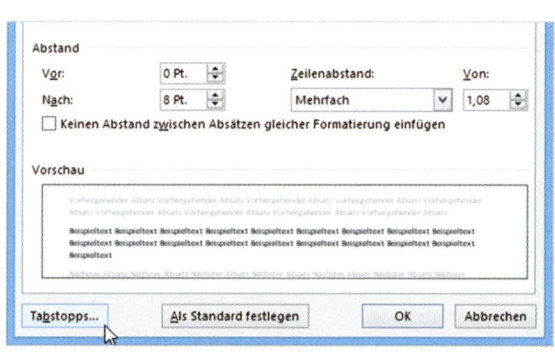

Bild 6.7 Dialogfenster Absatz

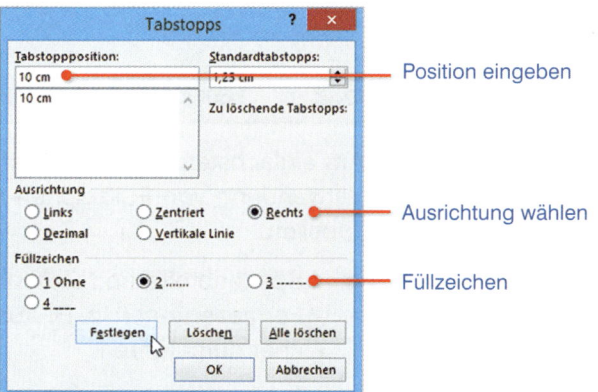

Position eingeben

Ausrichtung wählen

Füllzeichen

Bild 6.8 Dialogfenster Tabstopps

1 Geben Sie zuerst die gewünschte Position ein.

2 Wählen Sie dann Ausrichtung und Füllzeichen und klicken Sie anschließend auf die Schaltfläche *Festlegen*.

3 Legen Sie bei Bedarf noch weitere Tabstopps fest und schließen Sie das Fenster mit der Schaltfläche *OK*.

Tipp: Verwenden Sie das Dialogfenster *Tabstopps* auch, um einen Tabstopp an eine exakt definierte Stelle zu setzen, dies ist mit Hilfe des Lineals nicht immer möglich.

Um einen Tabstopp nachträglich mit Füllzeichen zu versehen, öffnen Sie ebenfalls das Fenster *Tabstopps*. Markieren Sie hier die Tabstoppposition, wählen Sie ein Füllzeichen und klicken Sie auf *Festlegen*. Auch die Ausrichtung lässt sich auf diese Weise ändern.

Bild 6.9 Tabstopp mit Füllzeichen

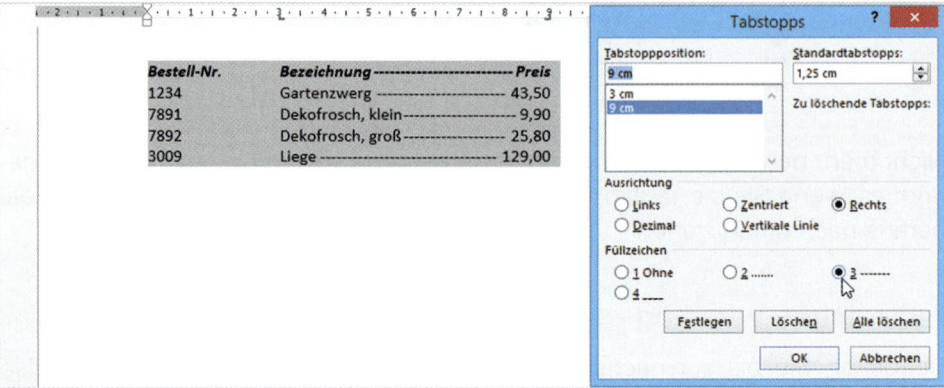

Und noch ein Tipp: Benutzerdefinierte Tabstopps können wie Absatzformate mit der Schaltfläche *Format übertragen* (siehe „4.6 Format übertragen") schnell auf andere Absätze kopiert werden.

6.2 Text in Tabellen eingeben

Am einfachsten lässt sich Text mit Hilfe von Tabellen in Spalten ausrichten, die Verwendung von Füllzeichen ist allerdings nicht möglich. Weitere Vorteile von Tabellen:

■ Spaltenbreite und Zeilenhöhe können schnell geändert werden und viele Formatierungen, z. B. Ausrichtung innerhalb einer Spalte lassen sich einfacher durchführen.

■ Tabellen können nicht nur Text, sondern auch Grafiken enthalten.

■ Innerhalb einer Zelle erfolgt ein automatischer Zeilenumbruch, es sind also auch mehrzeilige Einträge möglich. Sie können aber auch einen manuellen Zeilenumbruch oder durch Drücken der Eingabe-Taste ein Absatzende einfügen.

Tabelle einfügen

Tabellen werden an der Cursorposition eingefügt, achten Sie daher vor dem Einfügen darauf, dass sich der Cursor am Beginn eines neuen Absatzes befindet. Sie sollten sich auch zuvor überlegen, wieviele Spalten die Tabelle enthalten soll, die Anzahl der Zeilen spielt dagegen keine Rolle, da neue Zeilen während der Eingabe automatisch an die Tabelle angefügt werden.

Klicken Sie dann mit der Maus im Register *EINFÜGEN*, Gruppe *Tabellen*, auf die Schaltfläche *Tabelle*. Ein Raster wird geöffnet, mit dem Sie die Anzahl der Spalten und Zeilen festlegen. Bewegen Sie dazu die Maus im Raster über die gewünschte Anzahl Spalten bzw. Zeilen, gleichzeitig erhalten Sie im Dokument eine Vorschau auf die Tabelle. Zum Übernehmen klicken Sie im Raster in die untere rechte Ecke. Standardmäßig erhalten alle Spalten beim Einfügen zunächst gleiche Spaltenbreite und die Tabellenbreite richtet sich nach dem verfügbaren Platz zwischen dem rechten und linken Seitenrand.

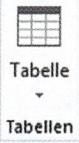

Bild 6.10 Tabelle einfügen

Als zweite Möglichkeit klicken Sie auf die Schaltfläche *Tabelle* und auf den Befehl *Tabelle einfügen...*. Damit öffnen Sie das Dialogfenster *Tabelle einfügen* und können hier über Felder die Anzahl der Spalten und Zeilen angeben. Hier könnten Sie bereits beim Einfügen die Spaltenbreite festlegen, am besten behalten Sie allerdings vorerst die Standardeinstellung, nämlich *Feste Spaltenbreite* bei. *Auto* bedeutet, alle Spalten erhalten gleiche Breite, siehe oben.

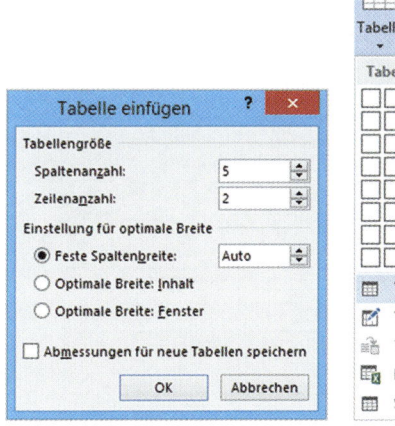

Bild 6.11 Dialogfenster

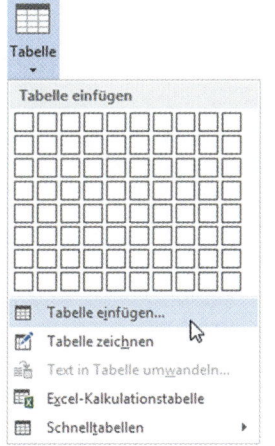

Bild 6.12 Tabelle einfügen

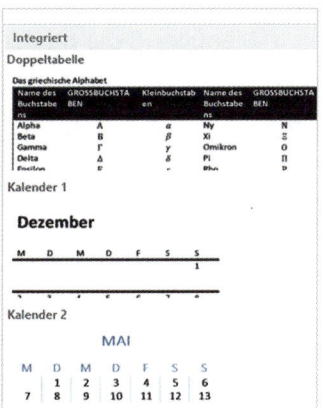

Bild 6.13 Schnelltabellen

Tipp: Die Auswahl *Schnelltabellen* ermöglicht das Einfügen fertig gestalteteter Tabellen zu verschiedenen Zwecken, z. B. Kalender, in die Sie nur noch Text eingeben brauchen (Bild 6.13).

In Tabellen bewegen

Zur Eingabe klicken Sie entweder mit der Maus in die gewünschte Zelle oder benutzen am einfachsten die folgenden Tasten.

Sie möchten ...	Taste/n
Cursor in die nächste Zelle rechts setzen	Tab-Taste (Tabulator-Taste)
Cursor in die nächste Zelle links setzen	Umschalt + Tab-Taste
Cursor an den Anfang der nächsten Zeile setzen	Drücken Sie in der letzten Spalte die Tab-Taste
Neue Zeile am Ende der Tabelle anfügen	Drücken Sie am Ende der letzten Zeile die Tab-Taste
Innerhalb der Zelle einen Tabstopp ansteuern	Strg + Tab-Taste

Beachten Sie außerdem bei der Eingabe folgende Besonderheiten:

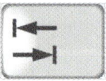

- Mit der Tab-Taste bewegen Sie den Cursor in die nächste Zelle, mit der Eingabe-Taste beginnen Sie dagegen innerhalb der Zelle einen neuen Absatz.

- Mit der Standardeinstellung *Feste Spaltenbreite* → *Auto* erfolgt innerhalb der Zelle ein automatischer Zeilenumbruch, falls die Spaltenbreite nicht ausreicht, die Zeilenhöhe wird dagegen automatisch angepasst.

- Sobald sich der Cursor innerhalb einer Tabelle befindet, erscheinen im Menüband die beiden *TABELLENTOOLS* Register *ENTWURF* und *LAYOUT*.

Bild 6.14 Text eingeben

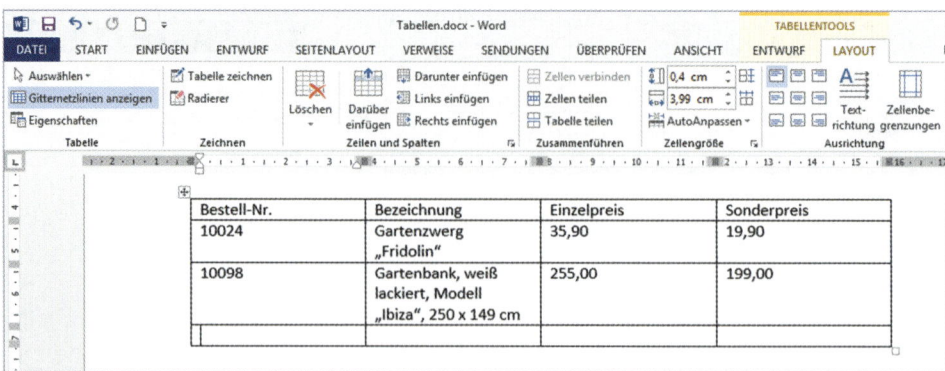

Tabelle und Zellen markieren

Zum Markieren von Tabellenelementen können Sie neben den bekannten Methoden auch folgende Möglichkeiten verwenden:

Markieren...	So gehen Sie vor	Mauszeiger
Zeile	Klicken Sie links neben der Zeile in die Markierungsspalte	
Spalte	Zeigen Sie mit der Maus auf den oberen Rand der Spalte und klicken Sie, wenn ein, nach unten weisender Pfeil erscheint.	
Zelle	Zeigen Sie mit der Maus an den linken Rand der Zelle und klicken Sie, wenn als Mauszeiger ein diagonaler Pfeil erscheint.	
Tabelle	Klicken Sie in der linken oberen Ecke der Tabelle auf das Kästchen. Da dieses Kästchen gleichzeitig zum Verschieben der Tabelle dient, sollten Sie beim Markieren darauf achten, dass Sie die Maus nicht bewegen.	

Auswählen

Eine weitere Möglichkeit finden Sie im Register *LAYOUT*, Gruppe *Tabelle*. Im Listenfeld der Schaltfläche *Auswählen* können Sie entscheiden, ob die aktuelle Zelle, die Zeile, bzw. Spalte in der sich der Cursor befindet, oder die gesamte Tabelle markiert werden soll.

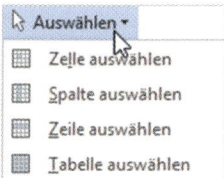

137

6.3   Tabellenlayout

Spaltenbreite und Zeilenhöhe anpassen

Spaltenbreite und Zeilenhöhe ändern Sie ohne vorheriges Markieren. Sind eine oder mehrere Zellen markiert, dann beziehen sich Ihre Änderungen möglicherweise ausschließlich auf diese Zellen, dies dürfte nur in Ausnahmefällen erwünscht sein!

Mit der Maus ändern

Spaltenbreite und Zeilenhöhe lassen sich am einfachsten durch Verschieben mit der Maus ändern. So gehen Sie beim Ändern der Spaltenbreite vor:

1   Zeigen Sie mit der Maus auf die rechte Trennlinie der Spalte, deren Breite Sie ändern möchten. Als Mauszeiger wird ein Doppelpfeil sichtbar.

2   Drücken Sie nun die linke Maustaste und verschieben Sie mit gedrückter Maustaste die Linie nach links oder rechts.

Solange Sie die Trennlinien innerhalb der Tabelle verschieben, bleibt die Breite der gesamten Tabelle unverändert. Mit den beiden Linien links und rechts außen ändern Sie dagegen die Breite der gesamten Tabelle.

Bild 6.15 Spaltenbreite ändern

Mauszeiger

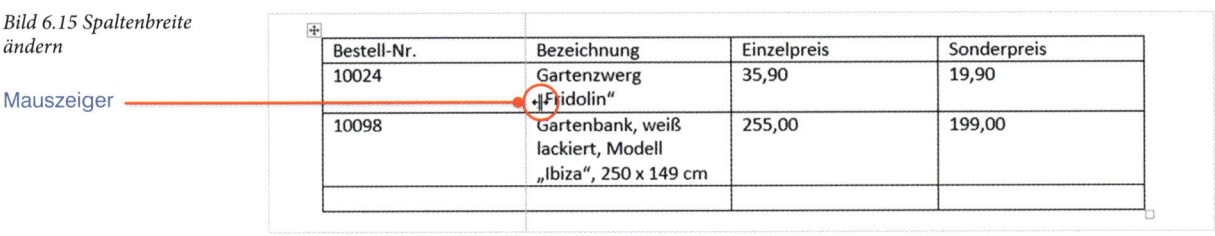

Bestell-Nr.	Bezeichnung	Einzelpreis	Sonderpreis
10024	Gartenzwerg „Fridolin"	35,90	19,90
10098	Gartenbank, weiß lackiert, Modell „Ibiza", 250 x 149 cm	255,00	199,00

Tipp: Wenn das Lineal eingeblendet ist, dann werden bei gleichzeitig gedrückter Alt-Taste hier auch die Maße in cm sichtbar.

Die Höhe der Zeilen ändern Sie genauso. Beachten Sie, dass Sie dazu die Trennlinie unterhalb verschieben müssen.

Weitere Optionen

Benötigen Sie exakte Maße für Spalten und/oder Zeilen, dann klicken Sie auf das Register *LAYOUT* und verwenden die Felder und Schaltflächen der Gruppe *Zellengröße*. Folgende Möglichkeiten stehen zur Auswahl:

■   Geben Sie die Maße in cm in die Felder *Tabellenzeilenhöhe* und *Tabellenspaltenbreite* ein bzw. klicken Sie mehrmals auf die kleinen Pfeile nach oben oder unten. Diese Einstellung bezieht sich auf die jeweils aktuelle Spalte oder Zeile in der sich der Cursor gerade befindet.

- Die Schaltfläche *AutoAnpassen* erlaubt neben fester Spaltenbreite das automatische Anpassen: Die Einstellung *Inhalt automatisch anpassen* passt die Breite der aktuellen Spalte an den Inhalt an, *Fenster automatisch anpassen* passt dagegen die Breite der gesamten Tabelle an die Seitenbreite an.

- Als dritte Möglichkeit können Sie über die Schaltflächen *Zeilen verteilen* und *Spalten verteilen* allen markierten Zeilen und/oder Spalten gleiche Breite bzw. Höhe zuweisen. Die Tabellenbreite wird dadurch nicht geändert!

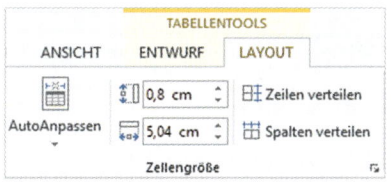

Bild 6.16 Zellengröße

Bild 6.17 Tabelleneigenschaften - Spalte

Weitere Möglichkeiten erhalten Sie im Dialogfenster *Tabelleneigenschaften*, welches Sie mit einem Klick auf den Pfeil der Gruppe *Zellengröße* öffnen. Klicken Sie auf das Register *Zeile* oder *Spalte* und geben Sie die gewünschten Maße ein. Tipp: Sie können hier die Maßeinheit *Prozent* wählen, und so z. B. der aktuellen Spalte eine Breite von 25% der gesamten Tabellenbreite zuweisen.

Zeilen und Spalten hinzufügen und löschen

Am Ende der Tabelle werden durch Drücken der Tab-Taste automatisch weitere Zeilen angefügt. Zum nachträglichen Einfügen von Zeilen zwischen zwei vorhandenen Zeilen verwenden Sie am einfachsten das kleine Symbol im Dokument. Es erscheint automatisch, sobald Sie mit der Maus am linken Rand der Tabelle auf eine Trennlinie zwischen zwei Zeilen zeigen und mit einem Klick auf das Plus-Zeichen wird an dieser Stelle eine leere Zeile eingefügt.

Bestell-Nr.	Bezeichnung
10024	Gartenzwerg „Fridolin'
10098	Gartenbank, weiß lack 250 x 149 cm

Bestell-Nr.	Bezeichnung
10024	Gartenzwerg „Fridolin'
10098	Gartenbank, weiß lack 250 x 149 cm

Bild 6.18 Zeile einfügen

Zum Einfügen von Spalten klicken Sie in das Register *LAYOUT* und verwenden in der Gruppe *Zeilen und Spalten* die Schaltflächen *Links einfügen* bzw. *Rechts einfügen* (Bild 6.19). Die neue Spalte wird links oder rechts von der aktuellen

Spalte eingefügt, in der sich der Cursor befindet und erhält automatisch das Format dieser Spalte. Dies gilt auch für das nachträgliche Einfügen von Zeilen mit den Schaltflächen *Darüber einfügen* oder *Darunter einfügen*.

Zum Löschen von Zeilen oder Spalten genügt es, wenn sich der Cursor in der betreffenden Zeile/Spalte befindet. Klicken Sie im Register *LAYOUT* auf die Schaltfläche *Löschen* und wählen Sie das gewünschte Element. Hier finden Sie auch den Befehl zum Löschen der gesamten Tabelle.

Achtung: Die Entf-Taste dagegen löscht nur den markierten Inhalt von Zellen.

Tipp: Eine Tabellenzeile können Sie auch löschen, indem Sie die gesamte Zeile markieren und auf der Tastatur die Korrektur-Taste (Rückschritt) betätigen.

Bild 6.19 Zeilen und Spalten einfügen

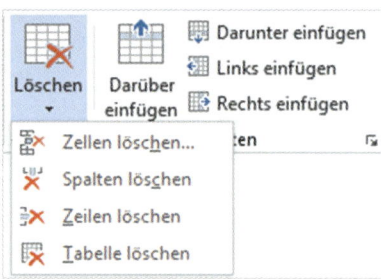

Bild 6.20 Zeilen und Spalten löschen

Zellen teilen und verbinden

Das Verbinden von Zellen funktioniert horizontal und vertikal.

Zum Verbinden von zwei oder mehr nebeneinander liegenden Zellen, beispielsweise für eine gemeinsame Überschrift über mehrere Spalten, markieren Sie diese Zellen und klicken im Register *LAYOUT*, Gruppe *Zusammenführen* auf die Schaltfläche *Zellen verbinden*. Mit der Schaltfläche *Zelle teilen* können Sie dagegen eine Zelle in mehrere Zellen aufteilen. Geben Sie die benötigte Anzahl Zeilen oder Spalten an.

Bild 6.21 Markierte Zellen verbinden

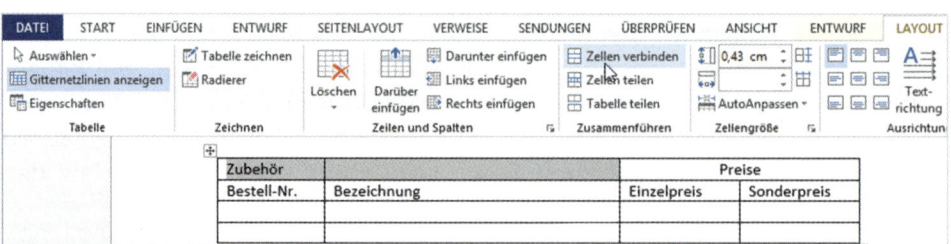

Tabellenposition

Einstellungen zur Tabellenposition nehmen Sie im Dialogfenster *Tabelleneigenschaften* vor. Dieses Fenster öffnen Sie entweder über die Schaltfläche *Eigenschaften* im Register *LAYOUT* oder den kleinen Pfeil der Gruppe Zeilen Spalten. Klicken Sie im Fenster auf das Register *Tabelle*. Falls die Tabelle eine bestimmte Breite erhalten soll, können Sie dies hier mit dem Kontrollkästchen *Bevorzugte Breite* und Eingabe der Breite in cm festlegen.

Normalerweise wird eine Tabelle am Beginn eines neuen Absatzes eingefügt. Dies bedeutet, Sie können die Tabelle wie einen Absatz links, zentriert oder rechts ausrichten (*Ausrichtung*) oder einen linken Einzug festlegen.

Der Textumbruch steuert das Verhalten des umgebenden Textes. Standardmäßig erhalten Tabellen keinen Textumbruch (Einstellung *Ohne*) und der übrige Text befindet sich oberhalb und unterhalb der Tabelle. Die Option *Umgebend* lässt dagegen den Text um die Tabelle herumfließen (siehe nächste Lektion). Ist diese Einstellung aktiviert, so können Sie anschließend mit der Schaltfläche *Positionierung* die genaue horizontale und vertikale Position, sowie den Abstand vom umgebenden Text festlegen (Bild 6.23).

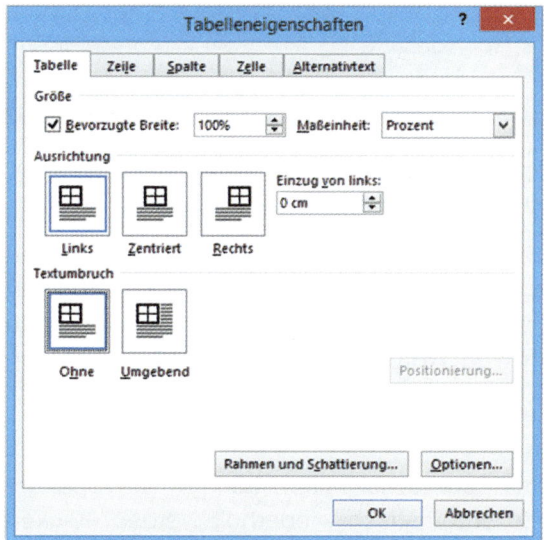

Bild 6.22 Tabelleneigenschaften

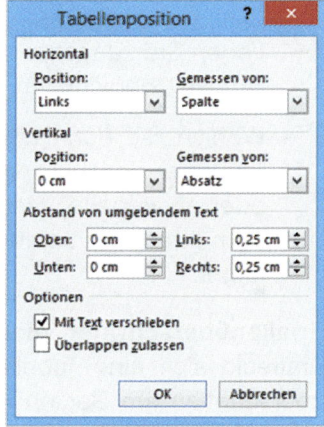

Bild 6.23 Tabellenposition

Hinweis: Sie können eine Tabelle auch mit der Maus verschieben, dann erhält diese automatisch *Umgebend* als Textumbruch. Zeigen Sie in das Kästchen in der linken oberen Ecke der Tabelle und am Mauszeiger erscheinen vier Richtungspfeile. Ziehen Sie nun die Tabelle mit gedrückter linker Maustaste an die gewünschte Position.

Bestell-Nr.	Bezeichnung	Einzelpreis	Sonderpreis
10024	Gartenzwerg „Fridolin"	35,90	19,90
10098	Gartenbank, weiß lackiert, Modell „Ibiza", 250 x 149 cm	255,00	199,00

Bild 6.24 Tabelle mit der Maus verschieben

Tabelle sortieren und weitere Optionen

Klicken Sie in eine beliebige Zelle der Tabelle oder markieren Sie die gesamte Tabelle und klicken Sie in der Gruppe *Daten*, Register *LAYOUT*, auf die Schaltfläche *Sortieren*.

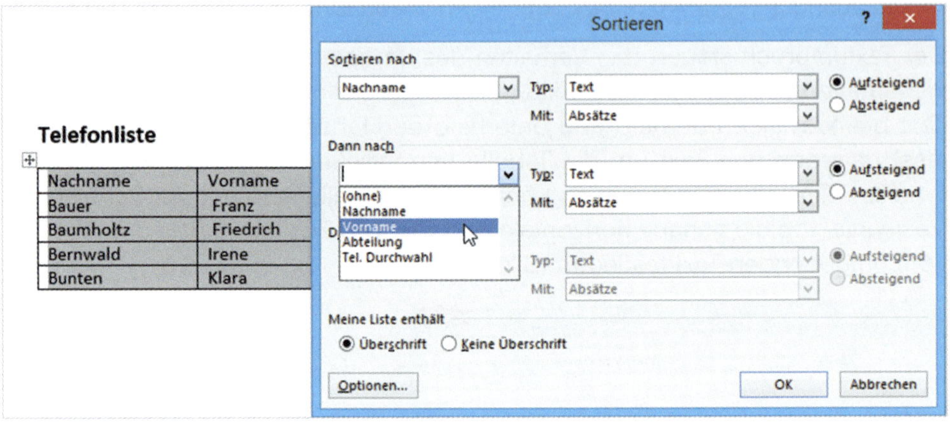

Bild 6.25 Sortieren

1 Legen Sie zunächst unter *Meine Liste enthält* fest, ob die erste Zeile Ihrer Tabelle Überschriften enthält, die nicht mit sortiert werden sollen.

2 Wählen Sie dann unter *Sortieren nach* die gewünschten Sortierkriterien (maximal drei) und legen Sie jeweils die Sortierreihenfolge (aufsteigend oder absteigend) fest. Der Typ, Text, Zahl oder Datum, richtet sich nach dem Inhalt der Spalte und wird von Word normalerweise automatisch erkannt.

Spaltenüberschriften wiederholen

Erstreckt sich eine Tabelle über mehrere Druckseiten, können die Spaltenüberschriften am Beginn jeder Seite automatisch wiederholt werden. Klicken Sie dazu auf das Register *LAYOUT* und in der Gruppe *Daten* auf *Überschriften wiederholen*.

Tabelle in Text umwandeln

In derselben Gruppe finden Sie die Schaltfläche *In Text konvertieren*, mit der Sie eine Tabelle in normalen Text umwandeln können. Legen Sie die gewünschten Trennzeichen, Absätze, Tabstopps oder Semikolons (;) fest.

Bild 6.34 Überschriften wiederholen

Bild 6.35 Tabelle in Text umwandeln

6.4 Tabelle formatieren

Zum Formatieren von Tabellen können Sie alle Formatierungsmöglichkeiten von Word verwenden. Hinzu kommen noch einige Besonderheiten.

Textausrichtung

Neben den bereits bekannten Möglichkeiten der horizontalen Textausrichtung, können Sie in Tabellenzellen auch die vertikale Ausrichtung steuern. Standardmäßig wird der Text linksbündig und oben ausgerichtet. Weitere Möglichkeiten, wie z. B. Mitte rechts, erhalten Sie über die Schaltflächen der Gruppe *Ausrichtung* im Register *LAYOUT* (Bild 6.26).

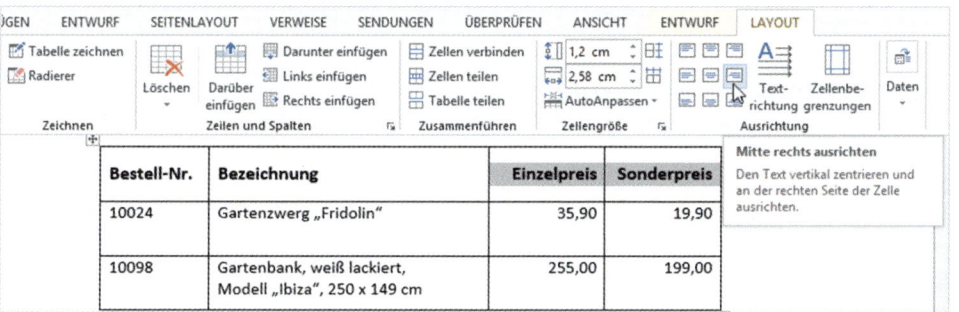

Bild 6.26 Textausrichtung

Text drehen
In derselben Gruppe finden Sie die Schaltfläche *Textrichtung*, mit der Sie in einer Zelle die Zeichen drehen können. Jeder Mausklick auf die Schaltfläche dreht den markierten Text um jeweils 90 Grad.

Abstand zum Text
Die Schaltfläche *Zellenbegrenzungen* öffnet ein Dialogfenster, in dem Sie die Abstände zwischen Text und Zellbegrenzungslinien festlegen können.

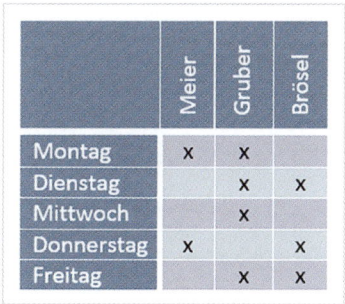

Bild 6.27 Beispiel Textrichtung

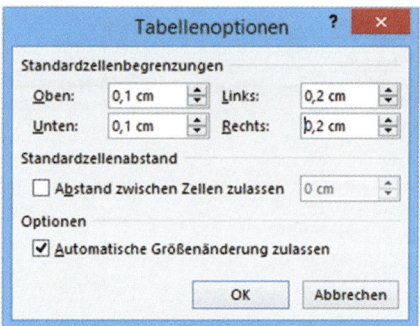

Bild 6.28 Abstände zum Text

Vorlagen verwenden

Das Aussehen der Vorlagen hängt vom verwendeten Design ab.

Zur schnellen Formatierung mit Rahmenlinien und Füllfarben (Schattierung) können Sie eine der Vorlagen im Register *ENTWURF* verwenden. Ein Mausklick auf den Pfeil *Weitere* öffnet in der Gruppe *Tabellenformatvorlagen* den gesamten Vorlagenkatalog. Zusätzlich können Sie in der Gruppe *Optionen für Tabellenformat* über Kontrollkästchen steuern, ob aus der gewählten Vorlage auch Sonderformate, beispielsweise für Überschriftzeilen, erste oder letzte Spalte übernommen werden sollen.

Bild 6.29 Register ENTWURF

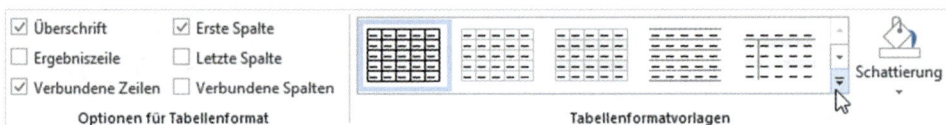

Rahmen und Schattierung

Falls Sie anstelle der Vorlagen lieber eigene Formate verwenden möchten, so markieren Sie die Zellen und benutzen Sie dazu die Schaltflächen *Schattierung* und *Rahmen*, entweder im Register *ENTWURF* oder im Register *START*. Ein Klick auf die Schaltfläche *Rahmen* und auf *Rahmen und Schattierung...* öffnet das Dialogfenster *Rahmen und Schattierung* (siehe Lektion 4).

Tabelle ohne Rahmenlinien

Standardmäßig erhält eine Tabelle beim Einfügen gleichzeitig Rahmenlinien. Diese Linien erscheinen auch auf dem Ausdruck. Soll die Tabelle ohne Rahmenlinien gedruckt werden, so markieren Sie die Tabelle, klicken auf die Schaltfläche *Rahmen* und auf die Auswahl *Kein Rahmen*.

Bild 6.30 Tabelle ohne Rahmenlinien formatieren

Gitternetzlinien (werden nicht gedruckt)

Kein Rahmen

Gitternetzlinien ein- und ausblenden

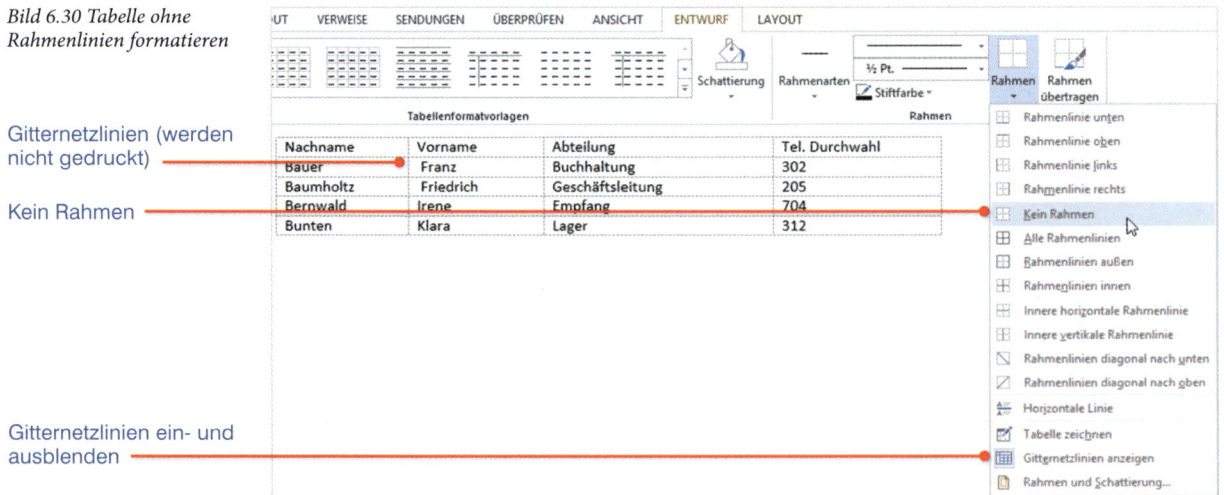

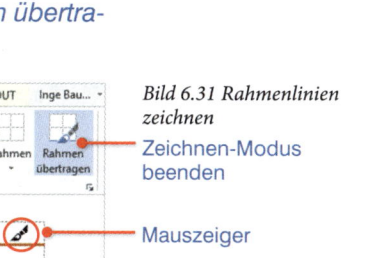

Bei Tabellen ohne Rahmenlinien sollten Sie dafür sorgen, dass am Bildschirm die Gitternetzlinien der Tabelle sichtbar sind. Diese werden nicht gedruckt, leisten aber gute Dienste, z. B. beim Ändern der Spaltenbreite mit der Maus. Zum Ein- und Ausblenden dieser Linien, klicken Sie auf die Schaltfläche *Rahmen* und aktivieren die Einstellung *Gitternetzlinien anzeigen*. Oder benutzen Sie dazu im Register *LAYOUT* die Schaltfläche *Gitternetzlinien anzeigen*.

Rahmenlinien zeichnen

Eine andere Möglichkeit der Formatierung mit Rahmenlinien besteht darin, dass Sie die Linien mit der Maus zeichnen. Die Schaltflächen dazu finden Sie im Register *ENTWURF* in der Gruppe *Rahmen*. So gehen Sie dabei vor:

1 Legen Sie Linienart, Linienbreite und Stiftfarbe fest oder wählen Sie über die Schaltfläche *Rahmenarten* eine der Vorlagen aus.

2 Als Mauszeiger erscheint ein Stift und Sie können nun mit gedrückter Maustaste einzelne Linien nachziehen.

3 Zum Beenden des Zeichnen-Modus klicken Sie entweder auf die Schaltfläche *Rahmen übertragen* oder drücken die Esc-Taste der Tastatur. Den Zeichnen-Modus können Sie jederzeit mit einem Klick auf *Rahmen übertragen* wieder aktivieren.

Bild 6.31 Rahmenlinien zeichnen

Zeichnen-Modus beenden

Mauszeiger

Hinweis: Die Rahmenvarianten der Schaltfläche *Rahmen* verwenden dieselben Einstellungen wie der Zeichnen-Modus. Falls Sie wieder einfache schwarze Rahmenlinien über diese Schaltfläche zuweisen möchten, müssen Sie zuvor wieder Linienart und Stiftfarbe ändern.

Tabelle zeichnen

Mit derselben Technik wie beim Zeichnen von Rahmenlinien können Sie auch neue Tabellen zeichnen anstatt einfügen. Dazu klicken Sie im Register *EINFÜGEN* auf *Tabelle* und auf *Tabelle zeichnen*. Der Mauszeiger verwandelt sich in einen Stift und Sie können im Dokument an beliebiger Stelle eine Tabelle zeichnen. Beginnen Sie immer mit einem Rechteck als äußerer Umrandung der gesamten Tabelle, anschließend zeichnen Sie beliebig waagrechte und senkrechte Linien. Sobald Sie die Umrandung gezeichnet haben, erscheinen auch die Register *ENTWURF* und *LAYOUT* und Sie können nun auch eine andere Linienart wählen,

bevor Sie mit dem Zeichnen fortfahren. Zum Beenden des Zeichnen-Modus drücken Sie wieder entweder die Esc-Taste oder klicken auf *Rahmen übertragen*.

Bild 6.32 Tabelle zeichnen

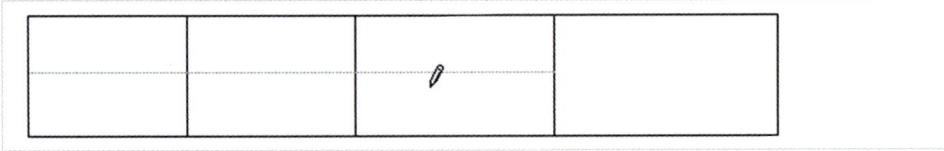

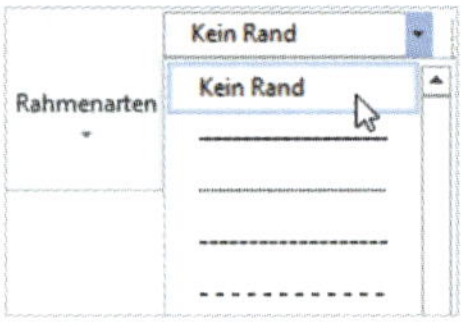

Linien entfernen

Versehentlich gezeichnete Linien können Sie schnell wieder entfernen. Klicken Sie dazu im Register *ENTWURF* auf den Dropdown-Pfeil *Stiftart* und wählen Sie *Kein Rand*. Anschließend klicken Sie wie beim Zeichnen mit dem Stift als Mauszeiger auf die zu entfernenden Linien.

6.5   Text in Tabelle umwandeln

Falls Sie bereits Text mit Tabstopps oder Semikolon als Trennzeichen eingegeben haben, können Sie diese Absätze nachträglich in eine Tabelle umwandeln.

1 Markieren Sie dazu alle entsprechenden Absätze, klicken Sie im Register *EINFÜGEN* auf *Tabelle* und auf *Text in Tabelle umwandeln....*

2 Geben Sie unter *Text trennen bei* das verwendete Trennzeichen, z. B. Semikolons an und kontrollieren Sie die Spaltenanzahl. Als Einstellung für optimale Breite können Sie die Standardeinstellung *Feste Spaltenbreite* beibehalten.

Bild 6.33 Text mit Trennzeichen in Tabelle umwandeln

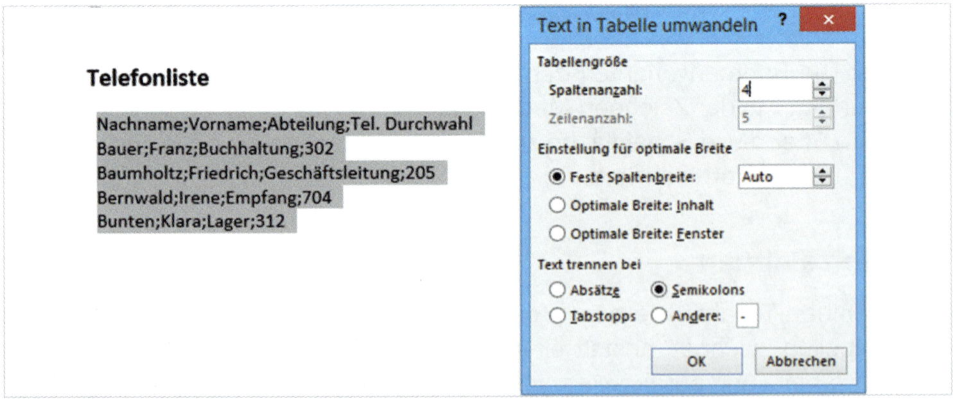

6.6 Zusammenfassung

■ Mit Tabstopps lässt sich während der Eingabe schnell Text in Spalten untereinander ausrichten. Word verfügt dazu über linksbündige Standardtabstopps im Abstand von je 1,25 cm, die Sie mit der Tab-Taste anspringen. Wie alle anderen nicht druckbaren Zeichen, können auch Tabulatorzeichen wieder gelöscht werden. Tabstopps beziehen sich immer auf Absätze, so dass Sie beim nachträglichen Verschieben darauf achten müssen, alle Absätze zu markieren.

■ Sie können mit Hilfe des Lineals benutzerdefinierte Tabstopps mit unterschiedlichen Ausrichtungen festlegen und bei Bedarf den Abstand bis zum Tabstopp mit Füllzeichen auffüllen lassen.

■ Eine Tabelle können Sie entweder einfügen, zeichnen oder bestehenden Text nachträglich in eine Tabelle umwandeln. Bei der Eingabe verwenden Sie die Tab-Taste: damit gelangen Sie nicht nur zur nächsten Zelle, sondern fügen während der Eingabe weitere Zeilen an die Tabelle an. Innerhalb einer Zelle erfolgt ein automatischer Zeilenumbruch, mit der Eingabe-Taste beginnen Sie innerhalb der Zelle einen neuen Absatz.

■ Tabellen haben gegenüber Tabstopps viele Vorteile. Sie können Spaltenbreiten und Zeilenhöhen nachträglich problemlos ändern, einzelne Spalten schnell markieren und die horizontale und vertikale Textausrichtung ändern. Neben den allgemeinen Formatierungsmöglichkeiten von Word können Sie Rahmenlinien zeichnen oder verschiedene integrierte Formatvorlagen verwenden.

6.7 Übungen

Aufgabe 1
Erstellen Sie ein neues Dokument, das Sie unter dem Namen Preisliste-1 speichern. Geben Sie eine Preisliste nach unten abgebildeten Muster ein:

Preisliste	
Büroklammern, farbig sortiert, 100 Stück	1,99
Rotstift	1,20
Papierkorb, Edelstahl	31,50
Drehstuhl	129,00

Lösungshinweise

Achten Sie beim Setzen der Tabstopps darauf, dass sich der Cursor im richtigen Absatz befindet.

- Wählen Sie als Ausrichtung rechtsbündig oder dezimal und legen Sie Punkte als Füllzeichen fest.

- Während der Eingabe erscheinen die Füllzeichen erst nach dem Drücken der Tab-Taste. Beenden Sie jeden Absatz mit der Eingabe-Taste, auf diese Weise übernehmen Sie den Tabstopp auch den nachfolgenden Absatz.

- Wenn Sie nach Eingabe der Liste den Tabstopp nicht mehr benötigen, dann ziehen Sie die Tabstoppmarke aus dem Lineal heraus nach unten. Achten Sie auch hier wieder darauf, dass sich der Cursor im richtigen Absatz befindet.

Notizen:

_____

_____

_____

_____

_____

_____

_____

Aufgabe 2

Öffnen Sie ein neues Dokument und speichern Sie das Dokument unter dem Namen Tagungsprogramm. Fügen Sie eine Tabelle ein, die Sie entsprechend der Abbildung auf der nächsten Seite gestalten.

- Alle Zeilen erhalten eine einheitliche Zeilenhöhe von 1,4 cm, die Zellinhalte sollen vertikal zentriert ausgerichtet werden.

- Versehen Sie die Tabelle mit Rahmenlinien ähnlich der Vorlage, die farbliche Gestaltung mit Füllfarben nehmen Sie nach Ihren Vorstellungen vor.

Lösungshinweise

- Beginnen Sie mit einer Tabelle, bestehend aus drei Spalten und ein oder zwei Zeilen. Alle Spalten sollten die gleiche Breite haben.

■ Verbinden Sie die Zellen für die Mittagspause, sowie die beiden Zellen in der ersten Spalte.

■ Zuletzt entfernen Sie die Linien in der rechten unteren Ecke (Kein Rand).

Tagungsprogramm

Montag	Dienstag	Mittwoch
9:00 – 10:30 **Begrüßung und Vorstellung**	9:00 – 9:45 **Fachvortrag Prof. Dr. Hackebeil**	9:00 – 12:00 **Kurse und Workshops**
10:30 – 12:30 **Fachvortrag Prof. Dr. Brösig**	9:45 – 12:30 **Kurse und Workshops**	12:00 – 13:00 **Abschlussvortrag und Diskussion**
12:30 – 13:30 Mittagspause		
13:30 – 16:00 **Kurse und Workshops**	13:30 – 15:00 **Diskussion**	
	15:00 – 16:00 **Fachausstellung**	
20:00 – 22:00 **Empfang und kaltes Buffet**	18:00 – 21:15 **Infoabend**	

Notizen:

Aufgabe 3

Erstellen Sie ein weiteres neues Dokument und speichern Sie das Dokument unter dem Namen Preisliste-2. Fügen Sie eine Tabelle ein, die Sie entsprechend der Abbildung auf der nächsten Seite gestalten. Mit Ausnahme der beiden ersten Spalten erhalten alle anderen Spalten die gleiche Breite.

Lösungshinweise

■ Auch hier fügen Sie am einfachsten zuerst eine Tabelle mit 8 Spalten und einigen Zeilen ein.

■ Bevor Sie Zellen verbinden, sollten Sie die Spalten drei bis sechs mit einheitlicher Spaltenbreite formatieren und die Breite für Spalte eins und zwei festlegen.

■ Verbinden Sie dann in der ersten Spalte die Zellen und ändern die Textrichtung in senkrecht. Verbinden Sie auch die Zellen der Überschriftzeilen.

■ Entfernen Sie die Linien in der linken oberen Ecke (Preisliste). Die Formatierung mit unterschiedlichen Rahmenlinien erledigen Sie am einfachsten durch Zeichnen.

■ Versehen Sie noch die Tabelle mit farbigen Schattierungen Ihrer Wahl.

Preisliste		Bodenbeläge Preise pro m²					
		Parkett			Laminat		
		3,5 mm	5 mm	6 mm	2 mm	2,5 mm	3 mm
Landhaus	Buche						
	Birke						
	Ahorn						
	Eiche						
	Esche						
	Kirsche						
Schiffsboden	Walnuss						
	Eiche						
	Buche						
	Birke						
	Kiefer						
	Fichte						

Notizen:

7 Bilder und grafische Elemente einfügen

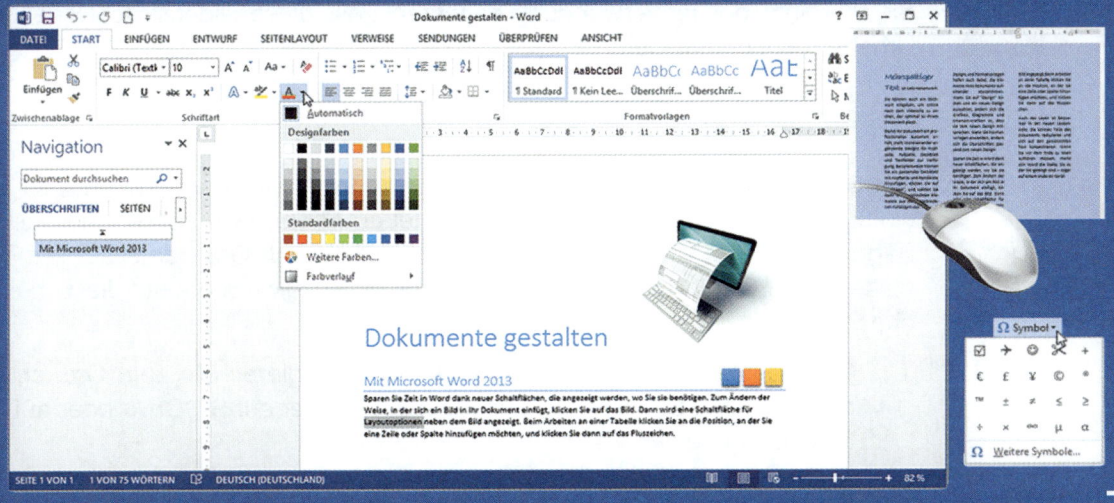

In dieser Lektion lernen Sie...

- ■ ClipArt und Bilder in ein Word-Dokument einfügen
- ■ Grafik im Text platzieren
- ■ Arbeiten mit Textfeldern und Zeichnungselementen

Diese Kenntnisse sollten Sie bereits mitbringen...

- ■ Zeichen- und Absatzformate
- ■ Druckseite einrichten
- ■ Dokumente speichern und öffnen

7.1 Grafik einfügen

Allgemeines

In ein Word-Dokument können Bilder und Grafiken aus verschiedenen Quellen eingefügt werden. Sie können Fotos und Grafiken einfügen, die in einem Ordner auf der Festplatte oder auf SkyDrive gespeichert sind, Sie können aber auch so genannte ClipArt-Grafiken einfügen. Dabei handelt es sich um eine Sammlung lizenzgebührenfreier Fotos und Grafiken, die Sie von office.com kostenlos herunterladen können.

Eine weitere Möglichkeit ist die bing-Bildersuche im Web, in diesem Fall sollten Sie allerdings bei der Verwendung beachten, dass diese Bilder in der Regel dem Urheberrecht unterliegen.

Grafik aus Datei einfügen

Positionieren Sie den Cursor im Dokument an der Stelle, an der Sie das Bild einfügen möchten, am besten in einem neuen Absatz und klicken Sie auf das Register *EINFÜGEN*. Befindet sich das gesuchte Bild als Grafikdatei auf der Festplatte Ihres PC oder in einem SkyDrive-Ordner, so klicken Sie auf die Schaltfläche *Bilder*.

1 Das Fenster *Grafik einfügen* öffnet sich: Navigieren Sie zum Ordner, der das gesuchte Bild enthält, dies kann ein Ordner auf SkyDrive oder auf der Festplatte Ihres PCs sein.

2 Klicken Sie auf das Bild und anschließend auf die Schaltfläche *Einfügen*. Als Alternative doppelklicken Sie zum Einfügen auf das Bild.

Bild 7.1 Grafikdatei einfügen

ClipArt einfügen

Positionieren Sie den Cursor im Dokument an der Stelle, an der Sie die Cli-pArt-Grafik einfügen möchten und klicken Sie im Register *EINFÜGEN* auf *Online-grafiken*. Das Fenster *Bilder einfügen* wird geöffnet.

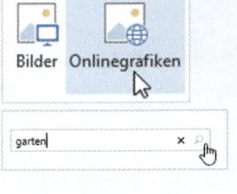

1 Klicken Sie in das Eingabefeld *ClipArt von Office.com* und geben Sie einen oder auch mehrere Suchbegriffe ein.

2 Mit einem Klick auf die Lupe starten Sie die Suche. Anschließend werden die Ergebnisse der Suche aufgelistet.

3 Zum Einfügen markieren Sie mit einem Mausklick das gewünschte Bild und klicken auf die Schaltfläche *Einfügen*. Tipp: Wenn Sie auf das Bild zeigen , erscheint in der rechten unteren Ecke des Bildes eine Lupe und mit einem Klick auf dieses Symbol erhalten Sie eine vergrößerte Vorschau.

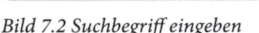

Bild 7.2 Suchbegriff eingeben

Bild 7.3 ClipArt einfügen

Weitere Möglichkeiten

Bilder im Web
Auf dieselbe Weise suchen Sie auch Bilder im Web: Klicken Sie auf *Onlinegra-fiken*, geben Sie im Eingabefeld *Bing-Bildersuche* einen oder mehrere Such-begriffe ein und klicken Sie zum Starten der Suche auf das Symbol *Lupe*. Sie erhalten wieder mehrere Suchergebnisse in der Vorschau, aus denen Sie das gewünschte Bild mit einem Mausklick einfügen.

Vorsicht: Diese Bilder unterleigen meist dem Urheberrecht!

SkyDrive durchsuchen
Über die Schaltfläche *Onlinegrafiken* können Sie ebenfalls schnell Bilder aus einem SkyDrive Ordner einfügen: Klicken Sie auf *Durchsuchen*.

Bild 7.4 Bing-Bildersuche und SkyDrive durchsuchen

Achtung: Dazu sollte
nur ein einziges Fenster
geöffnet sein!

Screenshot einfügen

Sie können auch, beispielsweise zu Erklärungszwecken, den Inhalt eines Bild-
schirmfensters, einen so genannten Screenshot, an der Cursorposition in das
Dokument einfügen. Klicken Sie dazu im Register *EINFÜGEN*, Gruppe *Illustrationen*, auf die Schaltfläche *Screenshot*. Hier erscheint zunächst eine Vorschau mit
allen derzeit geöffneten Fenstern.

■ Zum Einfügen des gesamten Fensters klicken Sie einfach in der Vorschau
in das gewünschte Fenster.

■ Benötigen Sie dagegen nur einen Ausschnitt des Bildschirms, so klicken
Sie auf *Bildschirmausschnitt*. Der Mauszeiger verwandelt sich in ein Faden-
kreuz und Sie können durch Ziehen mit gedrückter linker Maustaste den
Bereich in Form eines Rechtecks festlegen.

7.2   Grafik bearbeiten

Die eingefügte Grafik wird markiert und an ihrer rechten oberen Ecke erscheint
eine kleine Schaltfläche. Gleichzeitig erscheint auch im Menüband das *BILD-
TOOLS*-Register *FORMAT* mit Schaltflächen zur weiteren Bearbeitung.

*Bild 7.5 In das Dokument
eingefügte und markierte
Grafik*

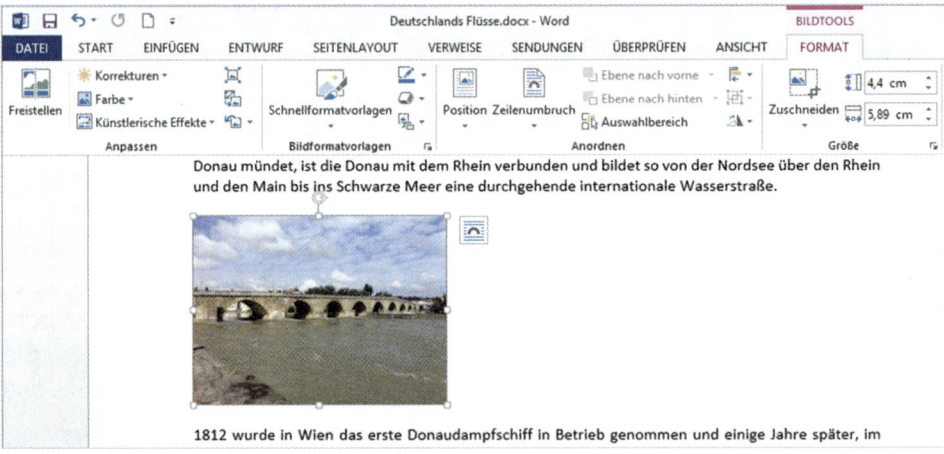

Eine markierte Grafik
kann jederzeit mit der
Entf-Taste aus dem
Dokument entfernt
werden.

Eine markierte Grafik erkennen Sie an den Markierungspunkten in den Ecken
und der Mitte jeder Seite. Zum späteren Markieren genügt ein Klick in die Grafik.

Größe ändern

Am einfachsten ändern Sie die Größe einer Grafik mit der Maus. Markieren Sie
die Garfik und zeigen Sie auf einen der Eckpunkte. Sobald sich der Mauszeiger
in einen Doppelpfeil verwandelt, können Sie mit gedrückter linker Maustaste diese Ecke in eine der beiden Richtungen ziehen und so das Bild vergrößern oder

verkleinern. Achtung: Wenn Sie ausschließlich die Eckpunkte zur Größenänderung benutzen, dann wird das ursprüngliche Seitenverhältnis beibehalten. Die Markierungspunkte in der Mitte jeder Seite lassen dagegen nur horizontale oder vertikale Änderungen zu, auf diese Weise wird das Bild verzerrt.

Als Alternative oder zur Angabe exakter Maße, klicken Sie in das Register *BILDTOOLS - FORMAT*. In der Gruppe *Größe* können Sie über Eingabefelder bzw. kleine Pfeile die genaue Höhe oder Breite festlegen, standardmäßig ändert sich dadurch die Größe der Grafik proportional.

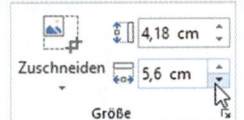

Bild 7.6 Bild verkleinern/vergrößern

Bild 7.7 Bild zuschneiden

Bild zuschneiden

Möchten Sie die Größe beibehalten und einen Teil des Bildes wegschneiden, dann verwenden Sie dazu im Register *FORMAT*, Gruppe *Größe* die Schaltfläche *Zuschneiden*. Der Mauszeiger nimmt die Form einer Schere an und Sie können mit gedrückter Maustaste das Bild an den gekennzeichneten Stellen zuschneiden. Weitere Möglichkeiten erhalten Sie über den Dropdown-Pfeil der Schaltfläche *Zuschneiden:*

- *Auf Form zuschneiden* erlaubt das Zuschneiden auf eine beliebige Form, zum Beispiel Ellipse.

- Mit der Auswahl *Seitenverhältnis* schneiden Sie das Bild auf ein bestimmtes Seitenverhältnis zu, ohne dabei die Originalproportionen zu ändern. Anschließend verschieben Sie das Bild mit der Maus, um den gewünschten Bildbereich auszuwählen. Als Alternative ändern Sie in einem zweiten Schritt mit dem Befehl *Einpassen* die Größe des Bildes, um es dem neuen Bildbereich anzupassen.

Bild 7.8 Beispiele: Auf Form zuschneiden; auf Seitenverhältnis zuschneiden (Links das Original)

Sie sehen zunächst eine Vorschau, die grauen abgeschnittenen Bereiche verschwinden erst, wenn Sie mit der Maus an einen beliebige Stelle klicken.

155

Dialogfenster Layout

Alle Möglichkeiten der Größenänderung finden Sie auch im Dialogfenster *Layout*, das Sie über einen Mausklick auf das Pfeilsymbol ⌐ der Gruppe *Größe* oder über den Befehl *Größe und Position…* aus dem Kontextmenü der rechten Maustaste erreichen. Klicken Sie auf das Register *Größe*, hier finden Sie folgende zusätzlichen Möglichkeiten:

- ■ Unter *Skalierung* können Sie eine prozentuale Größenänderung angeben.

- ■ Das Kontrollkästchen *Seitenverhältnis sperren* sorgt dafür, dass dabei das ursprüngliche Verhältnis von Breite und Höhe beibehalten wird.

- ■ Die Schaltfläche *Zurücksetzen* nimmt alle Änderungen zurück und die Grafik erhält wieder die Originalgröße.

Bild drehen

Oberhalb der markierten Grafik befindet sich ein Symbol, über das Sie das Bild mit der Maus frei drehen können. Zeigen Sie auf dieses Symbol, sobald am Mauszeiger ein runder Pfeil erscheint, können Sie mit gedrückter linker Maustaste das Bild beliebig drehen. Für eine exakte Drehung um 90 Grad, markieren Sie die Grafik und klicken im Register *FORMAT*, Gruppe *Anordnen* auf die Schaltfläche *Objekte drehen* (Bild 7.10), zusätzlich können Sie hier ein Objekt spiegeln.

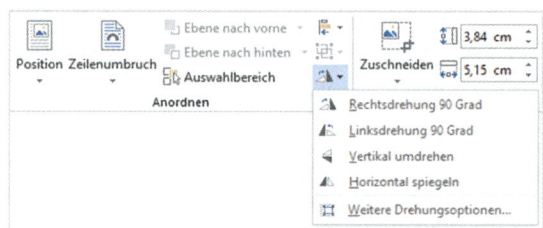

Bild 7.9 Bild drehen   *Bild 7.10 Schaltfläche Objekte drehen*

Bild anpassen

Umfangreiche Bearbeitungsmöglichkeiten für das Bild selbst finden Sie im Register *BILDTOOLS - FORMAT* in der Gruppe *Anpassen*.

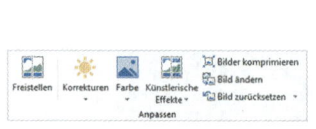

Bild 7.11 Gruppe Anpassen   *Bild 7.12 Beispiele*

So können Sie z. B. Bildkorrekturen vornehmen, den Farbton ändern, sowie Effekte hinzufügen. Bild 7.12 zeigt einige Beispiele, links das Original, daneben dasselbe Foto mit einem künstlerischen Effekt und das dritte Bild in Schwarzweiß.

Übersicht:

Befehl/Schaltfläche	Beschreibung
Freistellen	Bildbereiche transparent machen und so den Hintergrund von Bildern entfernen.
Korrekturen	Anpassungen von Schärfe, Helligkeit und Kontrast.
Farbe	Farbton ändern, bzw. das Bild neu einfärben, z. B. Graustufen oder Schwarzweiß. Hier finden Sie auch den Befehl *Transparente Farbe bestimmen*.
Künstlerische Effekte	Verschiedene Effekte zum Verfremden von Bildern.
Bilder komprimieren	Das markierte Bild oder alle Bilder komprimieren, um den Speicherplatzbedarf der Datei zu verringern.
Bild ändern	Das markierte Bild durch ein anderes ersetzen, Größe und Formatierungen bleiben erhalten.
Bild zurücksetzen	Alle Änderungen verwerfen, das Bild erhält wieder das ursprüngliche Aussehen.

Rahmen- und weitere grafische Effekte

Die Gruppe *Bildformatvorlagen* (Register *FORMAT*) enthält eine Sammlung von Formatvorlagen mit verschiedenen Rahmen- und Schatteneffekten zur schnellen Formatierung. Klicken Sie auch hier auf die Schaltfläche *Weitere* ▾, um den gesamten Katalog auf einen Blick zu öffnen, Bild 7.14 zeigt zwei Beispiele.

Bild 7.13 Bildformatvorlagen   *Bild 7.14 Beispiele: Weiche Kanten; Metallrahmen*

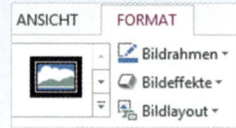

Einfacher Rahmen

Um ein Bild mit einer einfachen Rahmenlinie zu versehen, klicken Sie in der Gruppe *Bildformatvorlagen* auf die Schaltfläche *Bildrahmen* und wählen Linienfarbe, -stärke und Strichart aus. Zum Entfernen eines Rahmens, klicken Sie auf *Kein Rahmen*. Weitere Effekte, beispielsweise Schatten, Spiegelungen und Rahmen stehen über die Schaltfläche *Bildeffekte* zur Verfügung.

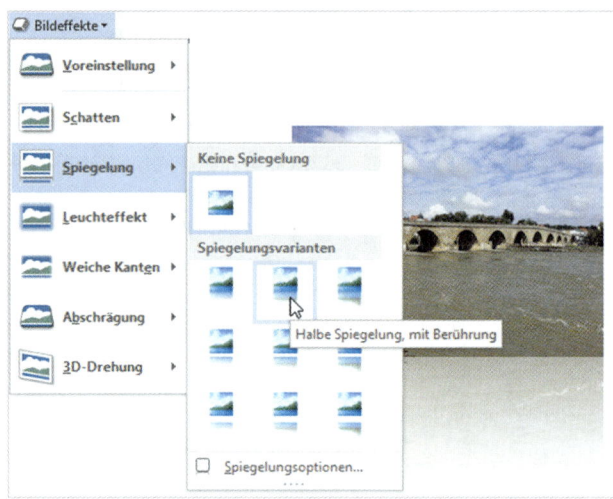

Bild 7.15 Einfacher Rahmen   Bild 7.16 Bildeffekte, Beispiel Spiegelung

7.3   Grafik im Dokument positionieren

Textumbruch

Standardmäßig wird jede Grafik nach dem Einfügen als Text behandelt und wie Text in einen Absatz bzw. eine Zeile eingefügt. Der Zeilen- oder Absatzabstand vergrößert sich entsprechend der Größe der Grafik und die Grafik selbst kann mit dem Absatz linksbündig, zentriert oder rechtsbündig ausgerichtet werden.

Bild 7.17 Layoutoptionen

Weitere Möglichkeiten erhalten Sie über den Text- bzw. Zeilenumbruch. Dazu markieren Sie die Grafik und klicken auf die Schaltfläche *Layoutoptionen*, diese ist im Dokument unmittelbar neben der rechten oberen Ecke der Grafik sichtbar (Bild 7.17) oder klicken Sie im Register *FORMAT* auf die Schaltfläche *Zeilenumbruch*.

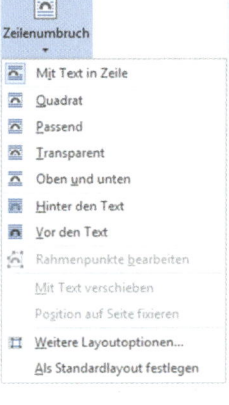

Die wichtigsten Umbrucharten im Überblick:

Symbol	Bedeutung	Beispiel
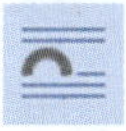	**Mit Text in Zeile:** Die Grafik wird in einer Zeile ausgerichtet und wie Text behandelt. Diese Einstellung sollten Sie verwenden, wenn Sie eine Grafik in einer Tabellenzelle positionieren möchten.	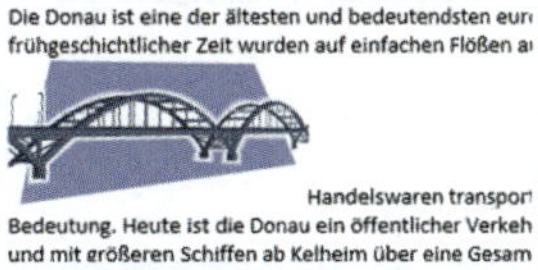 Die Donau ist eine der ältesten und bedeutendsten eur frühgeschichtlicher Zeit wurden auf einfachen Flößen a ... Handelswaren transpor Bedeutung. Heute ist die Donau ein öffentlicher Verkeh und mit größeren Schiffen ab Kelheim über eine Gesam
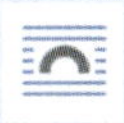	**Quadrat:** Der Text fließt in Rechteckform um die Grafik herum.	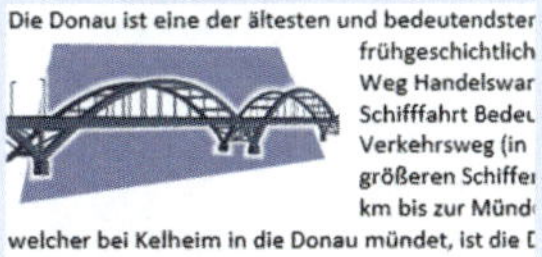 Die Donau ist eine der ältesten und bedeutendster frühgeschichtlich Weg Handelswar Schifffahrt Bedeu Verkehrsweg (in größeren Schiffer km bis zur Münd welcher bei Kelheim in die Donau mündet, ist die D
	Passend: Bei entsprechender Grafik passt sich der Text an die Konturen an.	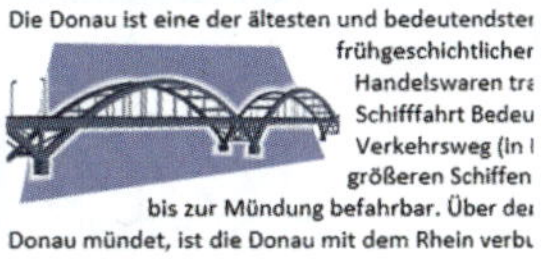 Die Donau ist eine der ältesten und bedeutendster frühgeschichtlicher Handelswaren tra Schifffahrt Bedeu Verkehrsweg (in l größeren Schiffen bis zur Mündung befahrbar. Über der Donau mündet, ist die Donau mit dem Rhein verbu
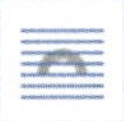	**Hinter den Text:** Die Grafik wird hinter den Text gelegt. Zur besseren Lesbarkeit sollten in diesem Fall Helligkeit und Farbe der Grafik entsprechend geändert werden.	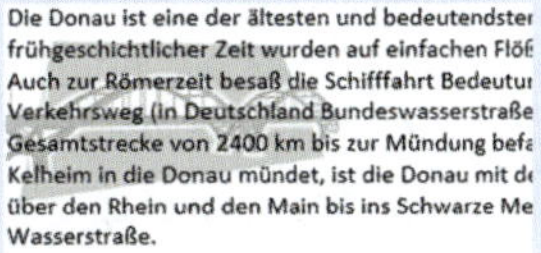 Die Donau ist eine der ältesten und bedeutendster frühgeschichtlicher Zeit wurden auf einfachen Flöß Auch zur Römerzeit besaß die Schifffahrt Bedeutun Verkehrsweg (in Deutschland Bundeswasserstraße Gesamtstrecke von 2400 km bis zur Mündung befa Kelheim in die Donau mündet, ist die Donau mit de über den Rhein und den Main bis ins Schwarze Me Wasserstraße.
	Vor den Text: Die Grafik wird über den Text gelegt und kann diesen verdecken. Diese Einstellung verhindert auch, dass sich der Text beim Verschieben der Grafik automatisch ändert und eignet sich am besten in Dokumenten mit ausreichend freiem Platz.	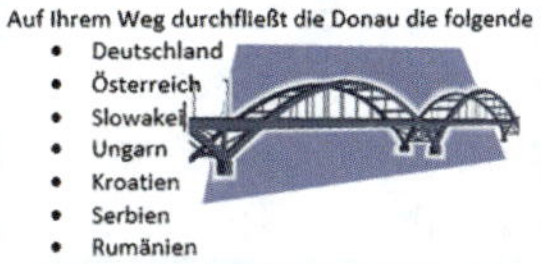 Auf Ihrem Weg durchfließt die Donau die folgende • Deutschland • Österreich • Slowakei • Ungarn • Kroatien • Serbien • Rumänien

Tipp: Eine Grafik, die sich hinter dem Text befindet, ist nicht immer leicht zu markieren. Zur Abhilfe klicken Sie im Register *START*, Gruppe *Bearbeiten* auf die Schaltfläche *Markieren* und wählen den Modus *Objekte markieren*. Dies bedeutet, der Mauszeiger erscheint auch im Text als Pfeil und beim Klicken werden ausschließlich (Grafik-) Objekte markiert, Text wird ignoriert. Durch Drücken der Esc-Taste oder der Auswahl *Markieren* ➔ *Alles markieren* beenden Sie diesen Modus wieder.

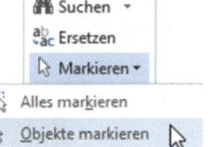

Weitere Optionen

Mit der Schaltfläche *Layoutoptionen* und dem Befehl *Weitere anzeigen...* öffnen Sie das Dialogfenster *Layout* mit dem Register *Textumbruch*. Wenn Sie als Umbruchart *Rechteck* oder *Passend* gewählt haben, dann können Sie unter *Textfluss* auch noch steuern, auf welcher Seite der Text die Grafik umfließen soll. Die Position der Grafik innerhalb einer Seite können Sie mit der Schaltfläche *Position* (Register *FORMAT*), Gruppe *Anordnen* genauer festlegen.

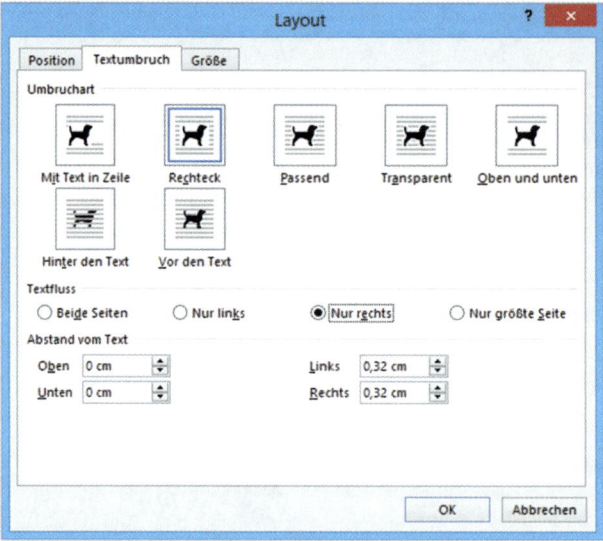

Bild 7.18 Dialogfenster Layout, Textumbruch   Bild 7.19 Position Seite

Bild verschieben

Zum Verschieben zeigen Sie an eine beliebige Stelle der Grafik. Am Mauszeiger erscheinen vier Richtungspfeile und Sie können nun mit gedrückter linker Maustaste das Bild im Dokument verschieben. Die Möglichkeiten der genauen Positionierung sind abhängig davon, welche Umbruchart Sie für die Grafik festgelegt haben. Mit der Einstellung *Mit Text in Zeile* ist ein Verschieben ausschließlich innerhalb des Textes möglich, bei den Umbracharten *Quadrat* oder *Passend* passt sich dagegen der umgebende Text beim Verschieben automatisch an und die Graik kann an jede beliebige Stelle des Dokuments verschoben werden.

Statt dessen kann Bild auch in die Zwischenablage ausgeschnitten oder kopiert und anschließend an beliebiger Stelle wieder eingefügt werden.

Ausrichtungslinien

Während des Verschiebens erscheinen im Dokument automatisch Hilfslinien zur Ausrichtung an Seitenrändern und Absätzen (Bild 7.20). Haben Sie mehrere Bilder nebeneinander angeordnet, dann erhalten Sie auch hier Hilfslinien. Sollten die Ausrichtungslinien nicht erscheinen, dann wurden Sie deaktiviert. Zum Einschalten klicken Sie im *BILDTOOLS* Register *FORMAT*, Gruppe *Anordnen* auf die Schaltfläche *Objekte ausrichten* und hier auf *Ausrichtungslinien verwenden*.

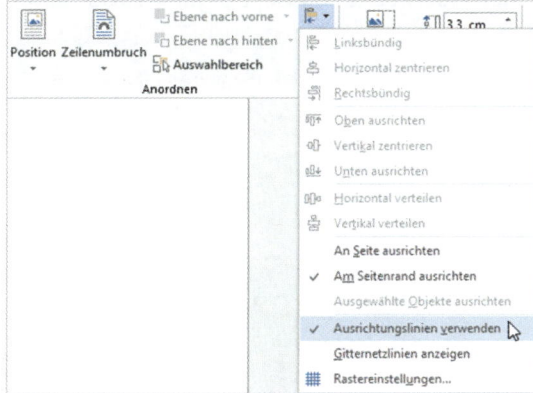

Bild 7.20 Ausrichtungslinien   Bild 7.21 Ausrichtungslinien verwenden

7.4   Zeichnungsformen

Form einfügen

Im Register *EINFÜGEN*, Gruppe *Illustrationen*, finden Sie die Schaltfläche *Formen*. Damit fügen Sie verschiedene Zeichnungsformen in das Dokument ein.

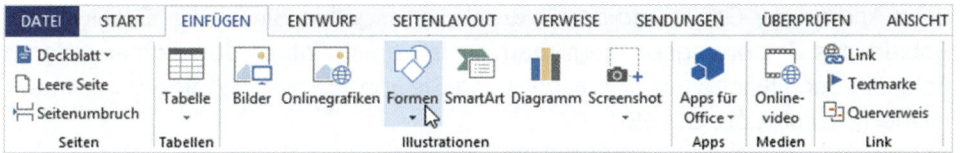

Bild 7.22 Register EIN-
FÜGEN

Ein Mausklick auf die Schaltfläche öffnet die gesamte Sammlung. Im Gegensatz zu Bildern, werden Zeichnungsformen standardmäßig mit einem Textumbruch eingefügt, so dass Sie beim Einfügen nicht auf die Cursorposition achten brauchen. So gehen Sie beim Einfügen vor:

Formen

1   Klicken Sie auf die Schaltfläche *Formen* und auf das gewünschte Element.

2   Im Dokument nimmt der Mauszeiger die Form eines Fadenkreuzes an, klicken Sie zum Einfügen an die gewünschte Stelle und das Zeichnungsobjekt wird in der Standardgröße und -form eingefügt.

Sie können eine Form aber auch beim Einfügen in beliebiger Größe und Proportion zeichnen. Dazu beginnen Sie an einem der Eckpunkte, drücken die linke Maustaste und ziehen mit gedrückter Maustaste in diagonaler Richtung, bis das Objekt die gewünschte Größe und Form hat. Möchten Sie anstatt einer Ellipse einen exakten Kreis zeichnen, dann halten Sie zusätzlich während des Zeichnens die Umschalt-Taste der Tastatur gedrückt. Gleiches gilt auch, wenn Sie anstelle eines Rechtecks mit beliebigen Proportionen ein Quadrat erhalten möchten.

Bild 7.23 Zeichnungsform einfügen

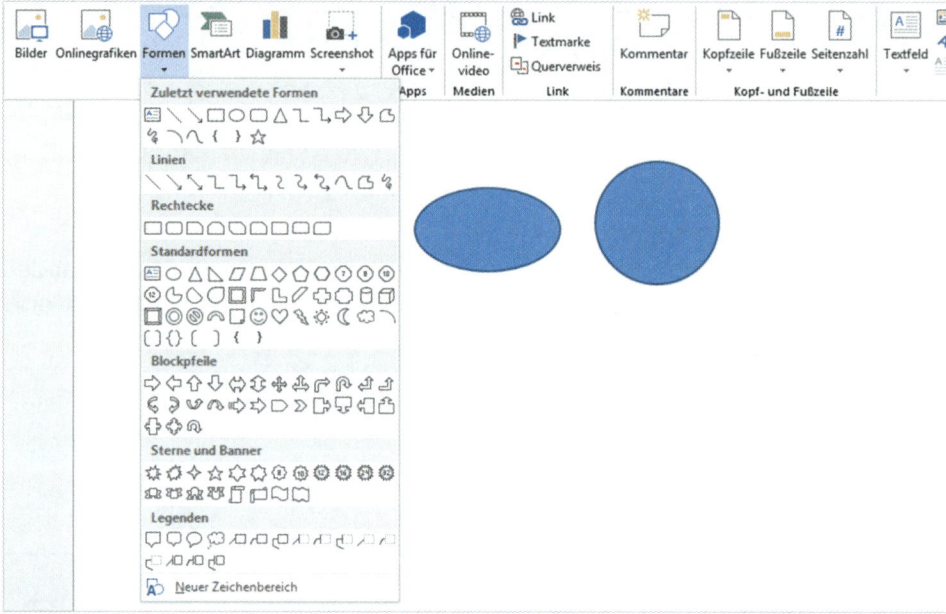

Größe und Layout ändern

Word unterscheidet bei Platzierung und Größenänderung nicht zwischen den verschiedenen grafischen Elementen. Die Vorgehensweise ist daher immer gleich!

Beim Ändern der Größe und des Textumbruchs, gehen Sie wie bei Grafiken vor. Sobald das Zeichnungselement markiert ist, erscheint an der rechten oberen Ecke die Schaltfläche *Layoutoptionen* und Sie können den Textumbruch steuern (siehe Textumbruch, S. 158).

Zum Verschieben zeigen Sie an eine beliebige Stelle des Elements. Am Mauszeiger werden vier Richtungspfeile sichtbar und Sie können nun das Element mit gedrückter Maustaste an eine beliebige Position verschieben. Bei aktivierten Ausrichtungslinien (siehe Ausrichtungslinien, S. 160), erhalten Sie auch beim Verschieben von Zeichnungselementen Unterstützung beim Ausrichten.

Bild 7.24 Layoutoptionen   *Bild 7.25 Verschieben*   *Bild 7.26 Größe ändern*

Die Größenänderung nehmen Sie wieder über die Markierungs- bzw. Ziehpunkte vor. Beim Zeigen auf einen dieser Punkte, erscheint der Mauszeiger als Doppelpfeil und Sie können durch Ziehen in eine der Richtungen das Element verkleinern oder vergrößern. Um bei der Größenänderung mit der Maus die Proportionen beizubehalten, müssen Sie wie beim Einfügen bzw. Zeichnen während des Ziehens, gleichzeitig die Umschalt-Taste der Tastatur gedrückt halten.

Tipp: Einige Formen, z. B. Pfeile verfügen über zusätzliche gelbe Markierungspunkte, mit denen Sie durch Ziehen mit der Maus auch noch Winkel und Stärke des Pfeils ändern können.

Formen anordnen

Manchmal ist es erforderlich, Formen und Grafiken übereinander bzw. überlappend anzuordnen. Dann werden diese in derjenigen Reihenfolge übereinander angeordnet, in der sie in das Dokument eingefügt wurden. Um das markierte Objekt nach hinten oder vorn zu verschieben, verwenden Sie im Register *FORMAT*, Gruppe *Anordnen* die Schaltflächen *Ebene nach vorne* oder *Ebene nach hinten*. Ein Klick auf den Dropdown-Pfeil der Schaltflächen öffnet ein kleines Menü und Sie können das Objekt auch in den Hinter- oder Vordergrund bzw. hinter oder vor den Text verschieben.

Dies gilt auch für alle anderen Objekte, z. B. Bilder

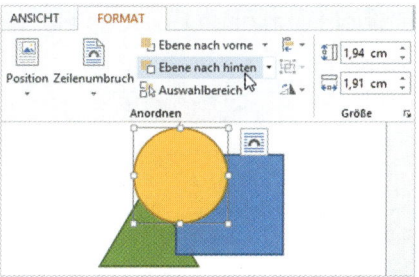

Bild 7.27 Reihenfolge ändern

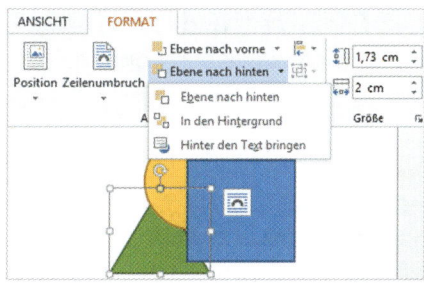

Bild 7.28 In den Hintergrund

Formen ausrichten

Neben den Ausrichtungslinien, erhalten Sie mit der Schaltfläche *Ausrichten* (Gruppe *Anordnen*) noch weitere Möglichkeiten zum Ausrichten mehrerer markierter Objekte. Markieren Sie dazu zuvor die Objekte nacheinander mit gleichzeitig gedrückter Strg-Taste.

Form mit Text versehen

In Zeichnungsformen können Sie jederzeit beliebigen Text einfügen. Dazu markieren Sie mit einem Mausklick die Form und tippen über die Tastatur Ihren Text ein. Als Alternative klicken Sie mit der rechten Maustaste in die Form und wählen aus dem Kontextmenü *Text hinzufügen*.

Zeichnungsform formatieren

Zusammen mit einer markierten Form steht Ihnen das Register *ZEICHENTOOLS - FORMAT* zur Bearbeitung zur Verfügung. Die Schaltflächen bzw. Befehle der Gruppen *Anordnen* und *Größe* unterscheiden sich nicht vom *BILDTOOLS* - Register *FORMAT* (siehe Grafik).

Bild 7.29 ZEICHEN-TOOLS - FORMAT

Die Gruppe *Formenarten* enthält verschiedene Vorlagen zur schnellen Gestaltung, Aussehen und Effekte, z. B. 3D und Schatten sind abhängig von den verwendeten Designeffekten (Register *ENTWURF*). Klicken Sie auf die Schaltfläche *Weitere* ⊽ um den gesamten Katalog zu öffnen. Weitere Varianten finden Sie, wenn Sie im Katalog auf *Andere Designfüllungen* klicken.

Individuelle Formatierungen zusammenstellen

In der gleichen Gruppe *Formenarten* befinden sich auch die Schaltflächen *Fülleffekt*, *Formkontur* und *Formeffekte*, über die Sie einer Form nach Belieben einzelne Formate zuweisen können.

Über die Schaltfläche *Fülleffekte* können Sie einem Zeichnungselement neben den Designfarben auch ein Bild oder verschiedene Farbverläufe als Füllung zuweisen.

Weitergehende Möglichkeiten finden Sie im Aufgabenbereich *Form formatieren*, den Sie über die Schaltfläche ⌄ der Gruppe *Formenarten* oder den gleichnamigen Befehl aus dem Kontextmenü öffnen.

- Wählen Sie zuerst mit einem Klick auf das jeweilige Symbol eine Aufgabe: *Füllung und Linie*, *Effekte* oder *Layout und Eigenschaften*.

- Öffnen Sie dann darunter mit einem Mausklick auf das Dreieck die Anzeige weiterer Einstellungen, die Abbildungen unten zeigen einige Beispiele.

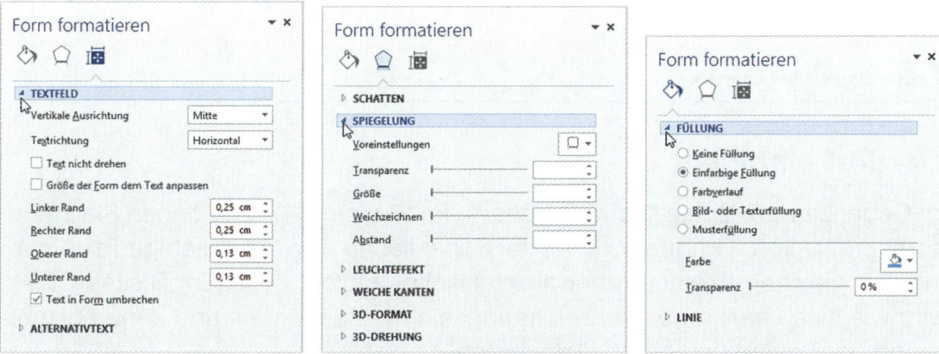

Bild 7.30 Text ausrichten   *Bild 7.31 Spiegelungseffekte*   *Bild 7.32 Füllung*

Farbverläufe verwenden und bearbeiten

Über die Schaltfläche *Fülleffekt* stehen unter *Farbverlauf* verschiedene Verlaufs-formen zur Auswahl, die Farbe richtet sich nach der Farbe des markierten Ele-ments.

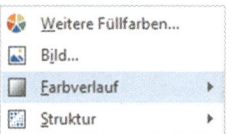

Zur Bearbeitung und Erstellung eigener Farbverläufe klicken Sie entweder unter *Fülleffekte → Farbverläufe* auf *Weitere Farbverläufe...* oder öffnen den Aufgaben-bereich *Form formatieren.* Klicken Sie dann in der Kategorie *Füllung und Linie* auf *FÜLLUNG* und auf *Farbverlauf*. Änderung und Bearbeitung der Farben erfol-gen über Farbverlaufstopps:

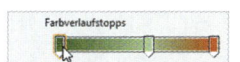

1   Markieren Sie mit einem Mausklick den ersten Farbverlaufstopp. Diesem weisen Sie dann über die Schaltfläche darunter eine Farbe zu, bei Bedarf legen Sie über weitere Felder noch Transparenz und Helligkeit fest. Genau-so verfahren Sie nacheinander mit allen weiteren Farbverlaufstopps.

2   Die Position eines Farbverlaufstopps ändern Sie über das Feld *Position* oder einfach durch Verschieben mit gedrückter Maustaste.

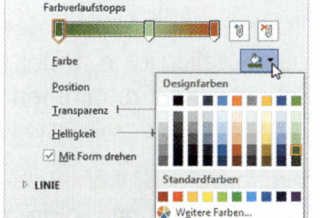   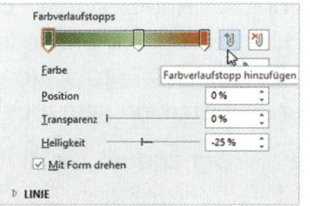   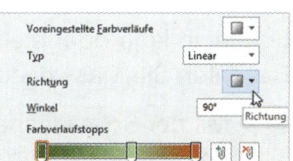

Bild 7.33 Farbe wählen   *Bild 7.34 Hinzufügen*   *Bild 7.35 Weitere Einstellungen*

Mit den Schaltflächen *Farbverlaufstopp hinzufügen*, bzw. *Farbverlaufstopp entfernen* können Sie noch weitere hinzufügen oder den markierten Farbverlaufstopp löschen. Oberhalb der Farbverlaufstopps finden Sie Schaltflächen, über die Sie auch noch Typ, Richtung und Winkel des Farbverlaufs ändern können.

7.5   WordArt

WordArt einfügen

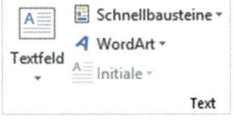

Im Gegensatz zur Schaltfläche *Texteffekte* im Register *START*, können Sie im Register *EINFÜGEN*, Gruppe *Text*, mit der Schaltfläche *WordArt* beliebige Texte zwar mit den gleichen Effekten, aber als grafisches Objekt einfügen. Dieses Objekt wird wie eine Grafik oder ein Zeichnungselement behandelt und kann entsprechend positioniert und bearbeitet werden.

Die verfügbaren Farben sind abhängig von den verwendeten Designfarben (Register *ENTWURF*)

Klicken Sie dazu im im Register *EINFÜGEN*, Gruppe *Text* auf die Schaltfläche *WordArt* und wählen Sie eine Vorlage. Anschließend wird das WordArt-Objekt im Dokument an der Cursorposition eingefügt. Den Platzhaltertext können Sie anschließend einfach überschreiben.

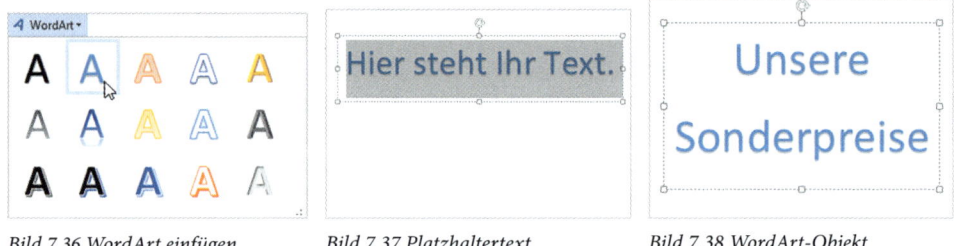

Bild 7.36 WordArt einfügen   Bild 7.37 Platzhaltertext   Bild 7.38 WordArt-Objekt

Als Alternative können Sie auch vorhandenen Text markieren und anschließend auf die Schaltfläche *WordArt* klicken. Dann wird dieser Text in ein Objekt umgewandelt.

WordArt bearbeiten

Die weitere Bearbeitung erfolgt im Register *ZEICHENTOOLS - FORMAT* in der Gruppe *WordArt-Formate*. Hier wählen Sie entweder nachträglich eine andere Formatvorlage oder stellen Ihr eigenes Format über Schaltflächen zusammen. Beachten Sie, dass dazu der Text markiert sein muss.

■ Mit der Schaltfläche *Textfüllung* ändern Sie die Schriftfarbe oder wählen einen Farbverlauf und mit *Textkontur* legen Sie die Farbe der Schriftkonturen fest.

■ Die Schaltfläche *Texteffekte* stellt verschiedene Schatten-, Spiegelungs- und 3D-Effekte zur Verfügung. Unter *Transformieren* finden Sie verschiedene Textpfade mit denen Sie beispielsweise Text kreisförmig anordnen können.

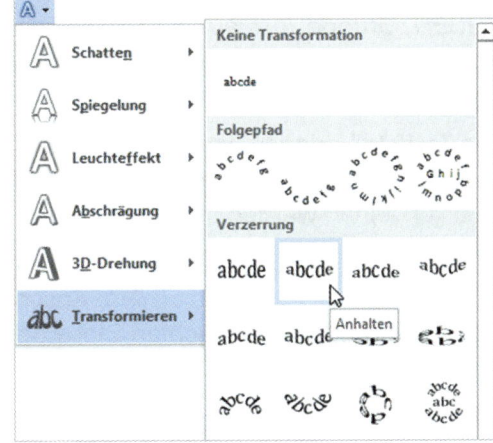

Bild 7.39 Texteffekte: Spiegelung   *Bild 7.40 Texteffekte: Transformieren*

Aufgabenbereich Form formatieren

Zusammenfassend können Sie die beschriebenen Einstellungen und noch weitere auch im Aufgabenbereich *Form formatieren* (siehe Zeichnungsform formatieren) vornehmen. Sie öffnen den Aufgabenbereich entweder über das Kontextmenü mit dem Befehl *Form formatieren...* oder mit einem Mausklick auf die Schaltfläche ⌐ der Gruppe *WordArt Formate*. Klicken Sie dann im Aufgabenbereich auf *TEXTOPTIONEN*.

Anpassung Textlayout

Um die vertikale Textausrichtung, Textrichtung oder Drehung, sowie die Abstände innerhalb der Form anzupassen, klicken Sie im Aufgabenbereich *Form formatieren* → *TEXTOPTIONEN* auf das Symbol *Layout und Eigenschaften* (Bild 7.43).

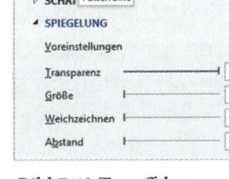

Bild 7.41 Textfüllung und -kontur   *Bild 7.42 Texteffekte*   *Bild 7.43 Layout*

7.6   Textfelder

Textfeld

Mit Hilfe von Textfeldern können Sie auch Texte als Objekte an beliebigen Stellen eines Dokuments platzieren und dazu alle, in dieser Lektion beschriebenen Methoden verwenden. Zum Einfügen eines Textfelds klicken Sie im Register *EIN-FÜGEN*, Gruppe *Text*, auf die Schaltfläche *Textfeld*. Word öffnet ein Feld mit verschiedenen Standardformen, durch Anklicken einer Vorlage wird das Textfeld an der Cursorposition eingefügt und Sie brauchen nur noch Text eingeben.

Die Textfeld-Vorlagen werden standardmäßig mit Textumbruch (Quadrat) eingefügt und können anschließend mit gedrückter Maustaste verschoben, vergrößert und verkleinert werden.

Wenn Sie ein benutzerdefiniertes Textfeld einfügen möchten, so klicken Sie auf *Textfeld* und auf *Textfeld erstellen*. Anschließend zeichnen Sie durch Ziehen mit der Maus an der gewünschten Stelle des Dokuments ein rechteckiges Textfeld Bild 7.45).

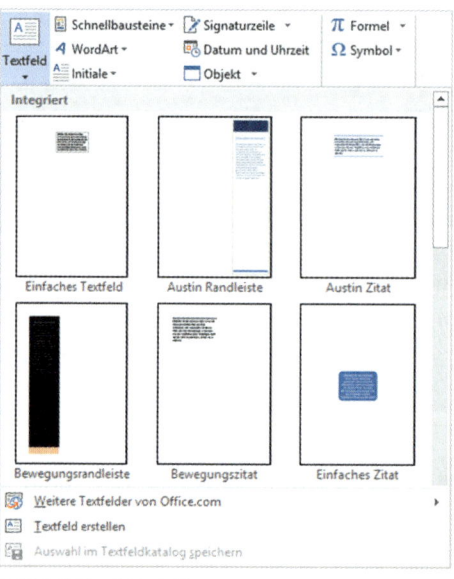

Bild 7.44 Textfeld einfügen

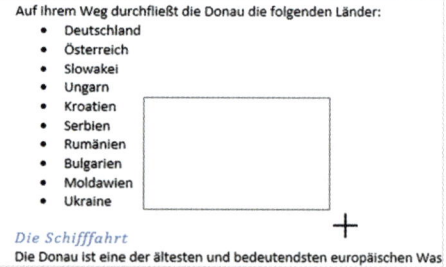

Bild 7.45 Textfeld erstellen

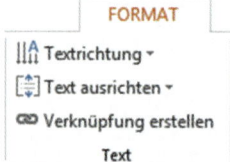

Innerhalb eines Textfeldes können Sie alle Zeichen- und Absatzformatierungen sowie Tabellen verwenden. Die vertikale Textausrichtung im Textfeld ändern Sie mit den Schaltflächen der Gruppe *Text*. Zur Formatierung des Textfeldes selbst, z. B. mit Rahmenlinien und Füllfarben verwenden Sie, wie bei allen grafischen Objekten das Register *FORMAT*, den Textumbruch steuern Sie über die Schaltfläche *Layoutoptionen*.

7.7   Zusammenfassung

■ Über das Register *EINFÜGEN* können Sie Bilder, Formen, WordArt-Objekte und Textfelder in ein Dokument einfügen. Alle diese Objekte können gleich behandelt werden: Sie lassen sich mit der Maus verschieben, sowie vergrößern und verkleinern. Mit den Layoutoptionen steuern Sie das Verhalten des umgebenden Textes und wie das Objekt im Text platziert wird. Zur Formatierung steht ein zusätzliches Register *FORMAT* zur Verfügung.

■ Markierte Objekte sind an den Markierungspunkten zu erkennen, zum Markieren genügt ein Mausklick. Ein zusätzliches Symbol oberhalb des Objekts erlaubt freies Drehen mit der Maus. Die Größenänderung erfolgt durch Ziehen mit der Maus, dann sollten Sie darauf achten, dass das ursprüngliche Seitenverhältnis beibehalten wird oder durch Zuschneiden.

■ Zur schnellen Formatierung der Objekte können Vorlagen verwendet werden. Das Aussehen der Vorlagen für Formen ist abhängig davon, welches Design bzw. welche Farben und Effekte im Register *ENTWURF* für das Dokument ausgewählt wurden.

■ Zur Bearbeitung von Bildern und ClipArt-Grafiken sind mehrere Möglichkeiten verfügbar. Neben Helligkeit und Kontrast, können Sie auch Farben ändern oder künstlerische Effekte zuweisen. Weitere Möglichkeiten sind verschiedene Spiegelungs- und Schatteneffekte.

■ Textfelder und WordArt-Objekte werden ebenfalls als Objekte behandelt. Mit ihrer Hilfe können Sie Texte verschieben und an beliebiger Stelle des Dokuments platzieren.

7.8   Übung

Aufgabe

■ Beginnen Sie mit einem neuen, leeren Dokument und speichern Sie das Dokument unter dem Namen Rezept.

■ Geben Sie den Text für das, auf der nächsten Seite abgebildete, Rezept ein. Farben, Schriftarten und -größen gestalten Sie nach Ihren Vorstellungen.

■ Fügen Sie eine passende ClipArt-Grafik ein, die Sie neben den Zutaten platzieren. Tipp: Am besten eignet sich hierfür die Umbruchart *Vor den Text*.

Das Ergebnis könnte etwa so aussehen:

Tagliatelle mit Bärlauch

Für 2 Personen

250 g Tagliatelle (oder Bandnudeln)
100g Schwarzwälder Schinken
1 Bund Bärlauch
1 Schalotte
1 – 2 El. Creme fraiche
Butter
Salz, Pfeffer
½ Chilischote (nach Bedarf)

Den Bärlauch waschen, abtropfen lassen und grob hacken. Die Schalotte schälen und fein hacken. Schinken in Streifen schneiden. Die Tagliatelle nach Vorschrift kochen und abtropfen lassen.

In der Zwischenzeit in einer Pfanne die Butter aufschäumen lassen und darin die Schalotte, bei Bedarf auch die fein gehackte Chilischote andünsten lassen. Dann den Bärlauch zugeben und bei geringer Hitze kurz mitdünsten. Die Creme fraiche unterrühren und kurz aufkochen lassen, mit Salz und Pfeffer abschmecken.

Variante für Vegetarier:

Anstatt des Schinkens 1 Tomate häuten, entkernen und in kleine Würfel schneiden. Kurz zusammen mit dem Bärlauch andünsten, die Würfel sollten nicht zerfallen.

Zuletzt die Tagliatelle und die Schinkenstreifen zugeben und 2-3 Minuten zusammen erhitzen.

Auf vorgewärmten Tellern servieren.

Guten Appetit!

Notizen:

8 Textelemente einfügen

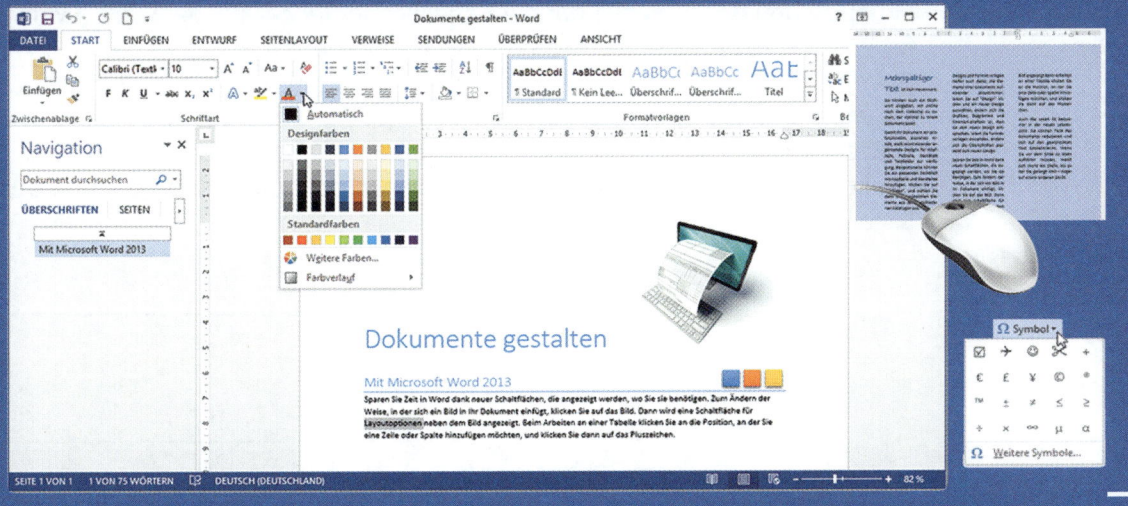

In dieser Lektion lernen Sie...

- Kopf- und Fußzeilen, Seitenzahlen
- Schnellbausteine einfügen und verwenden
- Fuß- und Endnoten, Mathematische Formeln
- Word-Dokumente einfügen

Diese Kenntnisse sollten Sie bereits mitbringen...

- Texteingabe und Textformatierung
- Tabstopps und Tabellen
- Seitenlayout, Seitenränder

8.1   Kopf- und Fußzeilen

Die Kopf- und Fußzeilen befinden sich im Bereich zwischen oberem bzw. unterem Seitenrand und der Blattkante, also außerhalb des eigentlichen Satzspiegels. Standardmäßig erscheinen ihre Inhalte automatisch auf jeder Druckseite, daher werden hier in erster Linie die Seitenzahlen eingefügt, eine Kopf- oder Fußzeile kann aber auch beliebigen Text, Tabellen oder Grafiken enthalten.

Seitenzahlen einfügen

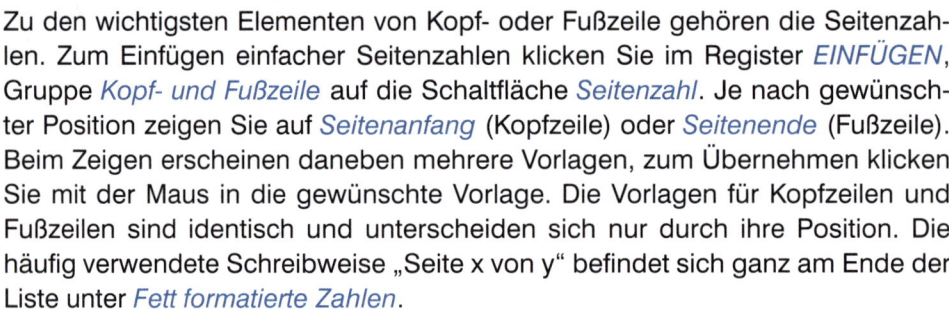

Zu den wichtigsten Elementen von Kopf- oder Fußzeile gehören die Seitenzahlen. Zum Einfügen einfacher Seitenzahlen klicken Sie im Register *EINFÜGEN*, Gruppe *Kopf- und Fußzeile* auf die Schaltfläche *Seitenzahl*. Je nach gewünschter Position zeigen Sie auf *Seitenanfang* (Kopfzeile) oder *Seitenende* (Fußzeile). Beim Zeigen erscheinen daneben mehrere Vorlagen, zum Übernehmen klicken Sie mit der Maus in die gewünschte Vorlage. Die Vorlagen für Kopfzeilen und Fußzeilen sind identisch und unterscheiden sich nur durch ihre Position. Die häufig verwendete Schreibweise „Seite x von y" befindet sich ganz am Ende der Liste unter *Fett formatierte Zahlen*.

Bild 8.1 Einfache Seitenzahlen einfügen

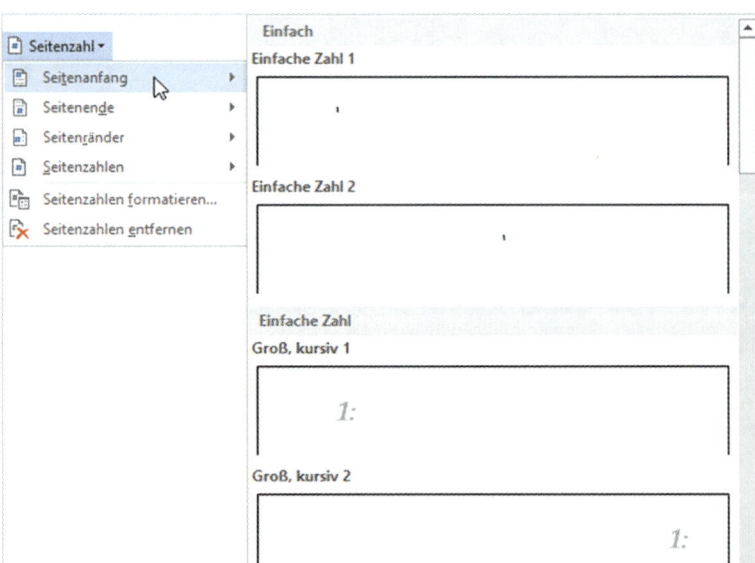

Tipp: Mit der Schaltfläche *Seitenzahl* und der Auswahl *Seitenränder* können Seitenzahlen auch im linken oder rechten Seitenrand eingefügt werden. Auch hier finden Sie wieder verschiedene Vorlagen (Bild 8.2).

Zahlenformat ändern
Benötigen Sie Buchstaben anstelle von Zahlen zur Nummerierung der Seiten, dann gehen Sie so vor:

1   Klicken Sie vor dem Einfügen auf die Schaltfläche *Seitenzahl* und auf den Eintrag *Seitenzahlen formatieren...*. Das Dialogfenster *Seitenzahlenformat* wird geöffnet und Sie können über den Dropdown-Pfeil des Feldes *Zahlenformat* eine andere Schreibweise auswählen (Bild 8.3). Mit der Schaltfläche *OK* übernehmen Sie das Format.

2   Klicken Sie dann erneut auf *Seitenzahl.* Unter *Seitenanfang* oder *Seitenende* enthalten die Vorlagen nun die Zahlen in der ausgewählten Schreibweise. Klicken Sie auf die gewünschte Vorlage.

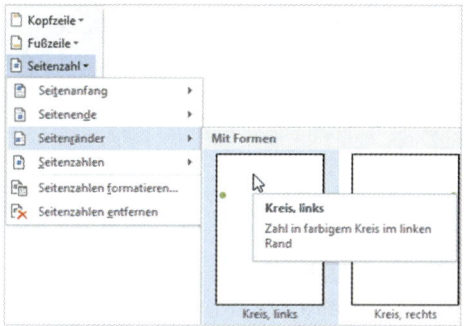

Bild 8.2 Seitenzahl im Seitenrand einfügen

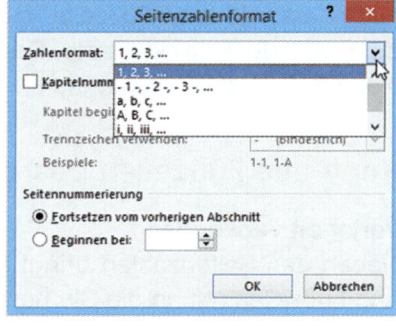

Bild 8.3 Zahlenformat ändern

Unmittelbar nach dem Einfügen der Seitenzahl öffnet sich je nach gewählter Position der Bereich *Kopfzeile* (Seitenanfang) oder *Fußzeile* (Seitenende) mit der Seitenzahl. Sie können nun beliebigen Text oder Grafikelemente hinzufügen und formatieren. Gleichzeitig steht Ihnen im Menüband das Register *KOPF- UND FUSSZEILENTOOLS - ENTWURF* zur Verfügung.

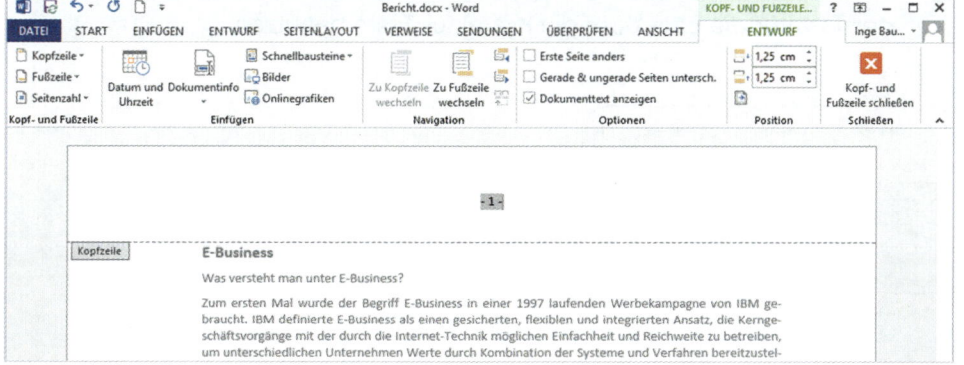

Bild 8.4 KOPF- UND FUSSZEILENTOOLS

Zwischen Text und Kopf- und Fußzeile wechseln

Während sich der Cursor in der Kopf- oder Fußzeile befindet, ist der übrige Text grau und kann nicht bearbeitet werden. Mit einem Mausklick auf die Schaltfläche *Kopf- und Fußzeilen schließen* kehren Sie wieder zurück zum eigentlichen Text. Jetzt erscheint in der Ansicht Seitenlayout der Inhalt von Kopf- und Fußzeile grau.

Tipp: Ein Doppelklick in den Text schließt die Kopf- oder Fußzeile ebenfalls und mit einem weiteren Doppelklick in den Bereich Kopf- oder Fußzeile öffnen Sie diesen Bereich schnell wieder, dies funktioniert auch, wenn der Bereich leer ist.

Im geöffneten Bereich wechseln Sie zwischen Kopf- und Fußzeile entweder durch Scrollen oder einem Klick auf *Zu Fußzeile wechseln*, bzw. *Zu Kopfzeile wechseln* im Register *ENTWURF*.

Seitenzahlen entfernen

Zum Löschen der Seitenzahlen öffnen Sie entweder den entsprechenden Bereich Kopfzeile bzw. Fußzeile, markieren die Seitenzahl und löschen diese mit der Entf- oder Korrekturtaste. Oder klicken Sie auf *EINFÜGEN* → *Seitenzahl* und hier auf *Seitenzahlen entfernen*.

Kopf- und Fußzeilen bearbeiten

Vorlagen verwenden

Neben den Seitenzahlen bringt Word auch eine Reihe fertig gestalteter Kopf- und Fußzeilen mit, in die Sie nur noch Ihre Inhalte eingeben brauchen. Klicken Sie im Register *EINFÜGEN* in der Gruppe *Kopf- und Fußzeilen* auf die Schaltfläche *Kopfzeile* bzw. *Fußzeile*, um den Katalog integrierter Vorlagen zu öffnen. Alle Vorlagen sind für Kopf- und Fußzeilen identisch, die meisten verfügen über Platzhalter, in die Sie beliebigen Text eingeben können.

- Klicken Sie dazu in einen Platzhalter. Dieser wird grau hervorgehoben und der Inhalt kann überschrieben werden.

- Nicht benötigte Platzhalter löschen Sie, indem Sie ebenfalls klicken und auf der Tastatur die Entf- oder die Korrektur Taste benutzen.

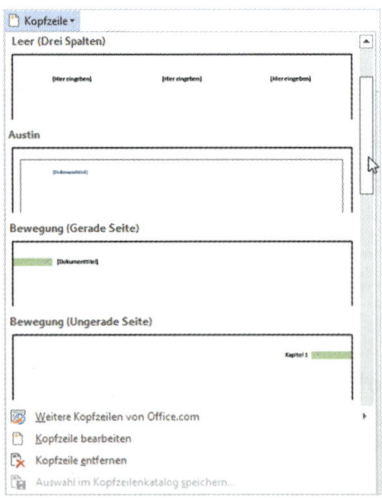

Bild 8.5 Vorlage wählen

Bild 8.6 Text hinzufügen

Eigene Kopf- und Fußzeilen erstellen

Wenn Sie ohne Vorlage arbeiten möchten, dann doppelklicken Sie im Dokument einfach in den Bereich der Kopf- oder Fußzeile. Oder klicken Sie auf *EINFÜGEN* → *Kopfzeile* bzw. *Fußzeile* und am Ende der Liste auf *Kopfzeile bearbeiten*. Sie können nun die Kopf- oder Fußzeile mit Text und Grafiken beliebig gestalten.

Schreiben Sie eine Seitenzahl nicht einfach in die Kopf- oder Fußzeile. Sonst erscheint beim Drucken auf jeder Seite dieselbe Zahl!

Inhalte ausrichten

Zum Ausrichten mehrerer Inhalte in Spalten nebeneinander eignet sich am besten eine Tabelle, die ohne Rahmenlinien formatiert wird (siehe Lektion 6). Als Alternative verwenden Sie Tabstopps, setzen Sie dazu die benötigten Tabstopps, wie in Lektion 6 beschrieben.

Die Schaltfläche *Ausrichtungstabstpp einfügen* (Register *ENTWURF*, Gruppe *Position*) dagegen dient dazu, schnell die Positionen links, zentriert oder rechts, abhängig von den Seitenrändern anzusteuern. Im Fenster *Ausrichtungstabstopp* wählen Sie eine Ausrichtung, diese orientiert sich normalerweise an den Seitenrändern. Falls erforderlich können Sie unter *Ausrichtung relativ zu* auch *Einzug* wählen (Bild 8.8).

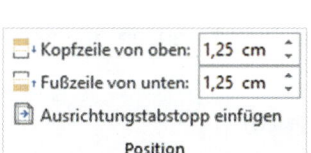

Bild 8.7 Ausrichtungstabstopp und Abstand zur Blattkante

Bild 8.8 Ausrichtung wählen

Vertikaler Abstand zur Blattkante

Den vertikalen Abstand zur oberen oder unteren Blattkante legen Sie ebenfalls im Register *ENTWURF* fest. Standardmäßig verwendet Word meist 1,25 cm nach oben und unten. Zum Ändern benutzen Sie die Felder *Kopfzeile von oben* und *Fußzeile von unten* in der Gruppe *Position* (Bild 8.7).

Kopf- und Fußzeilenelemente einfügen

Häufig benötigte Elemente fügen Sie über Schaltflächen im Register *ENTWURF* ein. Auch hier haben Sie in der Gruppe *Kopf- und Fußzeile* die Möglichkeit, eine Vorlage zu verwenden und Seitenzahlen einzufügen.

Bild 8.9 Elemente einfügen

Datum und Uhrzeit

Klicken Sie auf die Schaltfläche *Datum und Uhrzeit* und markieren Sie die gewünschte Schreibweise. Wenn Sie das Kontrollkästchen *Automatisch aktualisieren* aktivieren, so erhalten Sie beim Öffnen immer das aktuelle Datum.

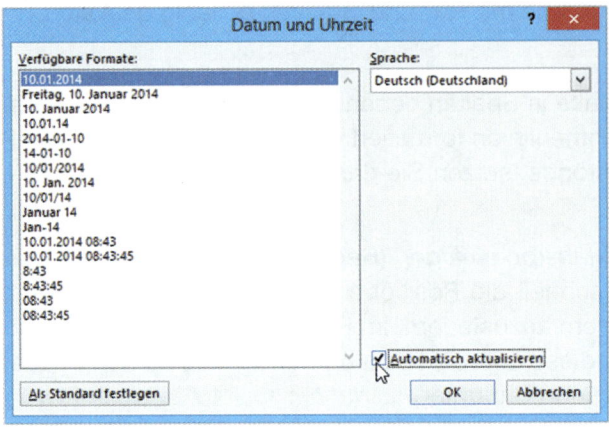

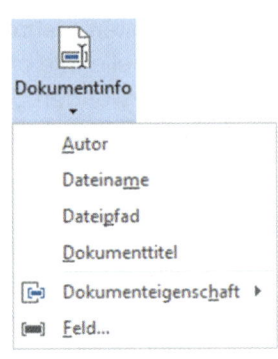

Bild 8.11 Datum und Uhrzeit einfügen

Bild 8.10 Dateiname

Tipp: Mit der Schaltfläche *Dokumentinfo* und der Auswahl *Dateiname* oder *Dateipfad* können Sie entweder nur den Dateinamen oder den Dateinamen zusammen mit dem Speicherort einfügen. Nützlich bei firmeninternen Dokumenten, die häufig und von mehreren Personen geöffnet und gedruckt werden müssen.

Unterschiedliche Kopf- und Fußzeilen gestalten

Keine Kopf- Fußzeile auf der ersten Seite

Beachten Sie, dass Sie dann anstelle einer einzigen auch mehrere Kopf- und Fußzeilen bearbeiten müssen!

In manchen Fällen benötigen Sie auf der ersten Seite, dem Deckblatt keine Kopf- oder Fußzeile bzw. keine Seitenzahl. Dann öffnen Sie den Bereich Kopf- oder Fußzeile und aktivieren im Register *ENTWURF* in der Gruppe *Optionen* das Kontrollkästchen *Erste Seite anders*. Lassen Sie sich die Kopf- oder Fußzeile der ersten Seite anzeigen und bearbeiten Sie diese, anschließend wechseln Sie zur nächsten Kopf- oder Fußzeile. Dazu können Sie entweder scrollen oder die beiden Schaltflächen *Vorherige* bzw. *Nächste* im Register *ENTWURF*, Gruppe *Navigation* benutzen.

Bild 8.12 Kopfzeile erste Seite

Erste Seite anders

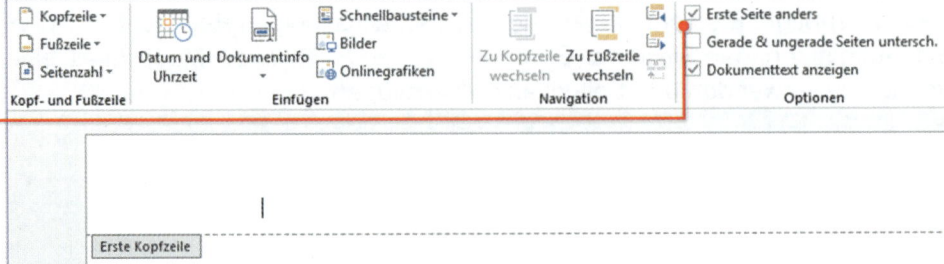

Unterschiedliche gerade und ungerade Seiten

Soll ein Dokument beidseitig gedruckt werden, dann benötigen Sie häufig spiegelverkehrte Kopf- und Fußzeilen, z. B. die Seitenzahlen immer außen. Dazu finden Sie unter den Vorlagen für Kopf- und Fußzeilen auch einige, die zwischen geraden und ungeraden Seiten unterscheiden.

Falls Sie diese selbst gestalten möchten, so müssen Sie zunächst im Register *ENTWURF*, Guppe *Optionen* das Kontrollkästchen *Gerade & ungerade Seiten untersch.* aktivieren. Anschließend bearbeiten Sie wieder getrennt die Kopf- und Fußzeile für die geraden und die ungeraden Seiten.

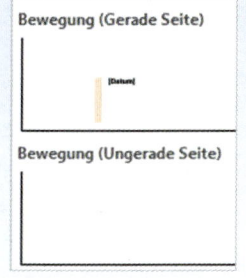

Bild 8.13 Kopfzeile ungerade Seite

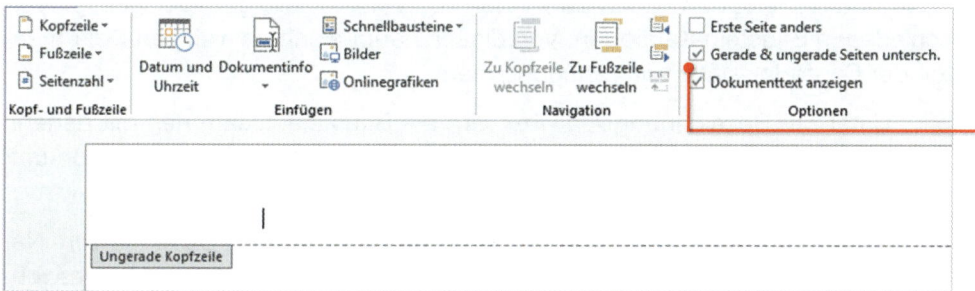

Gerade & ungerade Seiten

Kopf- und Fußzeilen für verschiedene Abschnitte

Als dritte Möglichkeit können Sie ein Dokument in mehrere Abschnitte aufteilen und jedem Abschnitt eine gesonderte Kopf- und Fußzeile zuweisen. Auch in diesem Fall müssen Sie mehrere Kopf- und Fußzeilen bearbeiten.

Abschnitte, siehe Lektion 5.3, Dokument in Abschnitte aufteilen.

Standardmäßig sind die Kopf- und Fußzeilen eines Abschnittes mit denen des vorherigen Abschnitts verknüpft. Dies bedeutet, dass beispielsweise eine Kopfzeile automatisch Inhalt und Aussehen der Kopfzeile des vorherigen Abschnittes übernimmt. Bevor Sie unterschiedliche Kopf- und Fußzeilen bearbeiten können, müssen Sie daher zuerst die Verknüpfung aufheben. Verknüpfte Kopf- und Fußzeilen sind im rechten Bereich mit dem Hinweis *Wie vorherige* gekennzeichnet und die Schaltfläche *Mit vorheriger verknüpfen* ist hervorgehoben.

Zum Aufheben der Verknüpfung klicken Sie im Register *ENTWURF*, Gruppe *Navigation* auf *Mit vorheriger verknüpfen*. Mit einem erneuten Klick auf diese Schaltfläche können Sie die Verknüpfung ggfs. auch wiederherstellen.

Bild 8.14 Verknüpfte Kopfzeile

Verknüpfung

8.2   Schnellbausteine und AutoText

Grundlagen

In vielen Dokumenten werden gleichbleibende Standardtexte benötigt. Damit Sie diese Texte nicht immer wieder neu eingeben oder über die Zwischenablage einfügen müssen, können Sie diese als Schnellbausteine speichern und beliebig oft in Dokumente einfügen. Bausteine können nicht nur Text einschließlich Formatierungen, sondern auch Grafiken oder Tabellen enthalten.

Word unterscheidet zwischen zwei Arten von Bausteinen, genauer gesagt, verschiedenen Baustein-Katalogen. Von diesen hängt es ab, in welchen Dokumenten der Baustein später zur Verfügung steht.

Siehe Lektion 2, Neues Dokument erstellen.

■ Unter der Bezeichnung *AutoText* wird ein Baustein zusammen mit derjenigen Dokumentvorlage gespeichert, auf der das akuelle Dokument beruht. Bei einem leeren Dokument ist dies die Vorlage *Normal*.

■ *Schnellbausteine* werden dagegen in einer gesonderten Datei mit dem Namen *Building Blocks* gespeichert und sind, unabhängig von der verwendeten Vorlage, in allen Dokumenten verfügbar. In dieser Datei bzw. diesem Katalog sind auch die integrierten Vorlagen, z. B. für Kopf- und Fußzeilen gespeichert.

Baustein speichern

Zum Erstellen eines neuen Bausteins geben Sie den Text zunächst in ein beliebiges Dokument ein oder benutzen Text in einem bereits gespeicherten Dokument. Soll später der Text immer mit demselben Format eingefügt werden, so nehmen Sie auch gleich alle benötigten Formatierungen vor. Markieren Sie anschließend die gesamte Textstelle, die Sie speichern möchten; bei vollständigen Absätzen sollte auch die dazugehörigen Absatzmarke markiert sein und klicken Sie im Register *EINFÜGEN*, Gruppe *Text* auf die Schaltfläche *Schnellbausteine*.

Bild 8.15 Baustein speichern

Vorhandener AutoText

Schnellbaustein speichern

AutoText speichern

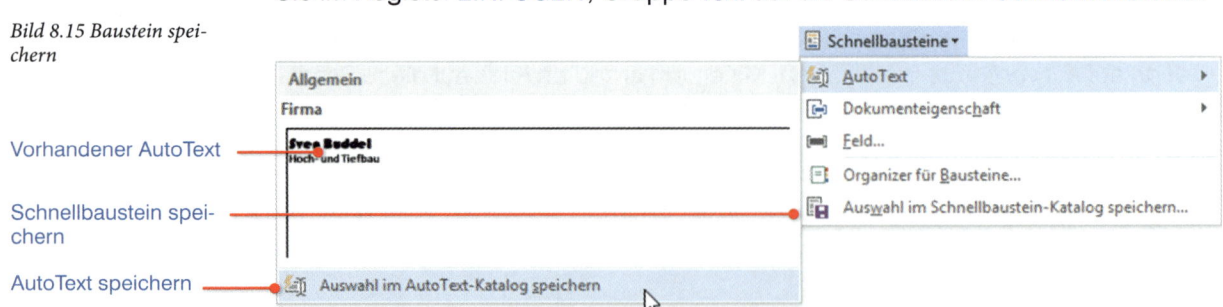

■ Möchten Sie den Baustein im Schnellbausteinkatalog speichern, so klicken Sie hier auf *Auswahl im Schnellbaustein-Katalog speichern*.

■   Soll der Baustein dagegen als AutoText gespeichert werden, so zeigen Sie
auf *AutoText* und klicken auf *Auswahl im AutoText-Katalog speichern*.

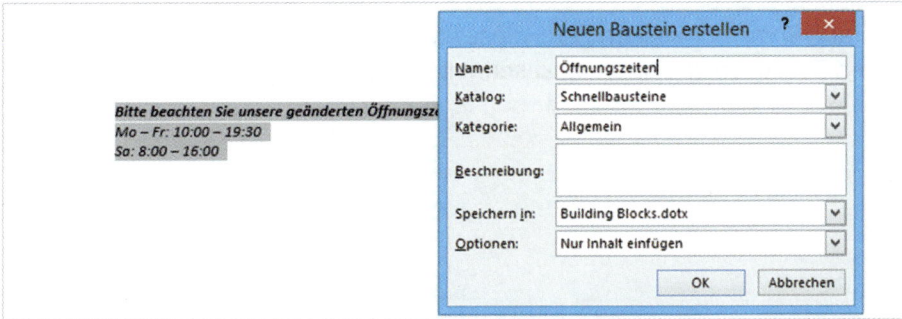

*Bild 8.17 Neuen Baustein
erstellen*

In beiden Fällen öffnet sich anschließend das Fenster *Neuen Baustein erstellen*
(Bild 8.17). Geben Sie im Feld *Name* den Namen ein, unter dem der Baustein
gespeichert werden soll, standardmäßig verwendet Word dafür die ersten Zeichen des markierten Textes. Verwenden Sie stattdessen besser einen kürzeren,
eindeutigen Namen.

Das Feld *Katalog* enthält, je nach Auswahl, entweder den Eintrag *AutoText* oder
Schnellbausteine. Eine genauere Beschreibung ist optional und kann im Feld
Beschreibung eingegeben werden. Im Feld *Speichern in* können Sie den Spei-
cherort (Normal oder Building Blocks) kontrollieren und ggfs. ändern.

Unter *Optionen* wählen Sie aus, wie der Baustein später im Text eingefügt werden soll. Standardmäßig verwendet Word die Option *Nur Inhalt einfügen*, das
bedeutet. beim Einfügen wird der Inhalt einfach an der Cursorposition eingefügt.
Falls nötig, können Sie auch festlegen, dass der Inhalt des Bausteins immer in
einem eigenen Absatz (*Inhalt in eigenem Absatz einfügen*) oder auf einer eigenen Seite (*Inhalt auf eigener Seite einfügen*) eingefügt werden soll.

Hinweis: Bausteine beziehen standardmäßig nur die Zeichenformatierung mit
ein. Damit Absatzformate wie Einzüge, Ausrichtung oder Abstände ebenfalls mit
gespeichert werden, müssen Sie beim Speichern des Bausteins auch die (meist
nicht sichtbare) Absatzmarke mit markieren und speichern.

Änderungen speichern
Da Schnellbausteine in einer gesonderten Datei gespeichert werden, erscheint
beim Schließen des Dokuments bzw. beim Beenden von Word eine Meldung,
die Sie auffordert, Änderungen in der Datei Building Blocks zu speichern. Klicken Sie auf *Speichern*, damit der erstellte Baustein auch in anderen Dokumenten verfügbar ist.

Tipp: Katalog wählen
Standardmäßig speichern Sie im Katalog *Schnellbausteine*, das bedeutet,
dass Sie diesen Baustein über das Register *EINFÜGEN* mit der Schaltfläche

Schnellbausteine einfügen können. Sie können aber auch einen Baustein einem bestimmten Katalog, beispielsweise Kopf- oder Fußzeilen hinzufügen. Dann erscheint dieser Baustein im Katalog der Kopfzeilen, wenn Sie im Register *EIN-FÜGEN* auf *Kopfzeile* klicken. Auf diese Weise lassen sich benutzerdefinierte Kopf- und Fußzeilen speichern und schnell jederzeit wieder einfügen.

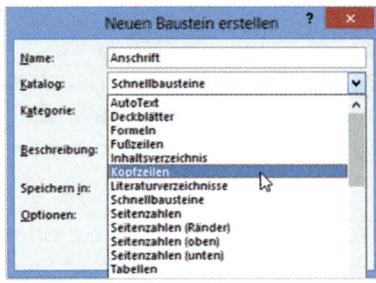

Bild 8.18 Katalog wählen   *Bild 8.19 Schnellbaustein einfügen*

Baustein einfügen

Eine Liste aller Schnellbausteine erscheint, wenn Sie im Register *EINFÜGEN* auf die Schaltfläche *Schnellbausteine* klicken und mit einem Mausklick auf den gewünschten Eintrag wird der Schnellbaustein an der Cursorposition im Dokument eingefügt. Wurde der Baustein als AutoText gespeichert, so zeigen Sie auf *Au-toText*. Hier erscheinen die verfügbaren AutoText-Einträge und können ebenfalls mit einem Klick eingefügt werden.

 Tipp: Alternativ können Sie einen Baustein auch schnell einfügen, indem Sie den Namen des Bausteins im Dokument eintippen und unmittelbar danach die Funktionstaste F3 drücken.

Bausteine verwalten/löschen

Klicken Sie auf die Schaltfläche *Schnellbausteine* und auf *Organizer für Bausteine*. Im Organizer verwalten Sie alle Bausteine, können deren Eigenschaften bearbeiten oder den markierten Baustein löschen. Um schnell einen bestimmten Baustein zu finden, sollten Sie die Einträge nach Name, Katalog und Speicherort sortieren: klicken Sie dazu einfach mit der Maus in die Überschrift der betreffenden Spalte.

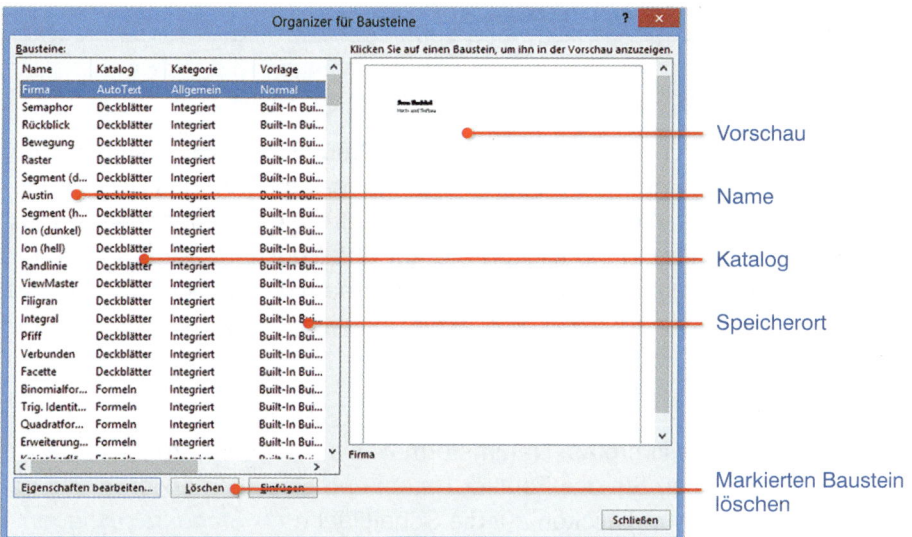

*Bild 8.20 Organizer für
Bausteine*

Vorschau

Name

Katalog

Speicherort

Markierten Baustein
löschen

Baustein löschen

Wenn Sie einen Baustein im Organizer löschen möchten, dann markieren Sie
diesen und klicken auf *Löschen*. Schneller geht es, wenn Sie aus dem Dokument heraus im Menüband über die Schaltfläche *Schnellbausteine* im *Schnell-
baustein-* oder *AutoText-Katalog* mit der rechten Maustaste auf den zu löschenden Eintrag klicken und *Organisieren und Löschen...* wählen. Der Organizer wird
geöffnet, der ausgewählte Eintrag ist bereits markiert und kann gelöscht werden.

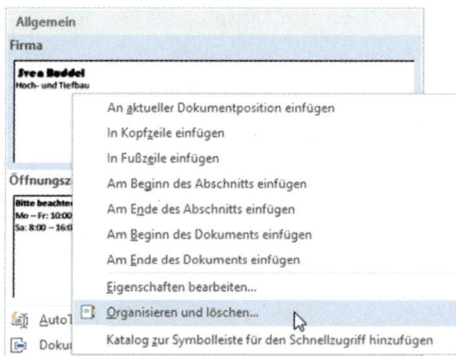

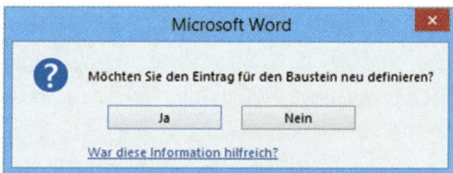

Bild 8.21 Baustein löschen

Bild 8.22 Geänderten Baustein erneut speichern

Inhalt ändern

Den Text bzw. die Formatierung eines Bausteins können Sie dagegen nur ändern, indem Sie den Baustein in ein beliebiges Dokument einfügen, hier alle
erforderlichen Änderungen vornehmen, und ihn anschließend erneut unter dem
bisherigen Namen speichern. Bestätigen Sie die nachfolgende Meldung, ob Sie
den Baustein neu definieren möchten mit der Schaltfläche *Ja*.

8.3 Weitere Textelemente

Datum und Uhrzeit

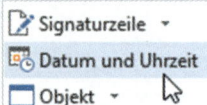

Nach Eingabe der ersten Zeichen des aktuellen Datums erscheint im Dokument ein kurzer Hinweistext und mit Drücken der Eingabe-Taste wird das Datum automatisch vervollständigt. Wenn Sie das aktuelle Datum in einer anderen Schreibweise einfügen möchten, dann klicken Sie auf das Register *EINFÜGEN* und in der Gruppe *Text* auf *Datum und Uhrzeit*. Das gleichnamige Fenster wird geöffnet, markieren Sie das gewünschte Datums- oder Uhrzeitformat und klicken Sie zum Einfügen auf *OK*.

Weitere Optionen

- Falls Sie ein bestimmtes Datumsformat als Standardformat festlegen möchten, so öffnen Sie das Fenster *Datum und Uhrzeit*, markieren das gewünschte Format und klicken auf die Schaltfläche *Als Standard festlegen*.

- Soll als Datum beim Öffnen des Dokuments automatisch das aktuelle Datum angezeigt werden, so aktivieren Sie das Kontrollkästchen *Automatisch aktualisieren*.

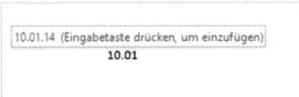

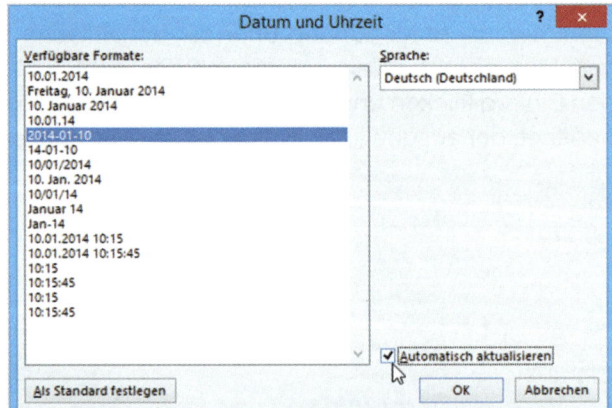

Bild 8.23 Datum eingeben   *Bild 8.24 Datumsformat wählen und einfügen*

Mathematische Formel einfügen

Mathematische Formeln verwenden zahlreiche Sonderzeichen und Symbole, daher verfügt Word zur Eingabe über eine gesonderte Funktion. Klicken Sie zum Einfügen einer Formel auf das Register *EINFÜGEN* und in der Gruppe *Symbole* auf den Dropdown-Pfeil der Schaltfläche *Formel*. Es erscheint ein Katalog häufig verwendeter Formeln, aus dem Sie mit einem Klick die gewünschte Formel an der Cursorposition einfügen. Klicken Sie dann zur weiteren Bearbeitung im Dokument in die Formel. Zusammen mit der Formel ist im Menüband das Register

FORMELTOOLS - ENTWURF mit einer Bibliothek mathematischer Symbole und Strukturen verfügbar, die Sie in die Formel einfügen können.

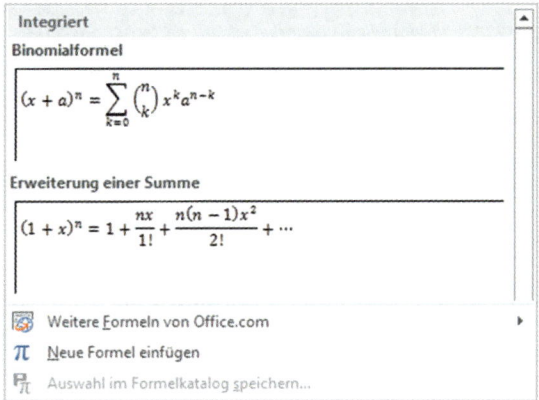

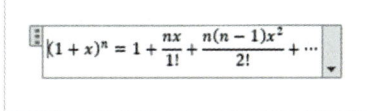

Bild 8.25 Formel auswählen

Bild 8.26 Formel bearbeiten

Sollte die gewünschte Formel nicht in der Sammlung enthalten sein, so fügen Sie ein leeres Platzhalterfeld zur Eingabe der Formel ein: Klicken Sie dazu entweder direkt auf die Schaltfläche *Formel* oder im Auswahlfeld auf *Neue Formel einfügen*.

Bild 8.27 Register FOR-MELTOOLS - ENTWURF

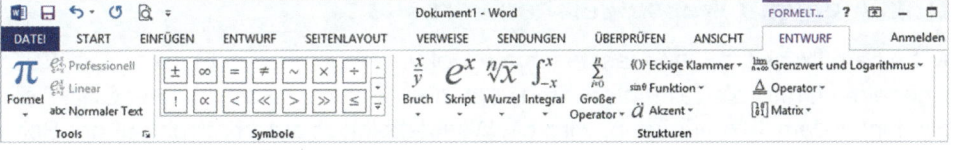

Fuß- und Endnoten

Einfache Fuß- oder Endnoten lassen sich in Word schnell erstellen und verwalten, die Nummerierung wird automatisch erstellt und bei späteren Änderungen auch aktualisiert. Fußnoten erscheinen am Ende der jeweiligen Seite, während Endnoten gesammelt und erst am Dokumentende eingefügt werden. So gehen Sie beim Einfügen einer Fußnote bzw. des Fußnotenzeichens vor:

1 Positionieren Sie im Text den Cursor an derjenigen Stelle, an der das Fußnotenzeichen eingefügt werden soll und klicken Sie dann im Register *VERWEISE*, Gruppe *Fußnoten* auf die Schaltfläche *Fußnote einfügen*.

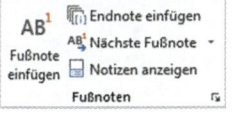

2 Ein hochgestelltes Fußnotenzeichen wird an der Cursorposition eingefügt, gleichzeitig erscheint am Ende der Seite in einem gesonderten Fußnotenbereich dasselbe Zeichen zusammen mit dem Cursor und Sie können hier Ihren Text eingeben.

3 Mit einem Doppelklick auf das Fußnotenzeichen wechseln Sie schnell vom Fußnotenbereich zurück in den Text und umgekehrt.

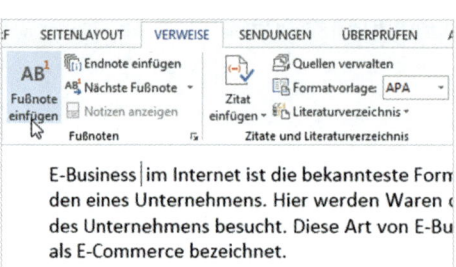

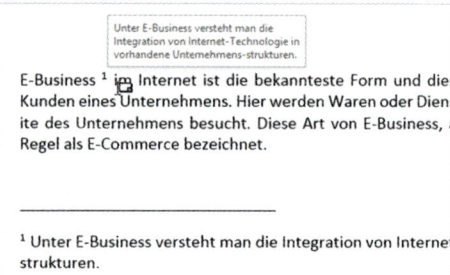

Bild 8.28 Fußnote einfügen   *Bild 8.29 Fußnotentext bearbeiten*

Genauso gehen Sie auch vor, wenn Sie anstelle einer Fußnote eine Endnote einfügen möchten.

Tipp: Wenn Sie im Text auf ein Fußnoten. bzw. Endnotenzeichen zeigen, dann blendet Word den dazugehörigen Text im Dokument ein.

Zum Entfernen einer Fußnote genügt es, wenn Sie das Fußnotenzeichen aus dem Text löschen, der dazugehörige Fußnotentext verschwindet automatisch und die Nummerierung der übrigen Fußnoten wird aktualisiert.

Dokument mit Wasserzeichen versehen

Mit einem Wasserzeichen lässt sich ein Dokument schnell mit einem Schriftzug oder einer Grafik als Texthintergrund versehen. Im Gegensatz zu einer Grafik, die Sie hinter dem Text einfügen, wird ein Wasserzeichen automatisch auf der Seite horizontal und vertikal zentriert und kann nicht verschoben werden. Erstreckt sich ein Dokument über mehrere Seiten, so erhält jede Seite das Wasserzeichen.

Beim Einfügen spielt die Cursorposition keine Rolle. Klicken Sie auf das Register *ENTWURF* und in der Gruppe *Seitenhintergrund* auf *Wasserzeichen*. Wählen Sie der Vorlagen aus, weitere sind online auf Office.com verfügbar. Falls Sie Ihr eigenes Wasszeichen definieren möchten, so klicken Sie auf *Benutzerdefiniertes Wasserzeichen...*, um das Dialogfenster *Gedrucktes Wasserzeichen* zu öffnen.

- Wenn Sie eine Grafik, z. B. ein Firmenlogo verwenden möchten, so wählen Sie die Option *Bildwasserzeichen* und klicken auf *Bild auswählen*. Im Feld *Skalieren* können Sie bei Bedarf die Grafik vergrößern oder verkleinern und über das Kontrollkästchen *Auswaschen* verringern Sie nöchmals die Farbintensität.

- Mit der Option *Textwasserzeichen* geben Sie im Feld darunter Ihren Text ein, legen Schriftart, -größe und -farbe fest, und wählen zwischen den Ausrichtungen *Diagonal* und *Horizontal*.

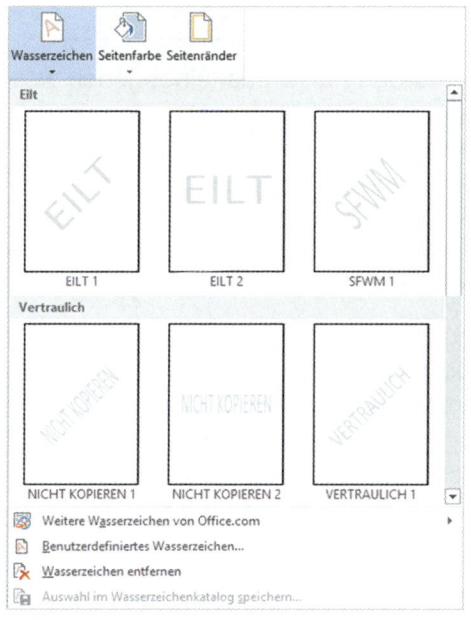

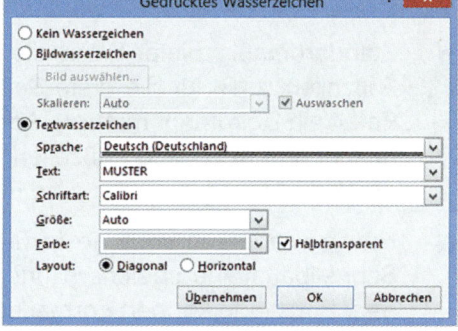

Bild 8.30 Wasserzeichen einfügen　　　　*Bild 8.31 Benutzerdefiniertes Wasserzeichen*

Text aus Datei

Wenn Sie in ein Dokument den Inhalt eines anderen Word-Dokuments einfügen möchten, dann ist dies auf dem Weg über die Zwischenablage möglich. Sie können aber auch das gesamte Dokument ohne vorheriges Öffnen einfach an der Cursorposition einfügen. Wechseln Sie dazu in das Register *EINFÜGEN*, Gruppe *Text*. Klicken Sie auf die Schaltfläche *Objekt* und wählen Sie *Text aus Datei...*. Das Fenster *Datei einfügen*, ähnlich dem Dialogfenster *Datei öffnen*, wird geöffnet. Markieren Sie die gewünschte Datei und klicken Sie auf die Schaltfläche *Einfügen*.

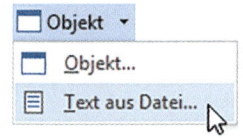

Bild 8.32 Datei einfügen

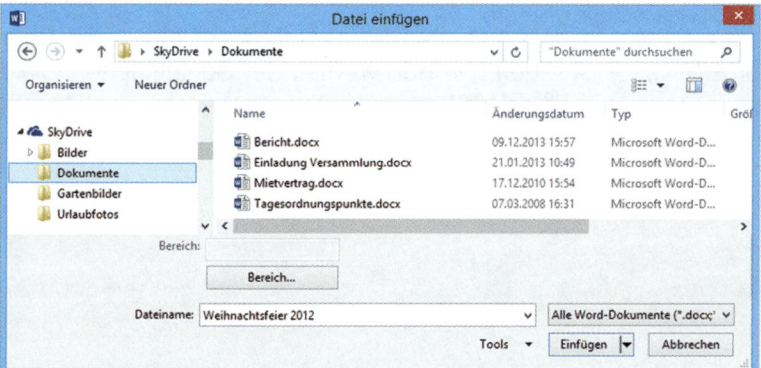

8.4   Zusammenfassung

■ Die Inhalte von Kopf- und Fußzeilen müssen nur einmal eingegeben werden, erscheinen aber automatisch auf jeder Druckseite. Der Bereich für Kopf- und Fußzeilen befindet sich zwischen dem Seitenrand und der Blattkante, mit einem Doppelklick in diesen Bereich können Sie den Inhalt bearbeiten. Wichtigste Elemente der Kopf- oder Fußzeile sind die Seitenzahlen. Darüber hinaus können Kopf- und Fußzeilen nicht nur Text, sondern auch Grafik oder Tabellen enthalten und beliebig formatiert werden.

■ Standardmäßig bietet Word die Möglichkeit unterschiedlicher Kopf- und Fußzeilen, z. B. für die erste Seite oder für gerade und ungerade Seiten. Entält ein Dokument mehrere Abschnitte, dann können für jeden Abschnitt gesonderte Kopf- und Fußzeilen festgelegt werden, allerdings muss zuvor die Verknüpfung der Kopf- und Fußzeilen aufgehoben werden.

■ Häufig wiederkehrende Texte und Textelemente können Sie in Word als Schnellbausteine speichern und später beliebig oft in Dokumente einfügen. Bausteine können Formatierungen, sowie Grafik und Tabellen enthalten. Auch Kopf- und Fußzeilen lassen sich als Bausteine speichern: Wenn Sie einen solchen Baustein dem Katalog *Kopf- und Fußzeilen* hinzufügen, dann ist dieser als weitere Vorlage für Kopf- und Fußzeilen verfügbar. Im *Organizer für Bausteine* verwalten und löschen Sie die Bausteine, Änderungen am Inhalt können dagegen nur in einem Dokument vorgenommen werden. Anschließend müssen Sie den Baustein erneut unter demselben Namen speichern.

■ Als weitere Textelemente können Sie Datum und Uhrzeit, auch aktualisierbar, Fußnoten und Wasserzeichen einfügen. Die Nummerierung von Fuß- und Endnoten erfolgt automatisch. Bei der Eingabe mathematischer Formeln und Sonderzeichen unterstützt Sie ein umfangreicher Formelkatalog, sowie ein gesondertes Register mit mathematischen Strukturen und Symbolen.

■ Ein vollständiges, bereits gespeichertes Word-Dokument fügen Sie über das Register *EINFÜGEN* mit dem Dropdown-Pfeil der Schaltfläche *Objekt* an der Cursorposition ein. Wählen Sie *Text aus Datei*.

8.5   Übung

Öffnen Sie ein neues, leeres Dokument, erfassen Sie die folgenden Texte (einschließlich Formatierung) und speichern Sie die Texte als Schnellbausteine unter den angegebenen Namen Mahn1, Mahn2 und Mahn3. Das Dokument selbst braucht nicht gespeichert werden, achten Sie aber darauf, dass die Schnellbausteine gespeichert werden!

Mahn1

sicher haben Sie übersehen, den unten genannten, noch ausstehenden Rechnungsbetrag fristgerecht auf eines unserer Konten zu überweisen. Wir möchten Sie darauf hinweisen, dass für Sie unnötige Kosten entstehen, sollten wir innerhalb der nächsten 10 Tage keinen Zahlungseingang verzeichnen.

Mahn2

Bitte bei Zahlungen stets angeben:

Rechnungs-Nr.	Kunden-Nr.	Rechnungsdatum	Rechnungsbetrag	Fälligkeit:

Mahn3

Sollten Sie den fälligen Betrag inzwischen beglichen haben, so betrachten Sie bitte dieses Schreiben als gegenstandslos.

Mit freundlichen Grüßen

Sandra Brösel

■ Erstellen Sie in einem zweiten neuen Dokument ein Mahnschreiben. Briefkopf und Aussehen gestalten Sie nach Ihren Vorstellungen. Das Datum soll jeweils das aktuelle Datum anzeigen. Ein Muster finden Sie in der Abbldung auf der nächsten Seite.

■ Fügen Sie im Brief an den entsprechenden Stellen die Schnellbausteine Mahn1, Mahn2 und Mahn3 ein und ergänzen Sie die fehlenden Inhalte nach Belieben.

■ Fügen Sie im Brief zentrierte Seitenzahlen in die Fußzeile ein und gestalten Sie eine Kopfzeile ähnlich der Abbildung auf der nächsten Seite.

■ Fügen Sie den Text „KOPIE" als diagonales Wasserzeichen ein.

■ Speichern Sie das Dokument unter dem Namen Mahnschreiben-Müller-Lüdenscheid.

Textelemente einfügen

So könnte das Dokument aussehen:

Kopfzeile ————

Holzfuchs – immer für Sie da!

Schreinerei Holzfuchs
Holzweg 4
12343 Irgendwo

Schreinerei Holzfuchs – Holzweg 4 – 12343 Irgendwo

Herrn Friedrich Müller-Lüdenscheid
Asternweg 34
94315 Straubing

Irgendwo, den 10.01.2014
Sachbearbeiterin: Sandra Brösel
Telefon 0162 - 776655

Mahnung

Sehr geehrter Herr Müller-Lüdenscheid,

sicher haben Sie übersehen, den unten genannten, noch ausstehenden Rechnungsbetrag fristgerecht auf eines unserer Konten zu überweisen. Wir möchten Sie darauf hinweisen, dass für Sie unnötige Kosten entstehen, sollten wir innerhalb der nächsten 10 Tage keinen Zahlungseingang verzeichnen.

Bitte bei Zahlungen stets angeben:

Rechnungs-Nr.	Kunden-Nr.	Rechnungsdatum	Rechnungsbetrag	Fälligkeit:
2713	109/12335	15.03.	156,25	25.03.

Sollten Sie den fälligen Betrag inzwischen beglichen haben, so betrachten Sie bitte dieses Schreiben als gegenstandslos.

Mit freundlichen Grüßen

Sandra Brösel

Notizen:

----

9 Weiterführende Techniken

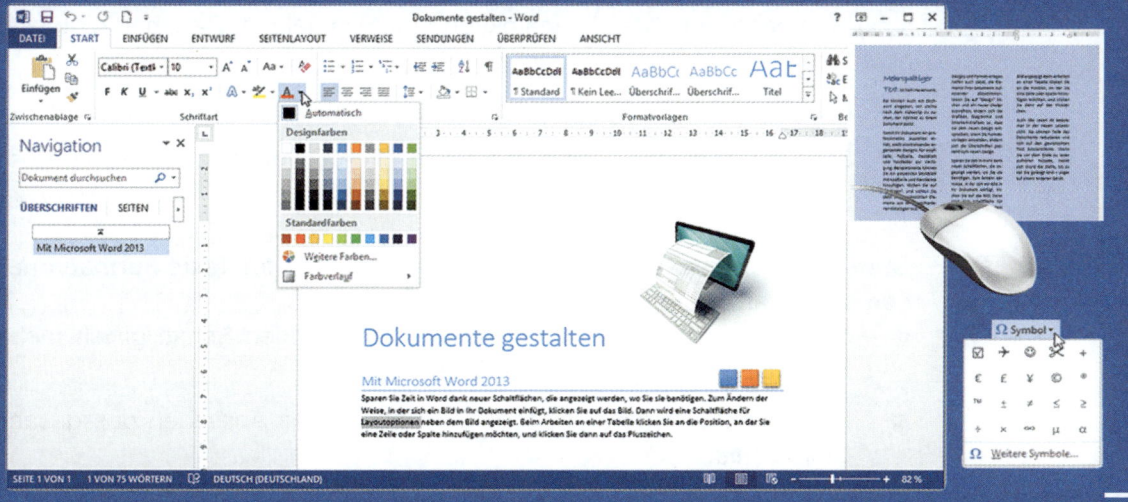

In dieser Lektion lernen Sie...

- Eigene Formatvorlagen erstellen und bearbeiten
- Benutzerdefinierte Dokumentvorlagen speichern
- Dokumente teilen und überarbeiten

Diese Kenntnisse sollten Sie bereits mitbringen...

- Texteingabe und Formatierung
- Formatvorlagen verwenden
- Dokument speichern und öffnen, SkyDrive als Speicherort

9.1   Mit Textformatvorlagen arbeiten

Grundlagen

In vielen, insbesondere umfangreichen Dokumenten werden für ein einheitliches Layout immer die gleichen Textformatierungen, z. B. für Überschriften benötigt. Damit Sie diese Formatierungen nicht immer wieder neu vornehmen oder jedes Mal das Format übertragen müssen, bietet sich die Verwendung von Formatvorlagen an. Eine Formatvorlage kann mehrere Formatierungsmerkmale enthalten und Absätzen und/oder Zeichen beliebig oft zugewiesen werden. Einen umfangreichen Formatvorlagenkatalog finden Sie im Register *START* in der Gruppe *Formatvorlagen*. Wie Sie diese Formatvorlagen zuweisen und im Register *ENTWURF* schnell anpassen, haben Sie in Lektion 4 bereits gelernt. Daneben gibt es aber noch weitere Anpassungsmöglichkeiten:

■   Sie können die integrierten Formatvorlagen einzeln beliebig ändern.

■   Sie können eigene, benutzerdefinierte Formatvorlagen erstellen und speichern.

Gute Gründe, warum Sie in längeren Dokumenten für Texte Formatvorlagen einsetzen sollten

■   Mit Formatvorlagen weisen Sie in einem einzigen Schritt gleich mehrere Formatierungen schnell und effizient zu.

■   Formatvorlagen gewährleisten ein einheitliches Aussehen des gesamten Dokuments.

■   Zum nachträglichen Ändern der Formatierung genügt es, wenn Sie die Formatvorlage ändern. Damit ändert sich automatisch das Aussehen aller Absätze, denen diese Formatvorlage zugewiesen wurde.

Zusätzliche Vorteile erhalten Sie bei Verwendung der integrierten Überschriften-Formatvorlagen:

■   Im Dokument erscheinen links von einer Überschrift kleine graue Dreiecke. Mit einem Klick auf das Dreieck blenden Sie untergeordnete Textebenen aus und erhalten so eine bessere Übersicht über Ihre Gliederungspunkte. Ein weiterer Klick auf das Dreieck blendet die Ebenen wieder ein.

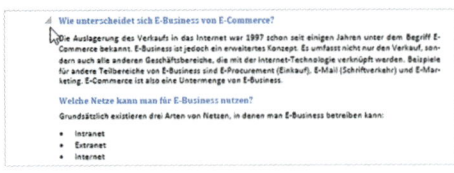

Bild 9.1 Ebene ausblenden

Bild 9.2 Ebene einblenden

- Im Register *ANSICHT* können Sie den Navigationsbereich einblenden. Mit der Auswahl *ÜBERSCHRIFTEN* erscheinen hier alle Überschriften des Dokuments und mit einem Mausklick auf eine Überschrift gelangen Sie im Dokument zu schnell dieser Stelle (Lektion 3, Navigationsmöglichkeiten).

Word unterscheidet zwei grundlegende Arten von Formatvorlagen für Text

- Zeichenformatvorlagen speichern ausschließlich Zeichenformate und werden den markierten Zeichen zugewiesen.

- Absatzformatvorlagen speichern sowohl Zeichen- als auch Absatzformate, werden aber immer einem Absatz zugewiesen. Sie sind mit dem Absatzsymbol gekennzeichnet.

Das Fenster Formatvorlagen

Bei dauerhafter Verwendung von Formatvorlagen sollten Sie anstelle des Formatvorlagenkatalogs mit dem Fenster *Formatvorlagen* arbeiten. Dieses Fenster zeigt Formatvorlagen als übersichtliche Liste an und bleibt solange geöffnet, bis Sie auf das *Schließen*-Symbol klicken. Sie erhalten einen besseren Überblick über die vorhandenen Formatvorlagen und können diese schneller zuweisen.

Zum Anzeigen des Fensters klicken Sie im Register *START* mit der Maus auf das Pfeilsymbol ⌐ der Gruppe *Formatvorlagen*. Ziehen Sie anschließend das Fenster an den rechten oder linken Rand des Word-Fensters. Tipp: Mit einem Doppelklick oben auf den Namen des Fensters verankern Sie es fest am rechten Fensterrand.

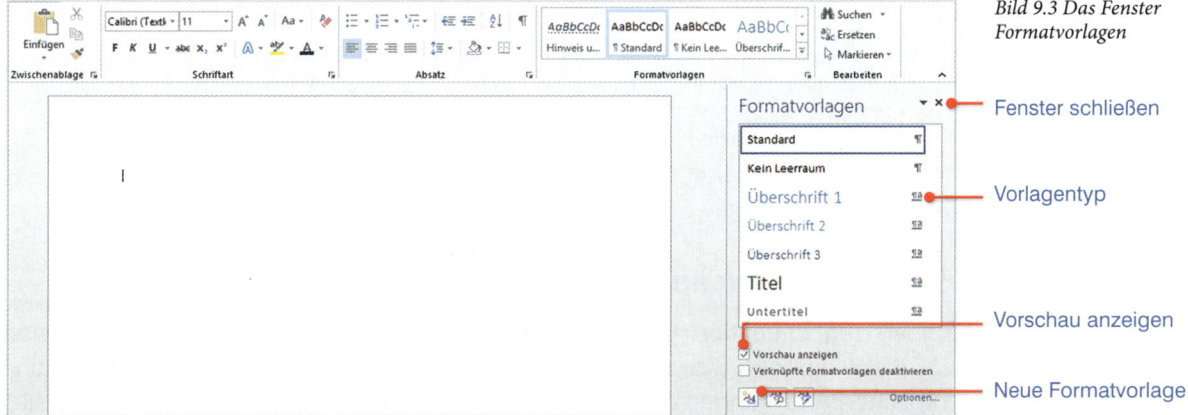

Bild 9.3 Das Fenster Formatvorlagen

Beim Zeigen auf eine der Vorlagen wird eine Beschreibung der Formatierungen eingeblendet. Aktivieren Sie das Kontrollkästchen *Vorschau anzeigen*, so werden alle Formatvorlagen mit der dazugehörigen Formatierung angezeigt. Darüber hinaus ist jede Formatvorlage ist mit einem Symbol versehen, das den Formatvorlagentyp kennzeichnet:

■ Absatzformatvorlagen sind mit diesem Symbol ¶ gekennzeichnet. Sie können sowohl Absatz- als auch Zeichenformate, z. B. Schriftart enthalten und werden ausschließlich Absätzen zugewiesen.

■ Dieses Symbol a kennzeichnet Zeichenformatvorlagen, diese können nur zum Formatieren markierter Textstellen verwendet werden.

■ Verknüpfte Formatvorlagen ¶a enthalten Absatz- und Zeichenformate und können wahlweise einer markierten Textstelle oder dem aktuellen Absatz zugewiesen werden.

Bild 9.4 Formatierungen anzeigen

Bild 9.5 Formatvorlagen mit Vorschau

Formatvorlagen ändern

Neben den, in Lektion 4 beschriebenen, Anpassungsmöglichkeiten im Register *ENTWURF* können Sie auch einzelne Formatvorlagen gezielt ändern. Alle nachträglichen Änderungen an einer Formatvorlage wirken sich automatisch auf alle Absätze und Zeichen aus, die mit dieser Formatvorlage formatiert wurden. Zum Ändern können Sie entweder die Formatvorlage direkt bearbeiten und ihr andere Formate zuweisen oder Sie formatieren zuerst eine Textstelle im Dokument, z. B. einen Absatz und aktualisieren anschließend die Formatvorlage anhand des Textes.

Formatvorlage aktualisieren

Eine Formatvorlage anhand einer Textstelle im Dokument zu aktualisieren ist die einfachste Möglichkeit. Sie besitzt außerdem den Vorteil, dass Sie die Wirkung im Dokument besser beurteilen können. So gehen Sie dabei vor:

1 Weisen Sie im Dokument einem Absatz, z. B. einer Überschrift die zu ändernde Formatvorlage zu.

2 Nehmen Sie nun im Dokument an diesem Absatz alle gewünschten Änderungen vor.

3 Achten Sie darauf, dass sich der Cursor im geänderten Absatz befindet oder markieren Sie den gesamten Absatz und öffnen Sie das Fenster *Formatvorlagen*. Klicken Sie auf den Dropdown-Pfeil derjenigen Formatvorlage, die Sie ändern möchten und wählen Sie den Befehl *...aktualisieren, um der Auswahl anzupassen*. Denselben Befehl erhalten Sie auch, wenn Sie im Formatvorlagenkatalog mit der rechten Maustaste auf die zu ändernde Vorlage klicken.

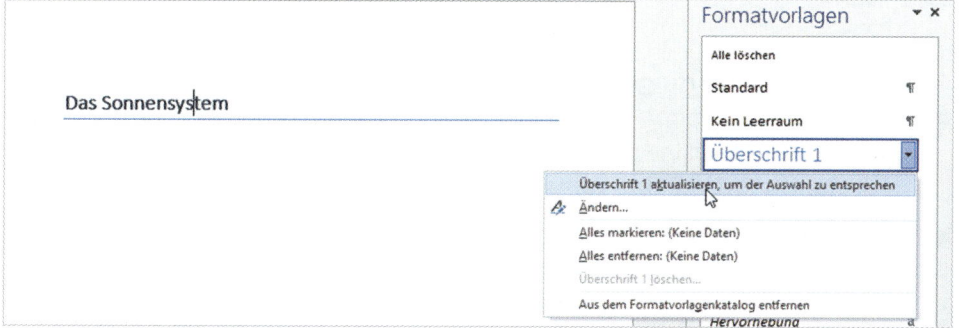

Bild 9.6 Formatvorlage ändern

Formatvorlage bearbeiten

Als zweite Möglichkeit bearbeiten Sie die Formatvorlage direkt. Dabei gehen Sie so vor:

1 Zeigen Sie im Fenster *Formatvorlagen* mit der Maus auf die zu ändernde Formatvorlage. Es erscheint eine Beschreibung der Vorlage und rechts neben der Formatvorlage wird ein Dropdown-Pfeil sichtbar, mit einem Mausklick darauf öffnen Sie ein kleines Menü. Oder klicken Sie im Fenster *Formatvorlagen* oder im Formatvorlagenkatalog mit der rechten Maustaste auf die zu ändernde Formatvorlage.

2 Klicken Sie auf *Ändern...*.

3 Das Dialogfenster *Formatvorlage ändern* wird geöffnet. Es zeigt eine Vorschau zusammen mit der Beschreibung an. Die wichtigsten Formatierungen lassen sich über Symbole schnell vornehmen, alle übrigen sind über die Schaltfläche *Format* verfügbar. Nehmen Sie hier die gewünschten Änderungen vor und bestätigen Sie mit der Schaltfläche *OK*.

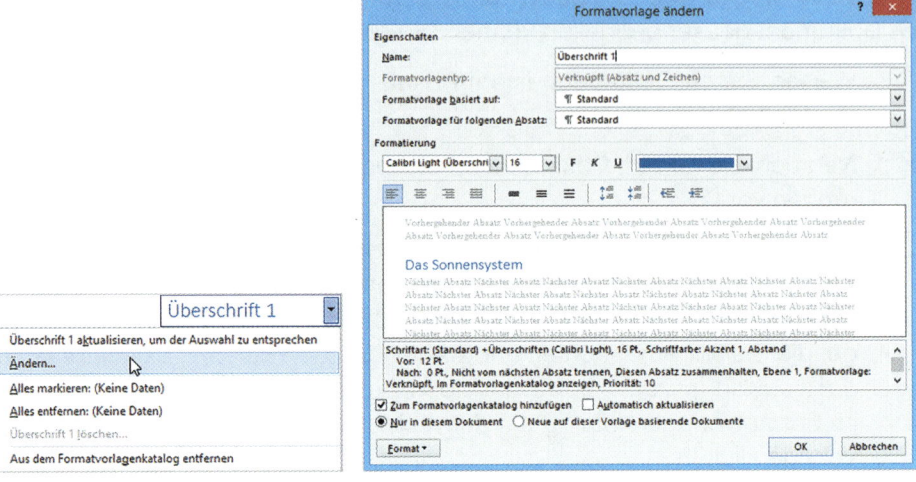

Bild 9.7 Ändern...

Bild 9.8 Formatvorlage ändern

Achten Sie bei Änderungen an Formatvorlagen auf diese Optionen:

- *Zum Formatvorlagenkatalog hinzufügen*. Damit ist diese Formatvorlage nicht nur im Fenster *Formatvorlagen*, sondern auch im Register *START* im Formatvorlagenkatalog verfügbar.

- *Automatisch aktualisieren*. Dieses Kontrollkästchen sollten Sie besser nicht aktivieren, da sonst jede Änderungen im Dokument an einer Textstelle mit dieser Formatvorlage automatisch auch auf die Formatvorlage übernommen wird. Unterstreichen Sie beispielsweise einen Absatz, der mit der Formatvorlage Standard formatiert wurde, so erhält die Formatvorlage Standard ebenfalls Unterstreichung.

- *Nur in diesem Dokument*. Dies bewirkt, dass sich die alle vorgenommenen Änderungen ausschließlich im aktuellen Dokument auswirken.

- *Neue, auf dieser Vorlage basierende Dokumente*. Änderungen an der Formatvorlage wirken sich auch auf alle neuen Dokumente aus, die auf derselben Dokumentvorlage basieren (siehe 9.2, Dokumentvorlagen erstellen). Dies gilt auch für leere Dokumente!

Bild 9.9 Optionen

Neue Formatvorlage erstellen

Absatzformatvorlage aus Auswahl erstellen

Eine eigene benutzerdefinierte Absatzformatvorlage erstellen Sie am schnellsten, indem Sie zunächst einen Absatz im Dokument mit allen gewünschten Zeichen- und Absatzformaten versehen. Im nächsten Schritt erstellen Sie aus dieser Formatierung eine neue Formatvorlage und speichern diese unter einem Namen. So gehen Sie dabei vor:

1 Achten Sie darauf, dass sich der Cursor innerhalb des Absatzes befindet und klicken Sie in der Gruppe *Formatvorlagen* (*START*) auf die Schaltfläche *Weitere* ⊽. Klicken Sie dann auf *Formatvorlage erstellen*.

2 Das Dialogfenster *Neue Formatvorlage erstellen* wird geöffnet, geben Sie einen Namen für die neue Formatvorlage ein und bestätigen Sie mit *OK*. Die neue Formatvorlage erscheint nun im Formatvorlagenkatalog (Schaltfläche *Weitere*) und im Fenster *Formatvorlagen*.

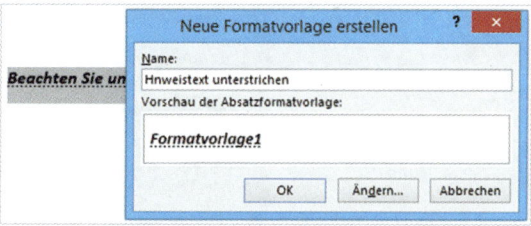

Bild 9.10 Neue Formatvorlage *Bild 9.11 Formatvorlage unter einem Namen speichern*

Das Fenster Neue Formatvorlage erstellen

Weitergehende Möglichkeiten erhalten Sie im Dialogfenster *Neue Formatvorlage erstellen* (Bild 9.12). Dieses Fenster öffnen Sie entweder im Fenster *Formatvorlagen* mit einem Klick das Symbol *Neue Formatvorlage*, oder klicken Sie beim Eingeben des Namens für die neue Formatvorlage auf die Schaltfläche *Ändern* (Bild 9.11).

Hier können Sie weitere Einstellungen für die neue Formatvorlage festlegen und einen anderen Formatvorlagentyp auswählen (Bild 9.12).

1 Geben Sie einen Namen für die Formatvorlage ein.

2 Standardmäßig wird der Formatvorlagentyp *Absatz* vorgeschlagen, hier finden Sie bei Bedarf auch die Auswahlmöglichkeiten *Zeichen* und *Verknüpft*.

3 Geben Sie an, auf welcher Formatvorlage die neue Vorlage basieren soll. Basiert sie beispielsweise auf der Formatvorlage *Standard*, so enthält sie zusätzlich auch deren Formatierungen. Nachträgliche Änderungen an der

Formatvorlage Standard, z. B. das Ändern der Schriftart, wirken sich somit auch auf die neue Formatvorlage aus. Möchten Sie dies ausschließen, so wählen Sie hier *keine Formatvorlage*.

4   Wenn Sie während der Eingabe einen Absatz beenden, so erhält der nachfolgende Absatz automatisch dessen Formatvorlage. Soll der nachfolgende Absatz, beispielsweise nach Überschriften, automatisch eine andere Formatvorlage erhalten, so geben Sie diese im Feld *Formatvorlage für nachfolgenden Absatz* an.

Bild 9.12 Das Dialogfenster Neue Formatvorlage erstellen

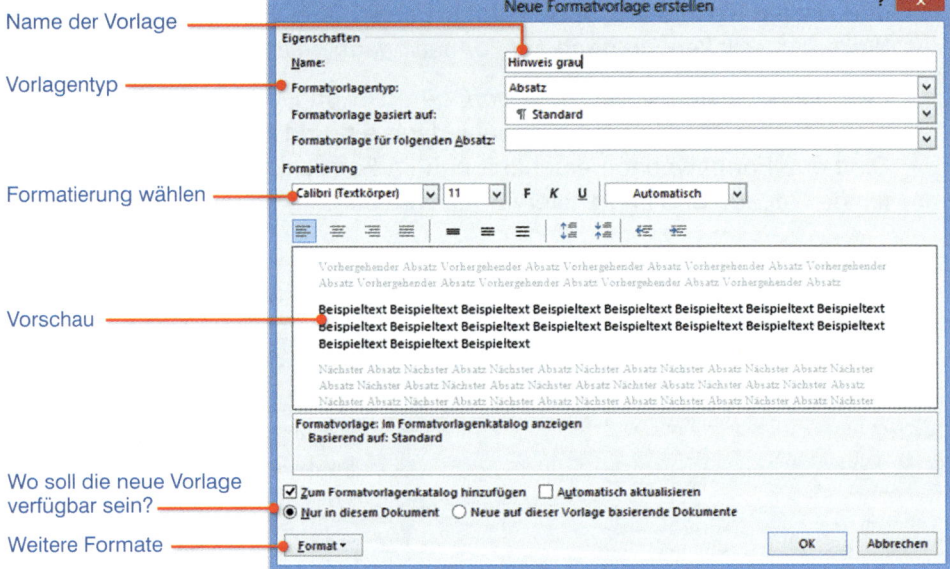

5   Wählen Sie aus, ob die neue Formatvorlage zum Formatvorlagenkatalog hinzugefügt werden soll.

6   Mit der Option *Nur in diesem Dokument* wird die Formatvorlage zusammen mit dem aktuellen Dokument gespeichert und ist ausschließlich in diesem Dokument verfügbar. Soll die Formatvorlage auch in allen neuen Dokumenten zur Verfügung stehen, so wählen Sie die Option *Neue auf dieser Vorlage basierende Dokumente*, unter Vorlage ist hier Dokumentvorlage zu verstehen.

7   Das Kontrollkästchen *Automatisch aktualisieren* bewirkt, dass die Formatvorlage alle Formatierungen, die Sie nachträglich im Dokument an Absätzen mit dieser Formatvorlage vornehmen, automatisch übernimmt. Vorsicht: Automatisches Aktualisieren einer Formatvorlage kann zu unbeabsichtigten Änderungen am gesamten Dokument führen!

Zeichenformatvorlage und Verknüpfte Formatvorlage erstellen

Beim Erstellen einer Zeichenformatvorlage oder verknüpften Formatvorlage verfahren Sie wie oben am Beispiel Absatzformatvorlagen beschrieben. Formatieren Sie im Dokument eine Textstelle, markieren Sie den Text und öffnen Sie das Dialogfenster *Neue Formatvorlage erstellen*. Geben Sie einen Namen für die neue Formatvorlage ein und wählen Sie den gewünschten Typ aus. Anschließend nehmen Sie alle gewünschten Einstellungen vor.

Bild 9.13 Formatvorlagentyp wählen

Tastenkombination zuweisen

Formatierungen mit häufig verwendeten Formatvorlagen lassen sich noch schneller mit Hilfe von Tastenkombinationen erledigen. Dazu müssen Sie zuerst der Formatvorlage eine Tastenkombination zuweisen. Klicken Sie mit der rechten Maustaste auf die Formatvorlage oder im Fenster *Formatvorlagen* auf den Dropdown-Pfeil der Vorlage und auf *Ändern…*.

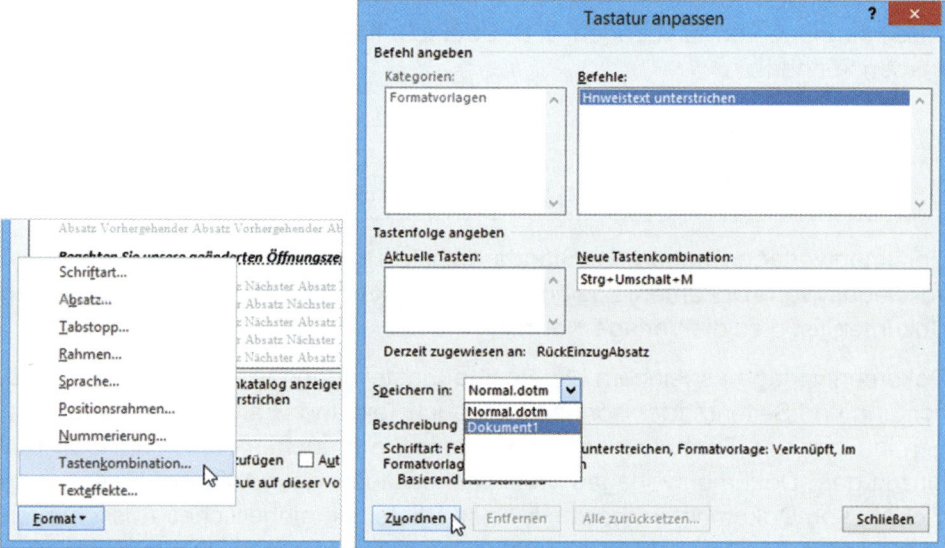

Bild 9.14 Tastenkombination…   *Bild 9.15 Tastenkombination eingeben*

1 Das Dialogfenster *Formatvorlage ändern* wird geöffnet (siehe *Neue Format-vorlage erstellen*). Klicken Sie auf die Schaltfläche *Format* und auf *Tasten-kombination…*.

2 Das Fenster *Tastatur anpassen* wird geöffnet. Klicken Sie in das Feld *Neue Tastenkombination* und drücken Sie die gewünschten Tasten. Verwenden Sie am besten eine Kombination mit den Tasten Strg + Umschalt (Shift). Sollte die gewählte Tastenkombination bereits anderweitig belegt sein, so erscheint dies unter *Derzeit zugewiesen an*. Verwenden Sie keine der be-kannten und wichtigen Tastenkombinationen wie beispielsweise Strg+C (Kopieren), da die ursprüngliche Tastenbelegung sonst überschrieben wird!

3 Wählen Sie unter *Speichern in* aus, in welchen Dokumenten die Tasten-kombination in Verbindung mit der Formatvorlage verfügbar sein soll. Mit der Auswahl *Normal* besitzt sie in allen neuen und leeren Dokumenten Gül-tigkeit.

4 Zuletzt klicken Sie auf die Schaltfläche *Zuordnen*.

Formatvorlage löschen

Klicken Sie im Fenster *Formatvorlagen* auf den Dropdown-Pfeil derjenigen For-matvorlage, die Sie löschen möchten und wählen Sie den Eintrag *…löschen…* Bestätigen Sie die nachfolgende Meldung mit der Schaltfläche *OK*. Falls die gelöschte Formatvorlage noch im Dokument verwendet wird, so erhalten die entsprechenden Textstellen wieder die Formatvorlage Standard. Beachten Sie, dass integrierte Formatvorlagen, z. B. Überschrift1 oder Standard nicht gelöscht werden können!

9.2 Dokumentvorlagen erstellen

Dokumentvorlagen geben die Standardeinstellungen für ein neues Dokument vor. Jedes Word-Dokument basiert auf einer Dokumentvorlage, bei einem leeren Dokument ist dies die Vorlage Normal.

Dokumentvorlagen speichern allgemeine Einstellungen wie Papierformat, Aus-richtung und Seitenränder, können aber auch Text und Grafik oder Formatierun-gen in Form von Formatvorlagen enthalten, Sie brauchen dann nur noch Text hinzufügen. Dokumentvorlagen vereinfachen auch viele Aufgaben, wenn eine Vielzahl von Dokumenten, beispielsweise Briefe, ein einheitliches Aussehen er-halten sollen. Die Auswahl und Verwendung der integrierten Dokumentvorlagen bei der Erstellung neuer Dokumente, haben Sie in Lektion 2 gelernt. Hier er-fahren Sie, wie auch eigene Dokumentvorlagen erstellen und speichern. Dokumentvorlagen werden als eigener Dateityp mit der Dateinamenserweiterung .dotx gespeichert.

So gehen Sie bei der Erstellung vor

Zur Erstellung eigener Dokumentvorlagen benutzen Sie eine der folgenden Möglichkeiten:

- Sie verwenden eine Dokumentvorlage von Word, ändern diese nach Ihren Vorstellungen ab und speichern die Vorlage erneut.

- Sie öffnen ein gespeichertes Dokument und erstellen daraus eine Vorlage.

- Sie erstellen eine völlig neue Dokumentvorlage.

1. Schritt: Erstellen und gestalten Sie die Vorlage

Dabei gehen Sie vor wie bei der Erstellung eines normalen Dokuments, bei-spielsweise eines Briefes. Legen Sie die erforderlichen Seitenränder mit Kopf- und Fußzeilen fest und geben Sie alle gleichbleibenden Texte, beispielsweise Firmenname und -anschrift ein. Falls gewünscht, fügen Sie auch eine Grafik (Firmenlogo) ein. Formatieren Sie das Dokument und ändern oder erstellen Sie ggfs. die benötigten Formatvorlagen, z. B. Standard. Falls gewünscht, können Sie auch die genaue Position des Anschriftenfeldes mit Hilfe eines Textfeldes festlegen (Textfeld einfügen, siehe Lektion 7.6) .

2. Schritt: Als Dokumentvorlage speichern

Klicken Sie auf das Register *DATEI* und auf *Speichern unter*. Geben Sie einen aussagekräftigen Dateinamen ein und klicken Sie unterhalb des Dateinamens auf den Dropdown-Pfeil *Dateityp*. Wählen Sie hier *Word-Vorlage (.dotx)* aus.

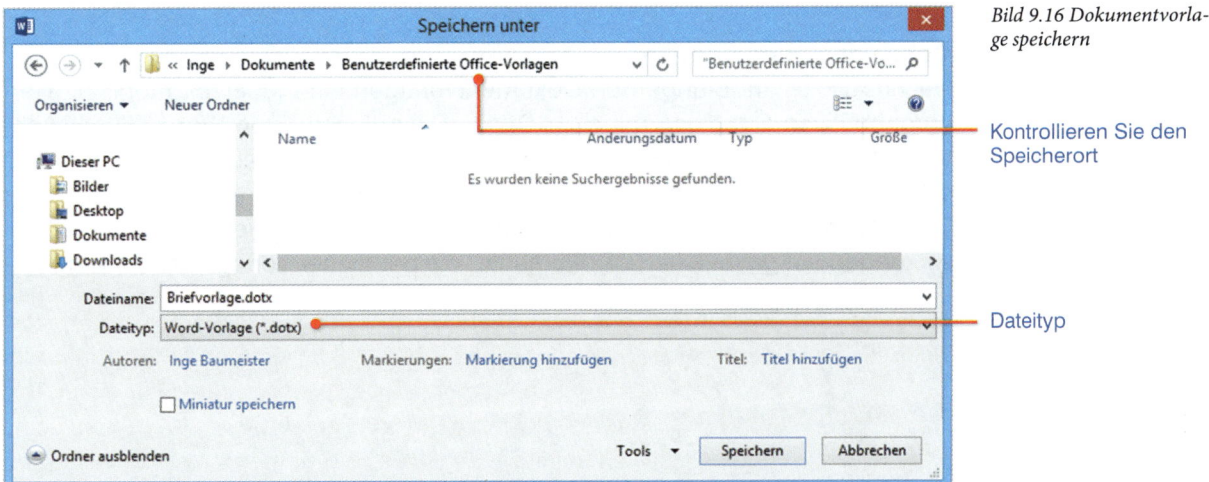

Bild 9.16 Dokumentvorla-ge speichern

Kontrollieren Sie den Speicherort

Dateityp

Standardmäßig werden benutzerdefinierte Vorlagen in einem gesonderten Ord-ner gespeichert, unter Windows 8.1 ist dies meist der Ordner *Benutzerdefinierte*

Office-Vorlagen im Ordner *Dokumente*. Wenn Sie diesen Ordner als Speicherort beibehalten, dann finden Sie später Ihre Dokumentvorlage im Register *DATEI*. Klicken Sie auf *Neu* und auf die Kategorie *PERSÖNLICH*.

*Bild 9.17 Benutzerdefinier-
te Vorlage verwenden*

Persönliche Vorlagen

Anderen Speicherort wählen

Eine Dokumentvorlage kann auch in jedem anderen Ordner gespeichert werden, beispielsweise wenn die Dokumentvorlage auch in einem Netzwerk verfügbar sein soll. Dann erscheint allerdings die Vorlage nicht unter *Neu*, Sie können jedoch im Explorer schnell aus der Vorlage ein neues Dokument erstellen. Dokumentvorlagen unterscheiden sich hier durch ein anderes Dateisymbol von normalen Word-Dokumenten. Mit Doppelklick auf das Dateisymbol einer Dokumentvorlage öffnen Sie eine Kopie der Vorlage als neues Dokument.

Dokumentvorlage ändern

Nachträgliche Änderungen an Dokumentvorlagen sind jederzeit möglich, allerdings müssen Sie diese mit dem *Öffnen*-Dialogfenster von Word öffnen. Achtung: Eine Dokumentvorlage kann nicht geändert werden, solange ein, auf dieser Vorlage basierendes Dokument, geöffnet ist. Eine nicht mehr benötigte Dokumentvorlage kann natürlich auch gelöscht werden, dies hat keinerlei Auswirkungen auf gespeicherte Dokumente, die mit dieser Vorlage erstellt wurden.

9.3　Dokumente weitergeben und teilen

Häufig müssen Dokumente von mehreren Personen gemeinsam geöffnet und- bearbeitet werden. Auf einem gemeinsamen Laufwerk in einem Netzwerk stellt dies normalerweise kein Problem dar. Soll allerdings von anderen Orten außerhalb des Netzwerks Zugriff auf die Datei möglich sein, so versenden Sie entweder das Dokument per E-Mail oder nutzen die Vorteile der Speicherung in der Cloud.

Dokument per E-Mail senden

Klicken Sie im Register *DATEI* auf *Freigeben* und hier auf *E-Mail*. Wählen Sie dann zwischen den folgenden Möglichkeiten.

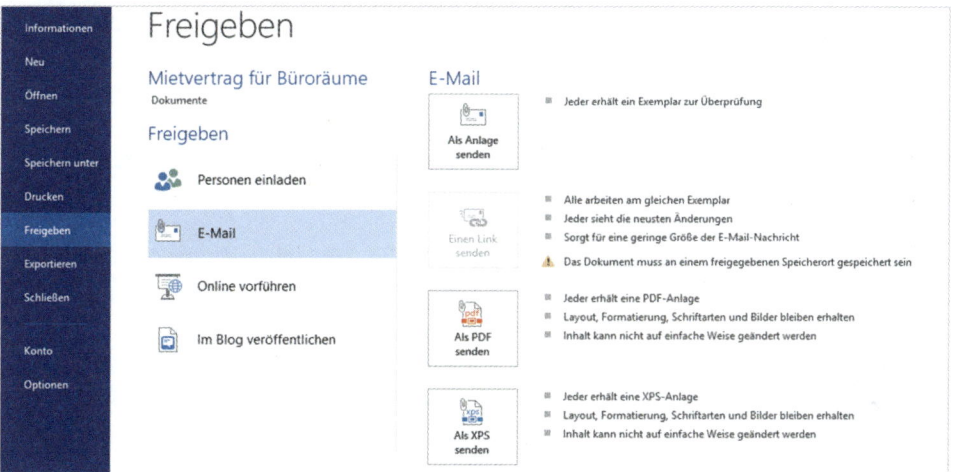

- Mit der Auswahl *Als Anlage senden* wird automatisch Ihr Standard E-Mail Programm, z. B. Outlook mit einer neuen Nachricht geöffnet und eine Kopie des aktuellen Word-Dokuments als Anlage angefügt.

- *Als PDF senden* bedeutet, vom aktuellen Word-Dokument wird eine PDF-Datei erstellt und als Anlage in eine neue Nachricht eingefügt.

- Mit der dritten Option *Als XPS senden* erstellen Sie eine Dateianlage im XPS-Dateiformat. Dieses ist vergleichbar dem PDF-Dateityp, aber wenig verbreitet, sodass die Anlage eventuell vom Empfänger nicht geöffnet werden kann.

- Die vierte Option *Einen Link senden* ist nur verfügbar, wenn sich das Dokument an einem freigegebenen Speicherort, z. B. SkyDrive befindet.

Siehe Lektion 2.3,
Microsoft-Konto und
Speichern in der
Cloud.

Dokument zur Bearbeitung freigeben

Wenn Sie angemeldet sind, z. B. mit einem Microsoft-Konto und ein Dokument in der Cloud gespeichert haben, dann können Sie das Dokument anschließend für andere Personen freigeben. Zu diesem Zweck erstellen Sie entweder einen Freigabelink, den Sie anschließend beliebig weitergeben oder Sie versenden eine Einladung per E-Mail. Klicken Sie im Register *DATEI* auf *Freigeben*.

Einladung senden

Zum Versenden einer Einladung per E-Mail klicken Sie auf *Personen einladen*. Geben Sie die E-Mail Adressen ein und wählen Sie, ob die Empfänger das Dokument nur lesen oder auch bearbeiten dürfen. Falls gewünscht, können Sie im Feld darunter noch einen kurzen Nachrichtentext hinzufügen, zuletzt klicken Sie auf *Freigeben*. Die Empfänger erhalten einen Link per E-Mail und das Dokument wird anschließend im Browser, beispielsweise Microsoft Internet Explorer geöffnet.

Bild 9.18 Einladung per E-Mail senden

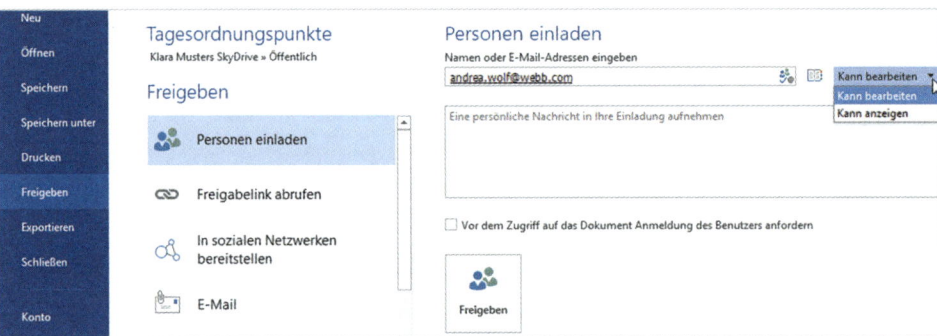

Freigabelink erstellen

Als Alternative zur Einladung erstellen Sie einen Freigabelink den Sie anschließend in eine E-Mail oder ein anderes Dokument nach Belieben einfügen können. Dazu klicken Sie unter *Freigabe* auf *Freigabelink abrufen*. Klicken Sie dann bei der gewünschten Berechtigung, *Link anzeigen* (Dokument nur anzeigen) oder *Link bearbeiten* (Dokument bearbeiten) auf die Schaltfläche *Link erstellen*.

Bild 9.19 Freigabelink erstellen

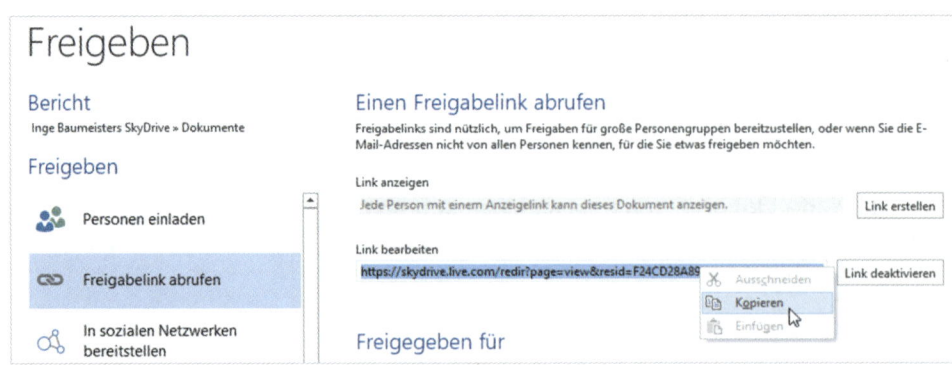

Unterhalb der ausgewählten Berechtigung erscheint der Link, den Sie nun mit einem Klick in diese Zeile markieren. Drücken Sie dann zum Kopieren in die Zwischenablage entweder die Tastenkombination Strg+C oder klicken Sie mit der rechten Maustaste auf den Link und auf *Kopieren*. Zur Weitergabe per E-Mail öffnen Sie mit Ihrem E-Mail Programm eine neue Nachricht und fügen den Link mit der Tastenkombination Strg+V in den Nachrichtentext ein, Sie können den Link aber auch in ein beliebiges Dokument einfügen.

Freigaben kontrollieren und ändern

Vorhandene Freigaben des aktuellen Dokuments kontrollieren Sie unter *Freigaben* und *Freigegeben für*. Über das Kontextmenü der rechten Maustaste können Freigabeberechtigungen geändert und Benutzer wieder entfernt werden.

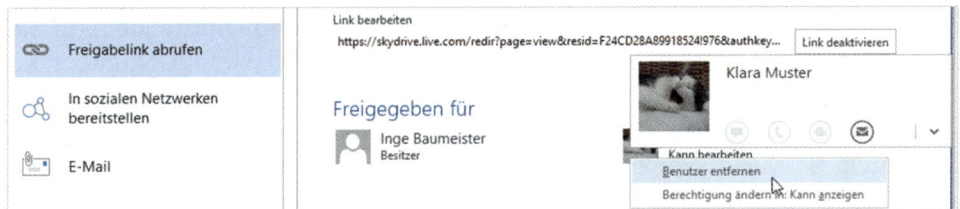

Bild 9.20 Freigabe kontrollieren und Benutzer entfernen

9.4   Dokumente gemeinsam bearbeiten

Im Register *ÜBERPRÜFEN* finden Sie die Schaltflächen und Befehle zum Überarbeiten von Dokumenten. Sollen alle nachträglich erfolgten Löschungen, Ergänzungen und Formatänderungen festgehalten werden, so schalten Sie, bevor Sie mit der Überarbeitung beginnen mit einem Klick auf *Änderungen nachverfolgen* den Korrektur- bzw. Überarbeitungsmodus ein. Der aktivierte Überarbeitungsmodus ist an der hervorgehobenen Schaltfläche zu erkennen, mit einem weiteren Klick auf diese Schaltfläche schalten Sie diesen Modus wieder aus.

Nachträgliche Änderungen, auch von anderen Personen kontrollieren!

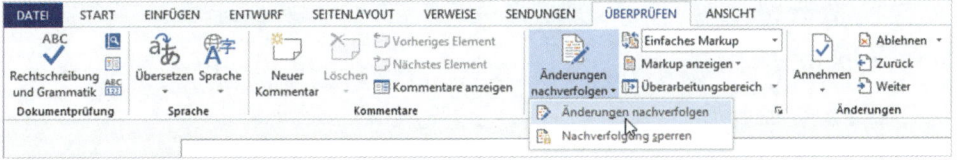

Bild 9.21 Korrekturmodus ein/aus

Alle Überarbeitungen werden von nun an im Dokument rot hervorgehoben und geänderte Absätze am linken Seitenrand mit einer senkrechten Linie versehen. In einer gesonderten Spalte erhalten Sie weitere Informationen zu den Änderungen. Sollten die Überarbeitungen ausgeblendet sein, so erkennen Sie die geänderten Stellen an den roten Linien am linken Seitenrand. Zum Einblenden der Überarbeitungsdetails klicken Sie auf eine der Linien oder wählen im Register

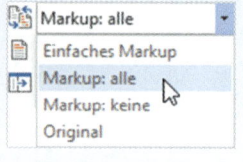

Bild 9.22 Änderungen im Dokument

ÜBERPRÜFEN, Gruppe *Nachverfolgung* im Feld *Markup: alle* aus. Ein weiterer Mausklick auf eine Linie oder die Auswahl *Einfaches Markup* blendet die Details wieder aus.

Im nächsten Schritt können Sie für jede einzelne Änderung entscheiden, ob Sie diese beibehalten oder ablehnen möchten. Klicken Sie dazu im Dokument auf die erste geänderte Stelle und verwenden Sie in der Gruppe *Änderungen* (Register *ÜBERPRÜFEN*) die Schaltflächen *Annehmen* oder *Ablehnen*. Die Kennzeichnung an dieser Stelle verschwindet und die nächste Überarbeitung wird automatisch markiert. Falls nötig, benutzen Sie die Schaltflächen *Zurück* bzw. *Weiter* um zur vorherigen/nächsten Änderung zu gelangen.

Falls Sie alle Änderungen gleichzeitig annehmen oder ablehnen möchten, dann klicken Sie auf den Dropdown-Pfeil der jeweiligen Schaltfläche und auf *Alle Änderungen annehmen* bzw. *Alle Änderungen ablehnen*. Mit dem Befehl *Alle Änderungen annehmen und Nachverfolgung beenden* schalten Sie gleichzeitig den Überarbeitungsmodus wieder aus. Vergessen Sie andernfalls nicht, dass Sie nach Beenden der Kontrolle auch den Überarbeitungsmodus wieder deaktivieren sollten.

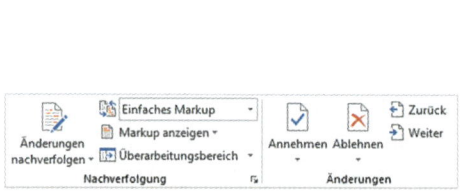

Bild 9.23 Änderungen annehmen/ablehnen

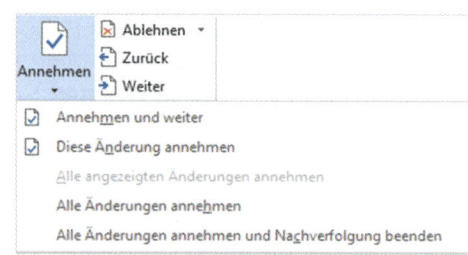

Bild 9.24 Alle Änderungen annehmen

Tipp: Mit der Schaltfläche *Alle Änderungen annehmen und Nachverfolgung beenden* schalten Sie auch schnell den Überarbeitungsmodus aus, falls Sie diesen versehentlich aktiviert haben sollten (Tastenkombination Str+Umschalt+E).

9.5 Zusammenfassung

■ Formatvorlagen speichern häufig benötigte Formatierungen und eignen sich besonders für eine einheitliche Gestaltung von umfangreichen Dokumenten. Word verfügt mit dem Formatvorlagenkatalog über eine Sammlung von integrierten Formatvorlagen, die Sie verwenden bzw. nach eigenen Vorstellungen ändern können. Sie finden diese Formatvorlagen im Register *START*, Gruppe *Formatvorlagen* oder im Fenster *Formatvorlagen*.

■ Formatvorlagen können nach Belieben geändert werden. Sie können sie entweder anhand eines formatierten Absatzes aktualisieren oder die Änderungen im Dialogfenster *Formatvorlage ändern* vornehmen. Eigene Formatvorlagen werden unter dem angegebenen Namen ebenfalls dem Formatvorlagenkatalog hinzugefügt. Die Formatierung definieren Sie wie beim Ändern entweder anhand eines bereits formatierten Textes oder im Dialogfenster *Neue Formatvorlage*.

■ Dokumentvorlagen geben die Standardeinstellungen für neue Dokumente vor und lassen sich am besten mit Vordrucken vergleichen, die Sie beliebig oft zur Erstellung neuer Dokumente verwenden können. Dokumentvorlagen werden als eigener Dateityp mit der Erweiterung .dotx gespeichert. Auch leere Dokumente basieren auf einer Dokumentvorlage, nämlich der Vorlage Normal.dotx. Beim Öffnen im Windows-Explorer wird automatisch eine Kopie als neues Dokument geöffnet.

■ Soll ein Dokument auch von anderen Personen bearbeitet werden, so können es als Word-Dokument oder im PDF-Dateiformat als Anlage per E-Mail senden. Eine andere Möglichkeit ist die Freigabe von Dokumenten, die in einem SkyDrive-Ordner gespeichert sind. Hierzu können Sie entweder andere Personen per E-Mail einladen oder einen Freigabelink erzeugen, den Sie anschließend kopieren und selbst weitergeben.

■ Nachträgliche Änderungen lassen sich überprüfen, wenn Sie vor Beginn der Überarbeitung den Überarbeitungsmodus mit der Schaltfläche *Änderungen nachverfolgen* aktivieren. Mit derselben Schaltfläche schalten Sie abschließend diesen Modus auch wieder aus. Anschließend können Sie für jede einzelne Änderung entscheiden, ob diese beibehalten oder verworfen werden soll. Alle diese Schaltflächen finden Sie im Menüband im Register *ÜBERPRÜFEN*.

9.6   Übung

1. Dokumentvorlage erstellen

Beginnen Sie mit einem neuen, leeren Dokument und erstellen Sie für einen beliebigen Verein, z. B. einen Sportverein, einen Briefkopf, den Sie anschließend als Dokumentvorlage speichern.

■ Richten Sie die folgenden Seitenränder ein: Oben 1,69 cm, unten 2 cm, Links und rechts je 2,5 cm.

■ Gestalten Sie einen Briefkopf mit beliebigen Angaben, ein Beispiel finden Sie in der Abbildung unten. Wenn Sie der Dokumentvorlage auch gleich Ort und Datum hinzufügen möchten, dann sollten Sie darauf achten, dass das Datum automatisch aktualisiert wird.

■ Gestalten Sie den übrigen Teil der Briefvorlage nach Ihren Vorstellungen, fügen Sie beispielsweise ein Logo oder eine Fußzeile hinzu.

■ Falls Sie möchten, können Sie im Register *ENTWURF* auch noch ein Design oder eine andere Farbzusammenstellung auswählen.

■ Speichern Sie die Vorlage unter dem Namen Vereinsbrief.dotx in einem von Ihnen gewählten Ordner. Schließen Sie die Vorlage noch nicht!

Kegelverein Alle Neune
Grasgasse 2
99099 Musterhausen

Kegelverein Alle Neun – Grasgasse 2 – 99099 Musterhausen

Musterhausen, Datum

2. Formatvorlagen erstellen

Erstellen Sie in der Dokumentvorlage *Vereinsbrief* die beiden folgenden neuen Formatvorlagen und achten Sie darauf, dass diese nur in denjeinigen Dokumenten zur Verfügung stehen, die auf der Dokumentvorlage *Vereinsbrief* basieren.

- Erstellen Sie eine neue Absatz-Formatvorlage unter dem Namen „Brieftext" basierend auf der Formatvorlage Standard: Die Formatvorlage erhält als Ausrichtung Blocksatz und einen Zeilenabstand von 1,2 Zeilen. Verwenden Sie eine beliebige Schriftart und als Schriftgröße 10 oder 11 pt.

- Erstellen Sie die neue Absatz-Formatvorlage „Infotext", diese Vorlage soll auf keiner Formatvorlage basieren: Einzug links und rechts je 2,5 cm, Blocksatz, einfache Rahmenlinie außen, Schriftart Times New Roman, kursiv, 10 pt.

Muster:

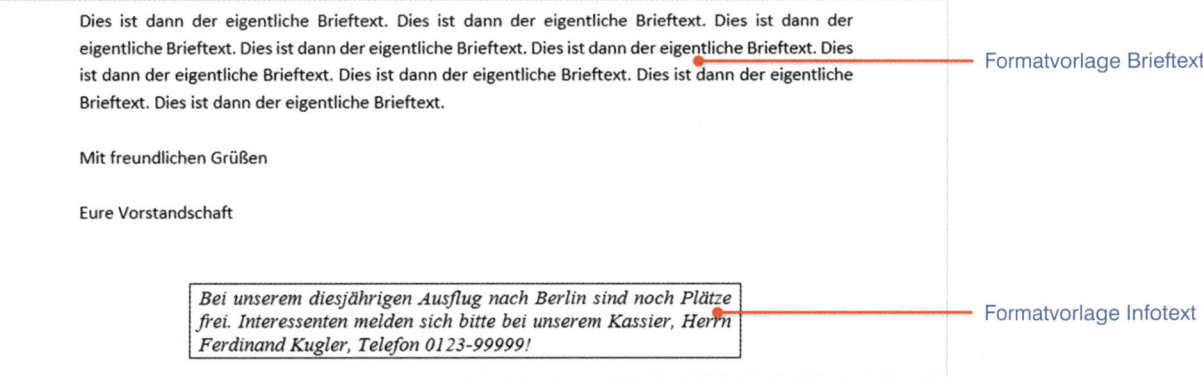

Formatvorlage Brieftext

Formatvorlage Infotext

Schließen Sie die Dokumentvorlage und vergessen Sie nicht, Änderungen zu speichern!

3. Dokumentvorlage verwenden

Erstellen Sie ein neues Dokument mit der soeben erstellten Dokumentvorlage. Erfassen Sie beliebigen Brieftext, z. B. eine Einladung zu einer Versammlung und formatieren Sie diesen mit Ihren Formatvorlagen. Sollten Sie mit dem Ergebnis nicht zufrieden sein, so öffnen Sie die Dokumentvorlage und nehmen Ihre Änderung hier vor.

Notizen:

10 Einführung Seriendruck

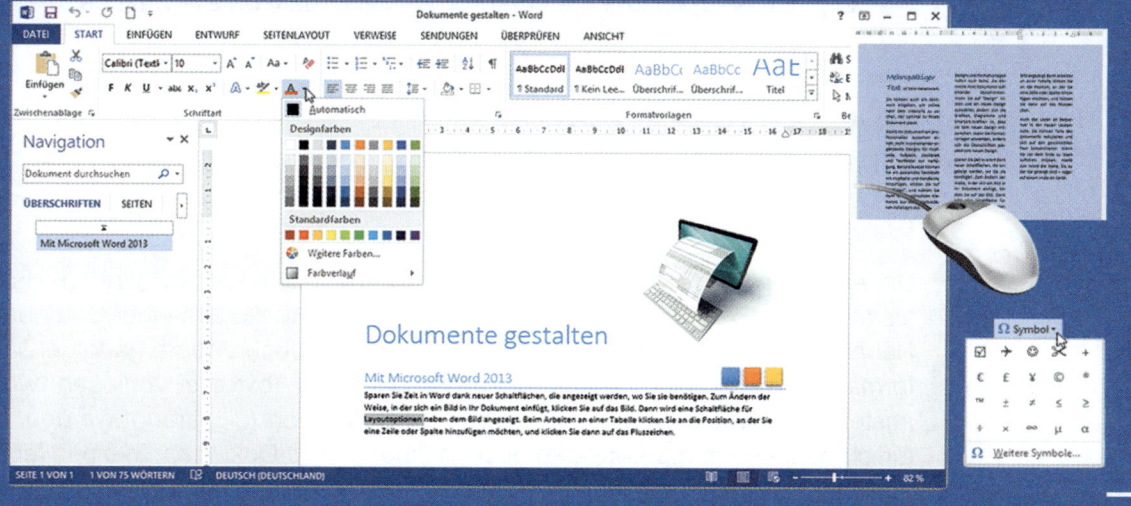

In dieser Lektion lernen Sie...

- Empfängerliste erstellen und bearbeiten
- Einfache Serienbriefe erstellen
- Serienbriefe sortieren und filtern
- Etiketten drucken

Diese Kenntnisse sollten Sie bereits mitbringen...

- Text eingeben und formatieren
- Dokument speichern und öffnen
- Tabellen

Als Seriendruck bezeichnet man die Möglichkeit, Dokumente wie beispielsweise Briefe, Angebote oder Einladungen an einen größeren Personenkreis zu adressieren. Beim Drucken werden Elemente wie individuelle Anschrift oder persönliche Anrede aus den bereits gespeicherten Empfängeradressen nacheinander in das Dokument eingesetzt. Neben Serienbriefen können Sie auf diese Weise auch Umschläge und Adressetiketten erstellen. Voraussetzung für den Seriendruck sind die beiden folgenden Dokumente, bzw. Dateien:

■ Ein Word-Dokument mit dem eigentlichen Brieftext, auch als Hauptdokument bezeichnet.

■ Eine zweite Datei mit den Adressinformationen, diese wird auch als Datenquelle bezeichnet. Die Adressen können auch in einem anderen Dateityp, z. B. Excel-Arbeitsmappe oder Access-Datenbanktabelle vorliegen .

10.1   Empfängeradressen

Was ist zu beachten?

Die Adressen für den Seriendruck sind im Normalfall bereits vorhanden: Häufig als Microsoft Excel-Tabelle oder als Abfrage oder Tabelle aus einer Datenbank. Neben den Office-Anwendungen unterstützt Word auch andere gängige Dateiformate. Im einfachsten Fall können die Daten als Textdatei vorliegen, wobei anstelle von Spalten die Informationen mit Semikolon (;) getrennt werden. Natürlich können Sie die Adressen auch in einem Word-Dokument in einer Tabelle speichern. Unabhängig davon sollte die erste Zeile in jedem Fall die Spaltenüberschriften enthalten. Diese werden später als Seriendruckfelder in den Brief eingefügt.

Erste Zeile enthält Spaltenüberschriften!

In Zusammenhang mit dem Seriendruck werden häufig die beiden Datenbankbegriffe Datensatz und Datenfeld bzw. Feld verwendet.

■ Als Datensatz bezeichnet man eine einzelne Adresse einer Datenbank, in einer Tabelle entspricht ein Datensatz einer Zeile der Tabelle.

■ Als Datenfelder bezeichnet man die Spalten der Tabelle. Die erste Zeile der Tabelle enthält die Spaltenüberschriften (Feldnamen).

Adressen aus einer Microsoft Excel-Tabelle verwenden

Bei Verwendung einer Microsoft Excel-Tabelle als Datenquelle sollten Sie darauf achten, dass die Tabelle mit der ersten Zeile und Spalte des Tabellenblattes beginnt. Ist dies nicht der Fall, so muss der Zellbereich, der die Adressen enthält mit einem Bereichsnamen versehen sein. Zur besseren Orientierung sollten Sie in einer Mappe mit mehreren Tabellenblättern Blattnamen verwenden.

Bild 10.1 Excel-Tabelle

	A	B	C	D	E	F	G	H	I
1	**KDNR**	**Anrede**	**Vorname**	**Nachname**	**Straße**	**Land**	**PLZ**	**Ort**	**Telefon**
2	136	Herr	Max	Mustermann	Feldweg 4	D	78646	Konstanz	
3	66	Herr	Wolfgang	Vierig	Giselastr. 88	D	80638	München	089-7156784
4	158	Frau	Carola	Knoll	Kumpfweg 4	D	48156	Münster	
5	159	Herr	Peter	Hartweger	Luftfahrtallee 57	D	10245	Berlin	
6	160	Herr	Mike	Middleware	Konrad-Adenauer-Str. 6	D	50670	Köln	
7	124	Frau	Chantal	Scheibenzuber	Bremsweg 17	D	99439	Weiden	
8	125	Herr	Hugo	Knölle	Friedrichstr. 89	D	10315	Berlin	
9	126	Herr	Torsten	Baumholz	Detmolderstr. 5	D	30167	Hannover	

Microsoft Word-Dokument als Datenquelle

Wenn Sie die Adressen in einem Word-Dokument erfassen und speichern möchten, so verwenden Sie dazu am besten eine Tabelle. Formatierungen der Datenquelle sind nicht erforderlich, da diese in Serienbriefen nicht berücksichtigt werden. Als Alternative zur Tabelle können Sie die einzelnen Adressfelder wie Name, PLZ und Ort auch mit Tabstopps oder Semikolon (;) trennen. Beachten Sie, dass das Dokument oberhalb der Tabelle keinerlei weiteren Text enthalten darf.

Beispiele:

Bild 10.2 Tabelle

Kunden-Nr.	Anrede	Vorname	Nachname	Straße	Land	PLZ	Ort
153	Herr	Alfons	Altenkirchner	Obere Waldstr. 14	D	88212	Ravensburg
771	Herr	Bernhard	Feldmann	Donauweg 41	D	94056	Regensburg
106	Frau	Irene	Rother	Kapellenweg 23	D	44317	Dortmund
763	Frau	Doris	Rettich	Jahnstr. 9	D	22041	Hamburg

Bild 10.3 Tabstopps

```
Kunden-Nr. →   Anrede →   Vorname →   Nachname   →   Straße           →   Land →   PLZ   →   Ort¶
153    →   Herr  →   Alfons   →   Altenkirchner   →   Obere·Waldstr.·14 →   D   →   88212 →   Ravensburg¶
771    →   Herr  →   Bernhard →   Feldmann        →   Donauweg·41       →   D   →   94056 →   Regensburg¶
106    →   Frau  →   Irene    →   Rother          →   Kapellenweg·23    →   D   →   44317 →   Dortmund¶
763    →   Frau  →   Doris    →   Rettich         →   Jahnstr.·9        →   D   →   22041 →   Hamburg¶
```

Bild 10.4 Trennzeichen Semikolon

```
Kunden-Nr.; Anrede; Vorname; Nachname; Straße; Land; PLZ; Ort
153; Herr; Alfons; Altenkirchner; Obere Waldstr. 14; D; 88212; Ravensburg
771; Herr; Bernhard; Feldmann; Donauweg 41; D; 94056; Regensburg
106; Frau; Irene; Rother; Kapellenweg 23; D; 44317; Dortmund
763; Frau; Doris; Rettich; Jahnstr. 9; D; 22041; Hamburg
```

Neue Liste eingeben

Sollten noch keine Adressen gespeichert sein, so bietet Word in Zusammenhang mit Serienbriefen die Möglichkeit, die Adressen in eine Datenbank einzugeben und zu speichern. Dabei gehen Sie wie folgt vor:

1 Klicken Sie auf das Register *SENDUNGEN* und auf die Schaltfläche *Empfänger auswählen*, wählen Sie *Neue Liste eingeben....*

2 Word öffnet ein Fenster mit einer leeren Tabelle und Sie können mit der Eingabe der Adressen beginnen. Drücken Sie die Tab-Taste, um zur nächsten Spalte zu gelangen, mit der Schaltfläche *Neuer Eintrag* fügen Sie weitere Zeilen für Adressen hinzu.

Bild 10.5 Neue Adressliste,
Adressliste anpassen

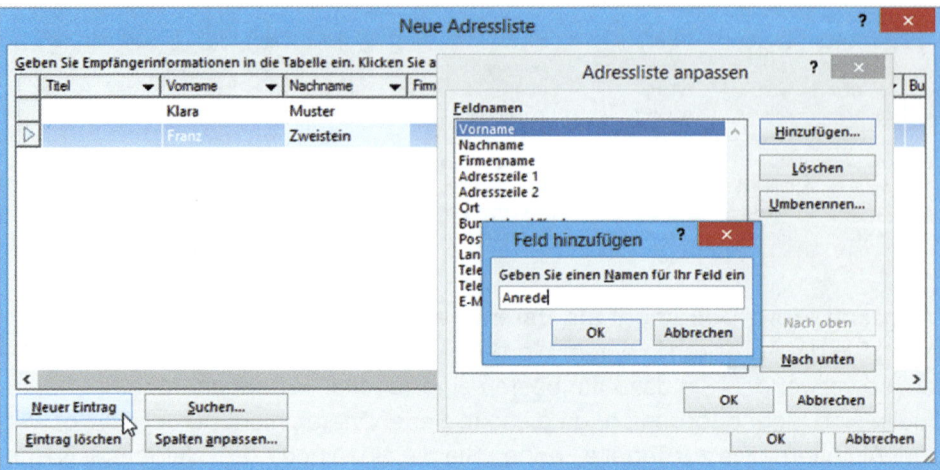

3   Hinweis: Meist werden einige Spalten der Tabelle nicht benötigt, andere wie z. B. Anrede sind nicht enthalten. Daher sollten Sie vor Beginn der Eingabe die Tabellenspalten entsprechend anpassen. Klicken Sie dazu auf die Schaltfläche *Spalten anpassen*. Das Dialogfenster *Adressliste anpassen* wird geöffnet, mit der Schaltfläche *Hinzufügen…* können Sie nun beliebig weitere Spalten hinzufügen und mit der Schaltfläche *Löschen* markierte und nicht benötigte Spalten löschen.

4   Mit der Schaltfläche *OK* beenden Sie die Adresseingabe. Im nächsten Schritt öffnet sich das Fenster *Adressliste speichern*. Geben Sie an, unter welchem Dateinamen die Liste gespeichert werden soll, als Speicherort wird meist der Ordner *Meine Datenquellen* vorgeschlagen, Sie können aber auch jeden beliebigen anderen Speicherort wählen.

Bild 10.6 Adressliste
speichern

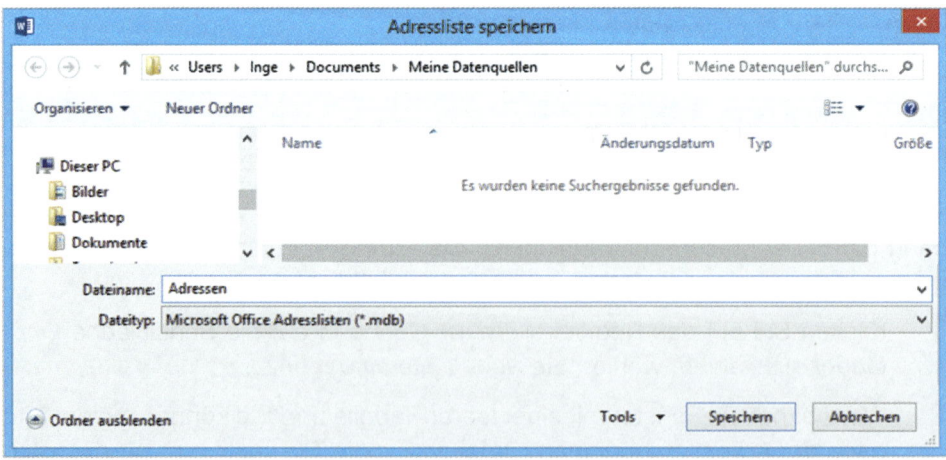

Die so erstellte Adressenliste kann jederzeit als Datenquelle für den Seriendruck verwendet werden.

10.2   Serienbriefe erstellen

Die häufigste Form des Seriendrucks sind Briefe mit einer individuellen Anschrift und Anrede. Sie können dazu mit einem neuen, leeren Dokument beginnen oder ein bereits vorhandenes Dokument bzw. eine Dokumentvorlage verwenden. Beginnen Sie mit dem Brieftext, Anschrift und andere individuelle Bestandteile des Briefs, beispielsweise eine persönliche Anrede, lassen Sie vorerst leer. Speichern Sie das Dokument, bevor Sie mit dem eigentlichen Seriendruck beginnen!

Alle Schaltflächen und Befehle zur Erstellung und Bearbeitung von Seriendruck-Dokumenten finden Sie im Register *SENDUNGEN*. Zur Erstellung von Serienbriefen verwenden Sie die Schaltflächen von links nach rechts.

Ausnahme: Die Schaltflächen Umschläge und Etiketten ganz links gehören nicht zum Seriendruck!

Bild 10.7 Register SENDUNGEN

1. Schritt: Dokumenttyp

Im ersten Schritt wandeln Sie das geöffnete Word-Dokument in ein Seriendruck-Dokument um. Wechseln Sie dazu in das Register *SENDUNGEN* und klicken Sie in der Gruppe *Seriendruck starten* auf die Schaltfläche *Seriendruck starten*. Wählen Sie den Dokumenttyp *Briefe*.

Bild 10.8 Dokumenttyp Briefe

2. Schritt: Empfängeradressen auswählen

Im nächsten Schritt geben Sie an, welche Datei die Empfängeradressen enthält. Klicken Sie im Register *SENDUNGEN* auf die Schaltfläche *Empfänger auswählen*.

■   Liegen die Adressen bereits in einer Datei vor, z. B. als Excel-Arbeitsmappe oder als Liste (siehe 10.1), so klicken Sie auf *Vorhandene Liste verwenden...* und wählen die benötigte Datei aus. Sollten noch keine Adressen gespeichert sein, dann können Sie mit dem Befehl *Neue Liste eingeben...* eine neue Liste bzw. Datenbank erstellen, siehe oben.

■ Ist Microsoft Outlook auf Ihrem PC vorhanden, so können Sie über *Aus Outlook-Kontakten auswählen...* auch die Kontakte von Microsoft Outlook für Serienbriefe nutzen.

In diesem Beispiel verwenden wir eine bereits gespeicherte Adressdatei, klicken Sie daher auf *Vorhandene Liste verwenden...*. Das Fenster *Datenquelle auswählen* wird geöffnet. Markieren Sie die Datei, die Ihre Adressen enthält und klicken Sie auf die Schaltfläche *Öffnen*. Handelt es sich um eine Excel-Arbeitsmappe, wie in Bild 10.10, dann müssen Sie noch angeben, welches Tabellenblatt Sie verwenden möchten, da Excel-Arbeitsmappen und Access-Datenbanken auch mehrere Tabellen enthalten können. Achten Sie auf das Kontrollkästchen *Erste Datenreihe enthält Spaltenüberschriften* und bestätigen Sie mit *OK*.

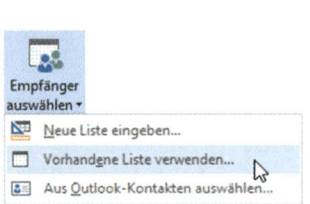

Bild 10.9 Vorhandene Adressen

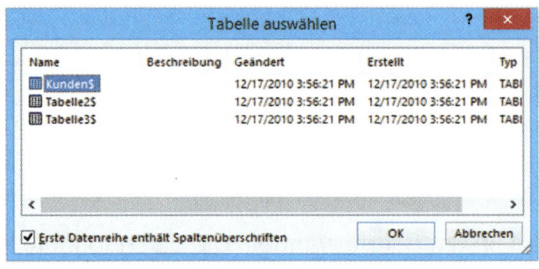

Bild 10.10 Excel: Tabelle auswählen

Empfängerliste bearbeiten

Tipp: Einen guten Überblick über die Empfängeradressen erhalten Sie, wenn Sie danach auf die Schaltfläche *Empfängerliste bearbeiten* klicken. Damit wird das Fenster *Seriendruckempfänger* geöffnet und Sie können kontrollieren, ob alle Adressen korrekt erkannt wurden, mit *OK* schließen Sie das Fenster wieder.

Bild 10.11 Seriendruck-
empfänger kontrollieren

3. Schritt: Seriendruckfelder einfügen

Als Nächstes müssen Sie die Seriendruckfelder in den Brief einfügen. Diese Seriendruckfelder dienen als Platzhalter im Brieftext und werden später beim Drucken durch die Inhalte der jeweiligen Spalte ersetzt. Word verwendet dazu die Spaltenüberschriften der Adressentabelle. So gehen Sie beim Einfügen der Postanschrift vor:

1 Positionieren Sie den Cursor im Adressbereich Ihres Briefes an derjenigen Stelle, an der Sie das erste Feld der Postanschrift benötigen.

2 Klicken Sie in der Gruppe *Felder schreiben und einfügen* auf den Drop-Down-Pfeil der Schaltfläche *Seriendruckfeld einfügen*. Es erscheint eine Liste aller verfügbaren Felder.

3 Mit einem Mausklick fügen Sie das gewünschte Feld im Dokument ein. Seriendruckfelder sind im Dokument an den doppelten spitzen Klammern leicht zu erkennen. Leerzeichen zwischen den Seriendruckfeldern müssen Sie manuell einfügen, dies passiert nicht automatisch!

Seriendruckfelder können in einen Serienbrief auch mehrmals eingefügt werden.

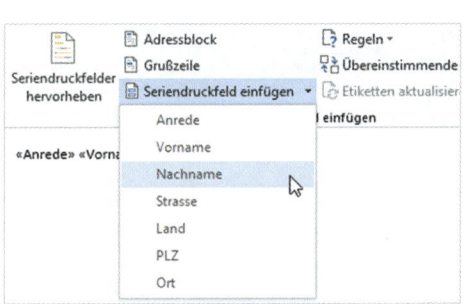

Bild 10.12 Liste Seriendruckfeld einfügen

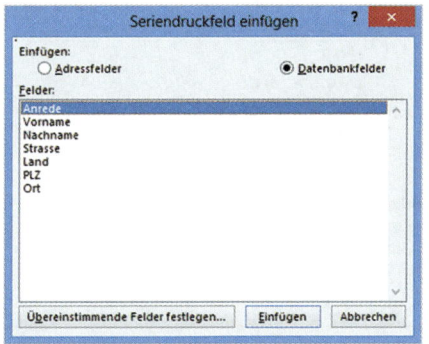

Bild 10.13 Fenster Seriendruckfeld einfügen

Beachten Sie: Ist bei einer Adresse ein Feld leer, so erscheinen später auf dem Ausdruck trotzdem die Leerzeichen vor und hinter diesem Feld. Aus leeren Feldern resultierende Leerzeilen werden dagegen nicht gedruckt.

Tipp: Mit einem Mausklick direkt auf die Schaltfläche *Seriendruckfeld einfügen* öffnet Word das Fenster *Seriendruckfelder einfügen*. Markieren Sie in diesem Fall das gewünschte Feld und klicken Sie auf die Schaltfläche *Einfügen*. Das Fenster bleibt geöffnet, sodass Sie alle benötigten Seriendruckfelder nacheinander einfügen können (Bild 10.13).

Mit der Schaltfläche *Seriendruckfelder hervorheben* können Sie die Seriendruckfelder am Bildschirm optisch mit grauer Schattierung hervorheben (Bild 10.14). Diese Schattierung wird nicht gedruckt und die Seriendruckfelder sind im Dokument schneller zu finden. Auf diese Weise erkennen Sie auch besser fehlende Leerzeichen zwischen den Seriendruckfeldern.

Bild 10.14 Hervorgehobene Seriendruckfelder

Adressblock einfügen

Als Alternative können Sie die Postanschrift auch in einem einzigen Feld einfügen. Bei Verwendung von eigener Datenquellen müssen Sie allerdings meist den Adressblock erst anpassen. Klicken Sie dazu auf die Schaltfläche *Adressblock.*

Bild 10.15 Adressblock einfügen

Format des Empfänger-namens

Vorschau

Postanschrift und Land

Felder zuordnen

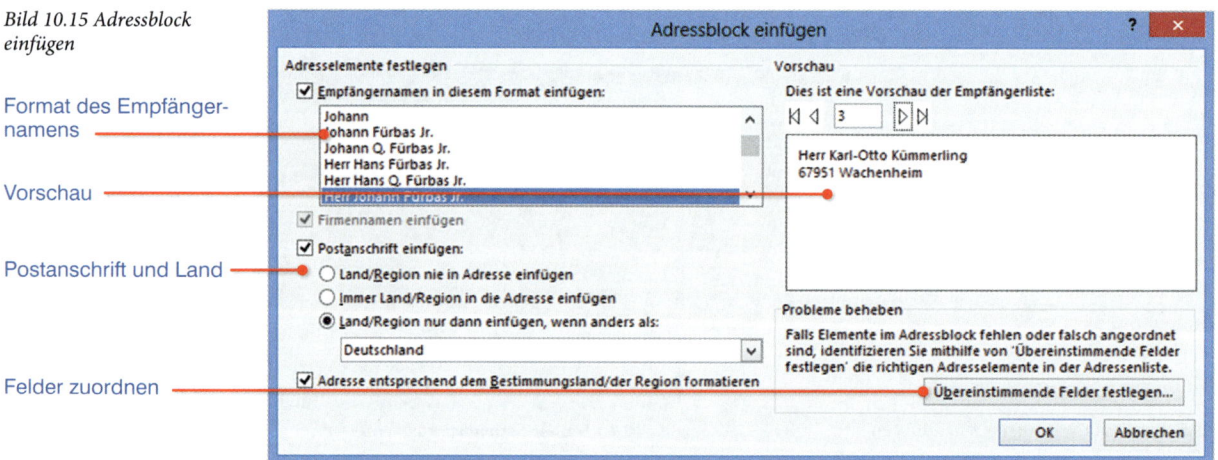

Wählen Sie das Format des Empfängernamens. Wenn die Postanschrift zusammen mit dem Namen eingefügt werden soll, dann können Sie auch angeben, in welchen Fällen das Land einbezogen werden soll. Rechts erhalten Sie eine Vorschau auf das gewählte Format. Benutzen Sie die Navigationspfeile darüber, um Ihre Adressen der Reihe nach zu kontrollieren.

Adressblock anpassen

Meist fehlen im Adressblock einige Elemente der Anschrift oder sind nicht richtig angeordnet, so fehlt z. B. in Bild 10.15 die Straße. Die Ursache liegt bei den unterschiedlichen Feldnamen, Sie müssen angeben, aus welchen Feldern Ihrer Datenquelle die Anschrift gebildet werden soll. Klicken Sie dazu auf die Schaltfläche *Übereinstimmende Felder festlegen...*. Im Fenster *Übereinstimmende Felder festlegen* sehen Sie links die erforderlichen Feldnamen, die rechte Spalte zeigt die zugeordneten Felder aus Ihrer Datenquelle an. Wurde kein übereinstimmendes Feld gefunden, so klicken Sie auf den Dropdown-Pfeil und wählen das entsprechende Feld aus (Bild 10.16).

Gußzeile verwenden

Die Schaltfläche *Grußzeile* erlaubt das Einfügen einer individuellen Briefanrede, beispielsweise „Sehr geehrte Frau Meister" und „Sehr geehrter Herr Müller". Wählen Sie wie beim Adressblock das gewünschte Format, sowie eine Grußzeile für ungültige (fehlende) Empfängernamen und kontrollieren Sie das Ergebnis in der Vorschau darunter. Falls die Grußzeile aus anderslautenden Feldnamen gebildet werden soll, klicken Sie auch hier wieder auf *Übereinstimmende Felder festlegen...* (Bild 10.17).

Ob die Grußzeile verwendet werden kann, hängt auch vom Aufbau Ihrer Datenquelle ab. Als zweite Möglichkeit können Sie die Briefanrede mit einem Bedingungsfeld formulieren (10.3).

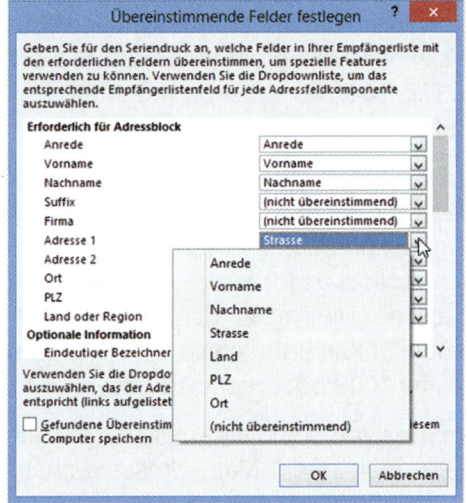

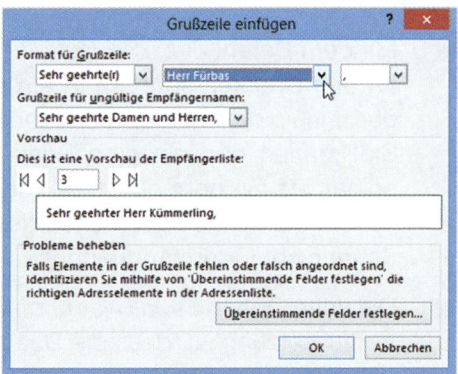

Bild 10.16 Übereinstimmende Felder festlegen   Bild 10.17 Grußzeile anpassen

4. Schritt: Briefe in der Vorschau kontrollieren

Nun können Sie die Ergebnisse in der Vorschau kontrollieren. Mit der Schaltfläche *Vorschau Ergebnisse* erscheinen im Dokument anstelle der Seriendruckfelder die Adressen.

Bild 10.18 Vorschau Ergebnisse

Mit Schaltfläche *Vorschau Ergebnisse* deaktivieren Sie auch die Vorschau wieder. In der Vorschau können Sie die Pfeil-Schaltflächen benutzen, um nacheinander die einzelnen Adressen anzuzeigen. So lässt sich überprüfen, ob alle Adressen korrekt eingefügt werden, eventuell fehlende Leerzeichen oder Zeilenumbrüche können auch in der Vorschau korrigiert werden.

Letzter Schritt: Zusammenführen und drucken

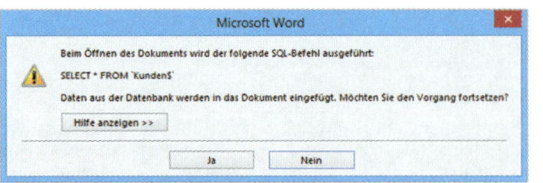

Im letzten Schritt müssen Sie die einzelnen Briefe nur noch drucken. Klicken Sie dazu auf die Schaltfläche *Fertig stellen und zusammenführen* (Gruppe *Fertig stellen*) und wählen Sie eine der folgenden Optionen:

■ Mit dem Befehl *Dokumente drucken…* werden die Serienbriefe an den Drucker gesendet, geben Sie im nachfolgenden Dialogfenster an, ob Sie alle oder nur eine bestimmte Anzahl von Datensätzen drucken möchten, beispielsweise von 1 bis 100 und bestätigen Sie mit *OK*.

■ Mit dem Befehl *Einzelne Dokumente bearbeiten…* werden die Briefe nicht an den Drucker, sondern in ein neues Dokument ausgegeben, das standardmäßig den Namen Serienbriefe1 erhält und automatisch geöffnet wird. Sie können nun einzelne Briefe nachträglich bearbeiten, speichern und später wie ein normales Dokument drucken. Die Anzahl der Adressen entspricht der Anzahl der Seiten des neuen Dokuments, diese Option eignet daher nicht für umfangreiche Mailings mit 1000 oder mehr Adressen.

■ Die dritte Option *E-Mail Nachrichten senden* versendet die Briefe per E-Mail. Voraussetzung ist, dass die Datenquelle auch eine E-Mail Adresse enthält.

Gespeicherten Serienbrief öffnen

Zusammen mit dem Serienbrief wird auch die Verknüpfung zur Datenquelle gespeichert und beim späteren Öffnen des Dokuments erscheint eine entsprechende Meldung. Bestätigen Sie mit der Schaltfläche *Ja*, damit die Empfängeradressen im Serienbrief wieder verfügbar sind.

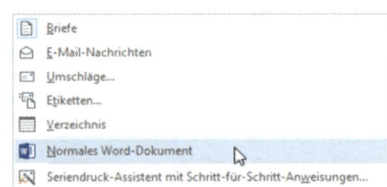

Bild 10.19 Serienbrief öffnen   *Bild 10.20 Normales Word-Dokument*

Wurde die Datenquelle in der Zwischenzeit gelöscht oder umbenannt, so erhalten Sie beim Öffnen eine Fehlermeldung. Mit der Schaltfläche *Nein* wird dagegen das Dokument ohne Verknüpfung zu den Adressen geöffnet.

Weitere Optionen

Hauptdokument in ein normales Dokument umwandeln

Möchten Sie einen Serienbrief wieder in ein normales Word-Dokument umwandeln, bzw. die Verknüpfung zur Datenquelle löschen, so öffnen Sie das Dokument und klicken anschließend im Register *Sendungen* auf die Schaltfläche *Seriendruck starten*. Wählen Sie hier den Eintrag *Normales Word-Dokument*.

Seriendruck-Assistent verwenden

Sie können für die Erstellung von Seriendruck-Dokumenten auch einen Assistenten verwenden, der Sie durch die einzelnen Schritte führt. Dieser Assistent ist identisch mit dem Seriendruck-Assistenten früherer Word-Versionen und kann über die Schaltfläche *Seriendruck starten* aufgerufen werden. Am rechten Bildschirmrand erscheint eine Leiste, klicken Sie auf *Weiter*, bzw. *Zurück*, um zu den einzelnen Schritten zu gelangen. Die Vorgehensweise selbst unterscheidet sich nicht von den oben beschriebenen Schritten, bietet aber weniger Flexibilität.

10.3   Bedingungen verwenden

Mit Hilfe von Regeln oder Bedingungen können Sie im Serienbrief Formulierungen einfügen, die abhängig sind vom Inhalt eines Seriendruckfeldes. Auf diese Weise können Sie auch selbst eine Grußzeile mit einer individuellen Briefanrede erstellen. Diese beginnt entweder mit „Sehr geehrte Frau …" oder mit „Sehr geehrter Herr…", je nachdem, ob die Anrede Frau oder Herr lautet. So gehen Sie vor:

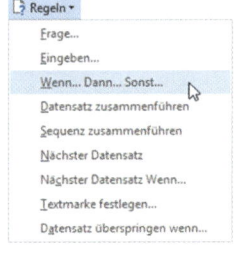

1   Geben Sie in die Grußzeile den Text ein, der in jedem Fall gleich lautet, z. B. „Sehr geehrt" und achten Sie darauf, dass sich nun der Cursor unmittelbar dahinter befindet..

2   Klicken Sie im Register *SENDUNGEN*, Gruppe *Felder schreiben und einfügen* auf die Schaltfläche *Regeln* und wählen Sie *Wenn... Dann... Sonst...*.

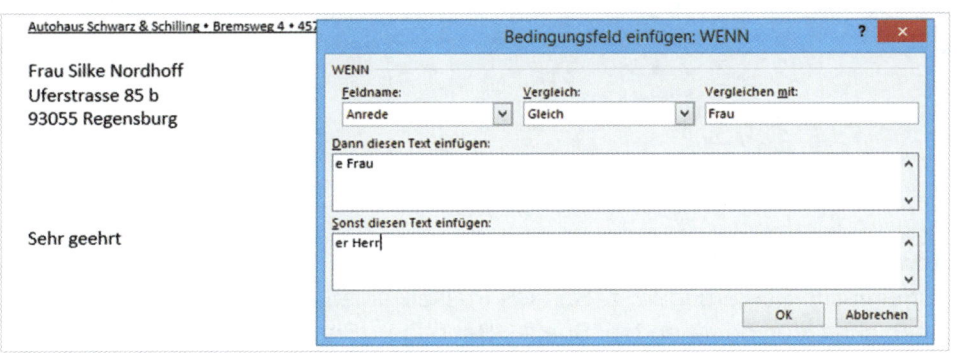

Bild 10.21 Bedingungsfeld einfügen

3 Das Fenster *Bedingungsfeld einfügen: WENN* wird geöffnet. Zuerst legen Sie die zu überprüfende Bedingung fest: Wählen Sie unter *Feldname* dasjenige Feld aus, dessen Inhalt überprüft werden soll, in diesem Beispiel das Feld Anrede. Im Feld *Vergleich* benötigen Sie die Auswahl *Gleich* (Standardeinstellung). Nun geben Sie noch im Feld *Vergleichen mit* das Wort „Frau" über die Tastatur ein (Bild 10.21). Die zu prüfende Bedingung lautet somit: „Wenn der Inhalt des Feldes Anrede gleich Frau".

4 Nun brauchen Sie darunter nur noch den Text eintragen, der eingefügt werden soll, wenn die Bedingung zutrifft, also „e Frau". In das zweite Feld, *Sonst diesen Text einfügen* tragen Sie die andere Alternative ein, also „er Herr".

 Tipp: Da das Feld Anrede manchmal unterschiedliche Schreibweisen gleichzeitig enthalten kann werden, nämlich „Herr" und „Herrn", sollten Sie als Bedingung besser „Anrede gleich Frau" verwenden.

10.4 Adressen sortieren und filtern

Für den Versand von Serienbriefen ist häufig eine Sortierung nach Postleitzahlen erforderlich. In manchen Fällen möchten Sie auch nur bestimmte Empfänger aus der Datenquelle auswählen. Dies nehmen Sie im Fenster *Seriendruckempfänger* vor, das Sie im Register *SENDUNGEN* mit einem Klick auf die Schaltfläche *Empfängerliste bearbeiten* öffnen.

Bild 10.22 Seriendruckempfänger bearbeiten

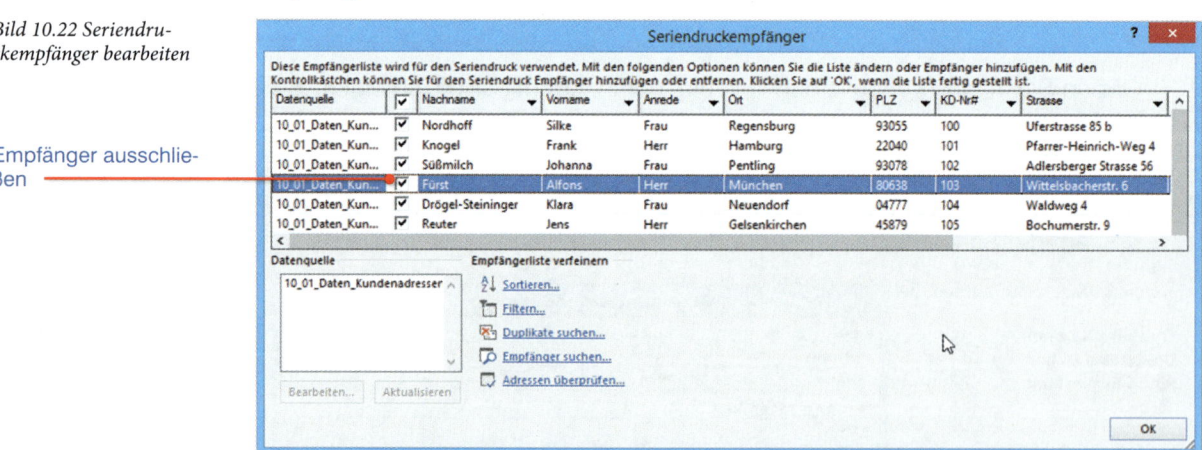

Empfänger ausschließen

Adressen sortieren

Für einfache Sortierungen, z. B. nach Postleitzahlen klicken Sie einfach auf die Überschrift der betreffenden Spalte. Benötigen Sie dagegen eine Sortierung nach zwei oder mehr Spalten, so klicken Sie auf den Dropdown-Pfeil einer beliebigen Spaltenüberschrift und auf *(Weitere Optionen...)* oder klicken Sie unter *Empfängerliste verfeinern* auf *Sortieren...*.

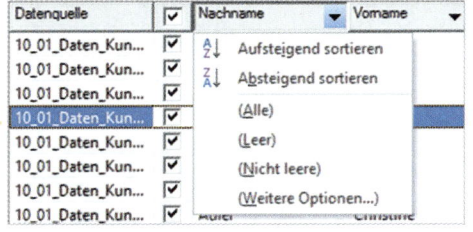 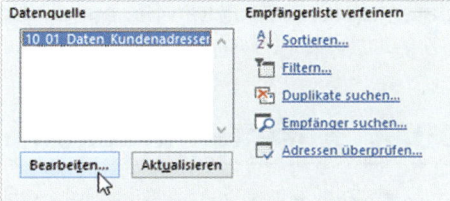

Bild 10.23 Sortieren, Leere/Nicht leere　　　　*Bild 10.24 Empfängerliste verfeinern/bearbeiten*

Das Fenster *Abfrageoptionen* öffnet sich. Klicken Sie auf das Register *Datensätze sortieren* und wählen Sie nacheinander Ihre Sortierkriterien (maximal drei) aus.

Adressen filtern

Am einfachsten schließen Sie einzelne Adressen aus, indem Sie im Fenster *Seriendruckempfänger* das Kontrollkästchen des jeweiligen Empfängers deaktivieren (Bild 10.22). Als zweite Möglichkeit können Sie schnell Empfänger ausschließen, bei denen der Inhalt eines bestimmten Feldes leer bzw. nicht leer ist. Klicken Sie dazu auf den Dropdown-Pfeil in der Überschrift der betreffenden Spalte (Bild 10.23).

Möchten Sie Filterkriterien verwenden, so klicken Sie unter *Empfängerliste verfeinern* auf den Befehl *Filtern...* und geben im Register *Datensätze filtern* des Fensters *Abfrageoptionen* Ihre Auswahlkriterien an. Sie können auch zwei oder mehr Filterkriterien miteinander verknüpfen. Eine Verknüpfung mit *Und* bedeutet, dass jeder Datensatz beide Bedingungen erfüllen muss. Verwenden Sie dagegen *Oder*, so genügt es, wenn eine der beiden Bedingungen erfüllt ist. Das unten abgebildete Beispiel liefert alle Adressen deren Postleitzahl mit 4 beginnt.

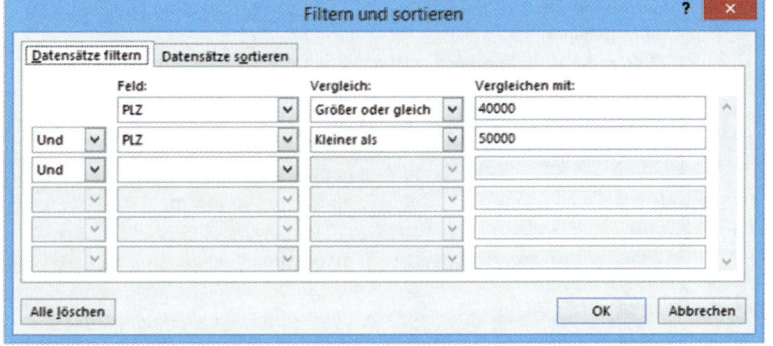

Bild 10.25 Filterkriterien

Achtung: Sortierung und Filter werden zusammen mit dem Serienbrief gespeichert. Vergessen Sie also nicht, dass Sie im Fenster *Abfrageoptionen* vorhandene Filter mit der Schaltfläche *Alle löschen* entfernen müssen, damit wieder alle Adressen verwendet werden. Gleiches gilt auch für Sortierungen.

Adressen bearbeiten

Änderungen an den Adressen, z. B. an der Anschrift können Sie ebenfalls aus dem Fenster *Seriendruckempfänger* heraus vornehmen. Markieren Sie dazu die Datenquelle und klicken Sie auf die Schaltfläche *Bearbeiten* (Bild 10.24).

10.5   Etiketten drucken

Zum Erstellen von Adressetiketten klicken Sie im Register *SENDUNGEN* auf die Schaltfläche *Seriendruck starten* und wählen *Etiketten...*. Achtung: Verwechseln Sie dies nicht nicht mit der Schaltfläche *Etiketten*, ebenfalls im Register *SENDUNGEN*. Hier erstellen Sie ein einfaches Etikett mit nur einer einzigen Adresse!

Bild 10.26 Seriendruck: Etiketten

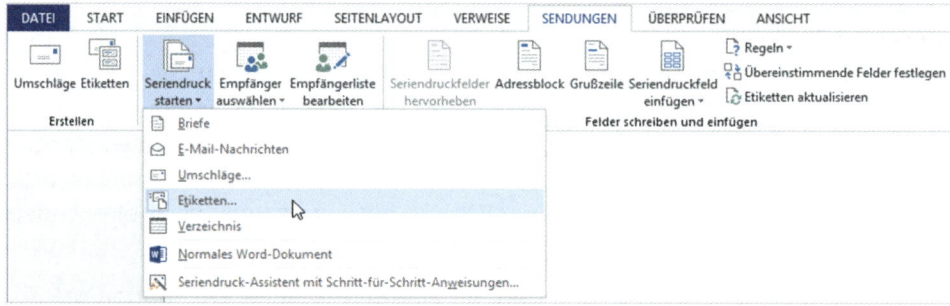

Etikettengröße festlegen

Das Fenster *Etiketten einrichten* wird geöffnet. Hier wählen Sie unter *Etiketteninformationen* Hersteller, z. B. Avery Zweckform, und Etikettennummer (Bestellnummer) aus.

Bild 10.27 Etikettenmaße festlegen

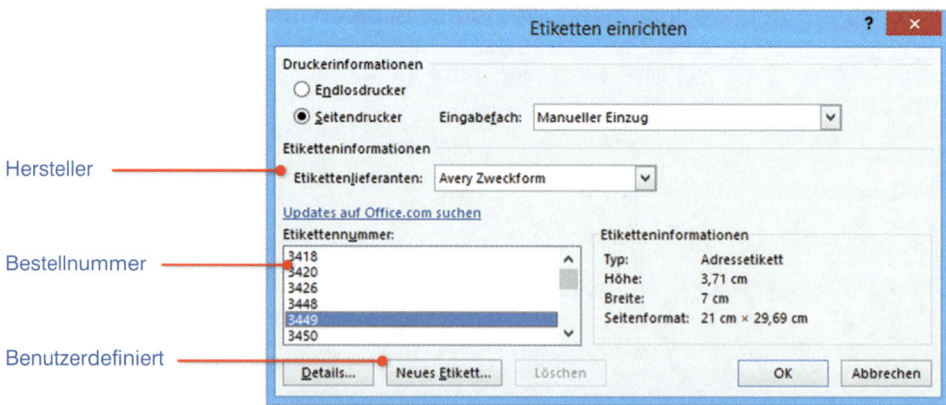

Falls Sie Endlosetiketten (Nadeldrucker) verwenden wollen, oder sich die Etiketten in einem anderen Papierschacht befinden, so geben Sie dies unter *Druckerinformationen* an. Sollten Hersteller und Bestellnummer nicht in der Liste aufgeführt sein, so können Sie über die Schaltfläche *Neues Etikett...* unter Eingabe der genauen Maße eigene Etikettenformate definieren und unter einem Namen für spätere Verwendung speichern. Bestätigen Sie mit der Schaltfläche *OK*.

Seriendruckfelder einfügen

Word erstellt im Dokument eine Tabelle mit den angegebenen Maßen. Klicken Sie in das erste Etikett bzw. die erste Zelle der Tabelle, und fügen Sie hier, wie beim Serienbrief alle benötigten Seriendruckfelder ein. Formatieren Sie die Seriendruckfelder, falls erforderlich.

Tipp: Falls die Tabellenbegrenzungen bzw. Gitternetzlinien der Tabelle nicht sichtbar sind, können Sie diese über das *TABELLENTOOLS*-Register *LAYOUT*, Schaltfläche *Gitternetzlinien anzeigen* einblenden.

Etiketten aktualisieren

Nun müssen Sie nur noch die Seriendruckfelder des ersten Etiketts auf die restlichen Etiketten übertragen. Klicken Sie dazu auf die Schaltfläche *Etiketten aktualisieren*. Damit werden die Seriendruckfelder automatisch in die übrigen tabellenzellen bzw. Etiketten übertragen und Sie können nun in der Vorschau die Ergebnisse kontrollieren.

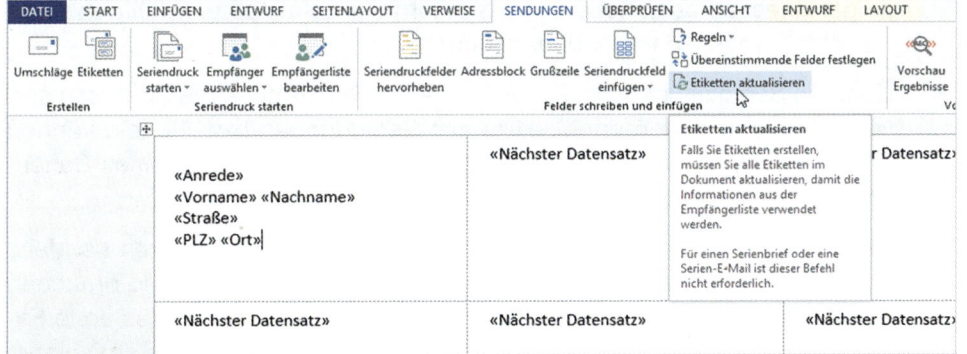

Bild 10.28 Etiketten aktualisieren

Sollten nachträgliche Änderungen erforderlich sein, so nehmen Sie diese immer am ersten Etikett in der linken oberen Ecke vor und aktualisieren anschließend erneut alle übrigen Etiketten. Zum Drucken verwenden Sie wieder die Schaltfläche *Fertigstellen und zusammenführen*.

10.6   Zusammenfassung

■ Für die Erstellung von Serienbriefen oder Etiketten benötigen Sie zwei Dateien: das Hauptdokument mit dem eigentlichen Brieftext und eine zweite Datei als Datenquelle mit den Empfängeradressen. Word unterstützt beim Seriendruck verschiedene Dateiformate als Datenquelle, beispielsweise Microsoft Excel-Arbeitsmappen oder andere gängige Datenbankformate. Falls noch keine Adressen gespeichert sind, können Sie diese entweder in eine Word-Tabelle eingeben oder in einer neuen Liste als Datenbank erstellen.

■ Die Erstellung eines Serienbriefs geht in mehreren Schritten vor sich, alle Befehle dazu finden Sie im Register *SENDUNGEN*. Zuerst wählen den Dokumenttyp (Serienbriefe oder Etiketten). Im nächsten Schritt müssen Sie angeben, in welcher Datei die Adressen gespeichert sind. Dann fügen Sie die Seriendruckfelder an den entsprechenden Stellen in den Brieftext bzw. in die Etiketten ein und kontrollieren das Ergebnis in einer Vorschau. Im letzten Schritt werden die Briefe an den Drucker gesendet.

■ Zusammen mit dem Serienbrief wird auch die Verknüpfung zu den Empfängeradressen gespeichert, Word macht Sie beim späteren Öffnen eines Hauptdokuments darauf aufmerksam.

■ Über die Schaltfläche *Empfängerliste bearbeiten* können die Adressen sortiert oder gefiltert werden. Mit Hilfe von Bedingungen bzw. Regeln können Sie im Brieftext auch Formulierungen, abhängig vom Inhalt eines Seriendruckfeldes verwenden.

■ Beim Drucken von Etiketten gehen Sie ähnlich vor. Die meisten handelsüblichen Etiketten sind mit Ihren Maßen bereits gespeichert und brauchen nur ausgewählt werden. Fügen Sie die Seriendruckfelder in das erste Etikett ein und aktualisieren Sie anschließend die übrigen Etiketten mit einem Mausklick.

10.7 Übung

Eine Firma hatte ein Preisausschreiben gestartet und nun sollen die glücklichen Gewinner mit Hilfe eines Serienbriefs benachrichtigt werden. Da deren Adressen noch nicht gespeichert sind, müssen Sie zuerst diese erfassen.

1. Adressen eingeben

Falls Microsoft-Excel auf Ihrem PC installiert ist und Sie über Excel-Kenntnisse verfügen, können Sie natürlich auch Excel zum Speichern der Adressen verwenden, ansonsten starten Sie Word mit einem neuen, leeren Dokument und fügen ab der ersten Zeile eine Tabelle nach dem unten abgebildeten Muster ein. Tipp: Wenn Sie unter *Seite einrichten* als Ausrichtung *Querformat* wählen, dann steht Ihnen in der Tabelle mehr Platz zur Verfügung!

Name	Vorname	Anrede	Straße	Land	PLZ	Ort	Preis	Gewinn
Brösel	Sandra	Frau	Feldweg 1	D	04259	Leipzig	1.	eine Reise nach Florida
Bruckbach	Horst	Herr	Donaustraße 15	D	94315	Straubing	2.	eine Reise nach Mallorca
Hintermoser	Xaver	Herr	Schrebergarten 66	D	95032	Hof	3.	einen Laptop
Fischbach	Josefa	Frau	Seestraße 22	D	78465	Konstanz	4.	einen Rucksack

Geben Sie mindestens 6 beliebige Adressen und Gewinne ein und speichern Sie das Dokument unter dem Namen Preisausschreiben-Gewinneradressen. Schließen Sie das Dokument.

2. Brieftext erfassen

Öffnen Sie ein neues, leeres Dokument und speichern Sie das Dokument unter dem Namen Preisausschreiben-Brieftext. Erfassen Sie den, auf der nächsten Seite abgebildeten, Brieftext, und formatieren Sie den Brief nach Ihren Vorstellungen. Fügen Sie im Briefkopf eine beliebige Absenderadresse ein.

Beachten Sie folgende Vorgaben:

■ Erstellen Sie mit diesem Dokument einen Serienbrief, als Empfängeradressen wählen Sie die soeben erstellte Datei Preisausschreiben-Gewinneradressen. Fügen Sie die Anschrift an der entsprechenden Stelle ein.

■ Achten Sie auf eine individuelle Briefanrede, „Sehr geehrte Frau …", bzw. „Sehr geehrter Herr…".

■ Fügen Sie im Brieftext die Seriendruckfelder Preis und Gewinn entsprechend der Abbildung ein und kontrollieren Sie die Ergebnisse in der Vorschau.

■ Um Druckerpapier zu sparen, geben Sie die Briefe in ein neues Dokument aus, das Sie unter dem Namen Preisausschreiben-Ergebnis speichern.

Frau Sandra Brösel
Feldweg 1
04259 Leipzig

Sie haben gewonnen!

Sehr geehrte Frau Brösel,

Herzlichen Glückwunsch - Sie haben bei unserem Preisausschreiben vom Anfang des Jahres den

1. Preis, eine Reise nach Florida gewonnen.

Unser Filialleiter wird Ihnen den Gewinn persönlich in unseren Geschäftsräumen überreichen und zwar am:

1. April um 19 Uhr

Wir gratulieren Ihnen schon jetzt zu Ihrem Gewinn und hoffen, dass wir Sie auch weiterhin zu unseren zufriedenen Kunden zählen dürfen.

Mit freundlichen Grüßen

Manni Muster

Notizen:

Glossar

.docx	Office 2013 verwendet das Office Open XML-Format als Standard. Word 2013 Dokumente werden daher mit der Dateinamenserweiterung .docx gespeichert. Dieses Dateiformat benötigt weniger Speicherplatz und erleichtert den Datenaustausch.
AutoKorrektur	Im Gegensatz zur Rechtschreibprüfung korrigiert die Autokorrektur automatisch während der Eingabe und wandelt beispielsweise den ersten Buchstaben am Beginn eines Satzes in einen Großbuchstaben um. Sie können die Autokorrektur rückgängig machen oder deaktivieren.
Backstage-Ansicht	Im Gegensatz zu den übrigen Registern des Menübandes, die Sie zur Arbeit im Dokument verwenden, enthält das Register DATEI die Befehle zum Verwalten eines Dokuments. Daher wird dieses Register auch als Backstage-Ansicht (dt. hinter der Bühne/ den Kulissen) bezeichnet.
Bausteine	Häufig benötigte Textteile können als Schnellbausteine oder AutoText gespeichert und beliebig in Dokumente eingefügt werden. Bausteine können neben Text auch Formatierungen, Grafik oder Tabellen enthalten.
Bedingter Trennstrich	Wenn Sie mit den Tasten Strg + Bindestrich einen bedingten Trennstrich einfügen, so wird dieser nur dann gedruckt, wenn er sich am Zeilenende befindet.
Bundsteg	Als Bundsteg bezeichnet man den Bereich, der eventuell zusätzlich zum Seitenrand zum Binden oder Lochen benötigt wird
Cursor	Der Cursor wird auch als Einfügemarke oder Schreibmarke bezeichnet und markiert die aktuelle Position. Alle Eingaben und nachträglichen Änderungen erfolgen immer an der Stelle, an der sich der Cursor gerade befindet.
Datenfeld	Als Datenfeld bezeichnet man in einer Datenbank die Spalte einer Tabelle. Jedes Datenfeld besitzt eine Überschrift (Feldname) und enthält gleichartige Informationen.
Datensatz	In einer Datenbank bezeichnet man eine Zeile der Tabelle auch als Datensatz. Speichert die Tabelle beispielsweise Adressen, so entspricht jede Adresse einer Zeile der Tabelle und bildet einen Datensatz.

Dokument	Als Dokumente bezeichnet Word alle Dateien, die vom Benutzer erstellt wurden, unabhängig vom Inhalt.
Dokumentvorlagen	Dokumentvorlagen dienen als Vorlage oder Vordruck für jedes neue Word-Dokument. Für neue, leere Dokumente verwendet Word die Vorlage NORMAL. Dokumentvorlagen stellen einen eigenen Dateityp dar und werden mit der Dateinamenserweiterung .dotx gespeichert.
Einzug	Einrückungen gegenüber dem linken oder rechten Seitenrand werden als Einzug bezeichnet.
Formatvorlagen	Formatvorlagen speichern sowohl Zeichen-, als auch Absatzformatierungen und werden zur einheitlichen Gestaltung von Dokumenten verwendet.
Füllzeichen	Bei der Verwendung von Tabstopps können Sie den Abstand bis zur nächsten Position automatisch mit Füllzeichen auffüllen lassen. Meist werden Punkte oder Striche als Füllzeichen verwendet.
Geschützter Bindestrich	Einen geschützten Bindestrich geben Sie mit den Tasten Strg+Umschalt+Bindestrich ein. Er verhindert an dieser Stelle einen automatischen Zeilenumbruch.
Geschütztes Leerzeichen	Ein geschütztes Leerzeichen zwischen zwei Zeichenfolgen verhindert, dass an dieser Stelle ein automatischer Zeilenumbruch erfolgt. Ein geschütztes Leerzeichen geben Sie mit den Tasten Strg+Umschalt+Leer ein.
Hängender Einzug	Als hängenden Einzug bezeichnet man einen Einzug, bei dem die erste Zeile eines Absatzes am linken Seitenrand beginnt und alle Folgezeilen eingerückt werden.
Hyperlinks	Hyperlinks, auch kurz als Links bezeichnet, sind Verknüpfungen zu Webseiten oder anderen Dokumenten.
Kapitälchen	Als Kapitälchen bezeichnet man die Formatierung mit großen und kleinen Großbuchstaben.
Kompatibilitätsmodus	Dokumente, die mit älteren Versionen von Word erstellt und gespeichert wurden, werden von Word 2013 im Kompatibilitätsmodus geöffnet. In diesem Modus stehen nicht alle Funktionen zur Verfügung.
Kopf- /Fußzeile	Kopf-/oder Fußzeilen befinden sich in dem Bereich zwischen dem Papierrand und dem Seitenrand, also außerhalb des Satzspiegels. Die Inhalte werden automatisch auf jeder Druckseite wiederholt.

Microsoft Access	Access ist ein Datenbankprogramm, das ebenfalls zu den Microsoft Office-Anwendungen gehört.
Microsoft Excel	Excel gehört ebenfalls zu den Office-Anwendungen und ist ein weit verbreitetes Tabellenkalkulationsprogramm, mit dem sich nicht nur Berechnungen durchführen lassen, sondern auch größere Datenmengen verwalten lassen.
Microsoft Outlook	Outlook ist eine Office-Anwendung, mit der sich allgemeine Aufgaben wie Kommunikation (E-Mail), Aufgaben- und Terminverwaltung organisieren lassen. Dazu verfügt Outlook auch über eine integrierte Adressverwaltung.
Normal	Die Dokumentvorlage Normal wird von Word als Vorlage verwendet, wenn Sie bei der Erstellung eines neuen Dokuments mit einem leeren Dokument beginnen.
PDF	Portable Document File. Eine PDF-Datei kann, unabhängig vom Betriebssystem, auf allen Computern geöffnet und gelesen werden. Als einzige Voraussetzung muss ein Leseprogramm, beispielsweise der kostenlose Adobe Reader, installiert sein. Eine nachträgliche Veränderung des Inhalts ist nur mit spezieller Software möglich.
Proportionalschrift	Bei einer Proportionalschriftart wird für jedes Zeichen genau die benötigte Breite verwendet, im Gegensatz zur Schreibmaschine, bei der alle Zeichen die gleiche Breite haben.
Punkt (pt)	Punkt ist eine typografische Maßeinheit, in der in Word Maße wie Schriftgrad (Schriftgröße) oder Abstände angegeben werden. 1 Punkt entspricht etwa 0,35 mm. In der Textverarbeitung werden meist 10 oder 11 pt als Standardschriftgrad verwendet.
Register	Das Menüband von Word fasst Befehlsschaltflächen für verschiedene Aufgabenbereiche in Gruppen zusammen. Jede Gruppe kann schnell über das Register, vergleichbar einer Kartei, durch Anklicken mit der Maus aufgerufen werden.
Satzspiegel	Als Satzspiegel bezeichnet man den Bereich, der sich innerhalb der festgelegten Seitenränder befindet.
Serifen	Als Serife (franz. Füßchen) bezeichnet man die feinen Linien, die bei manchen Schriftarten einen Buchstabenstrich am Ende, quer zu seiner Grundrichtung abschließen. Dadurch soll eine bessere Lesbarkeit der Schrift erreicht werden. Deshalb werden vor allem längere Texte häufig in einer Serifenschriftart gedruckt. Eine der bekanntesten Serifenschriftarten ist Times New Roman.

ShortCuts	Eine andere Bezeichnung für Tastenkombinationen, mit denen Befehle ausgeführt werden können.
SQL	engl. Structured query language, eine verbreitete Standardsprache zur Abfrage von Datenbanken.
Nicht druckbare Zeichen	Verschiedene Tasten wie Eingabe-Taste, Tab-Taste oder Leertaste erzeugen bei der Eingabe Zeichen, die zwar nicht gedruckt, aber auf dem Bildschirm ein- und ausgeblendet werden können. An diesen Zeichen können Sie beispielsweise erkennen, wo ein Absatz endet. Wie alle anderen Zeichen, können diese Zeichen auch nachträglich eingefügt oder gelöscht werden.
Tabstopp	Tabstopps sind feste Positionen im Dokument, die Sie mit der Tabulatortaste (Tab-Taste) der Tastatur ansteuern.
Textfeld	Textfelder werden in Word verwendet, um Text innerhalb eines Dokuments mit der Maus an beliebiger Stelle zu positionieren.
XML	„Extensible Markup Language", eine Auszeichnungssprache zur Darstellung hierarchisch strukturierter Daten in Form von Textdateien. XML ist vor allem für den Datenaustausch von Bedeutung.
XPS	XML Paper Specification, ein von Microsoft entwickeltes Dateiformat als Konkurrenz zum PDF-Format.
Zwischenablage	Die Zwischenablage speichert ausgeschnittene oder kopierte Elemente. Diese können anschließend beliebig oft wieder eingefügt werden. Die Zwischenablage kann auch zum Datenaustausch zwischen verschiedenen Dokumenten oder Anwendungen verwendet werden.

Tastatur

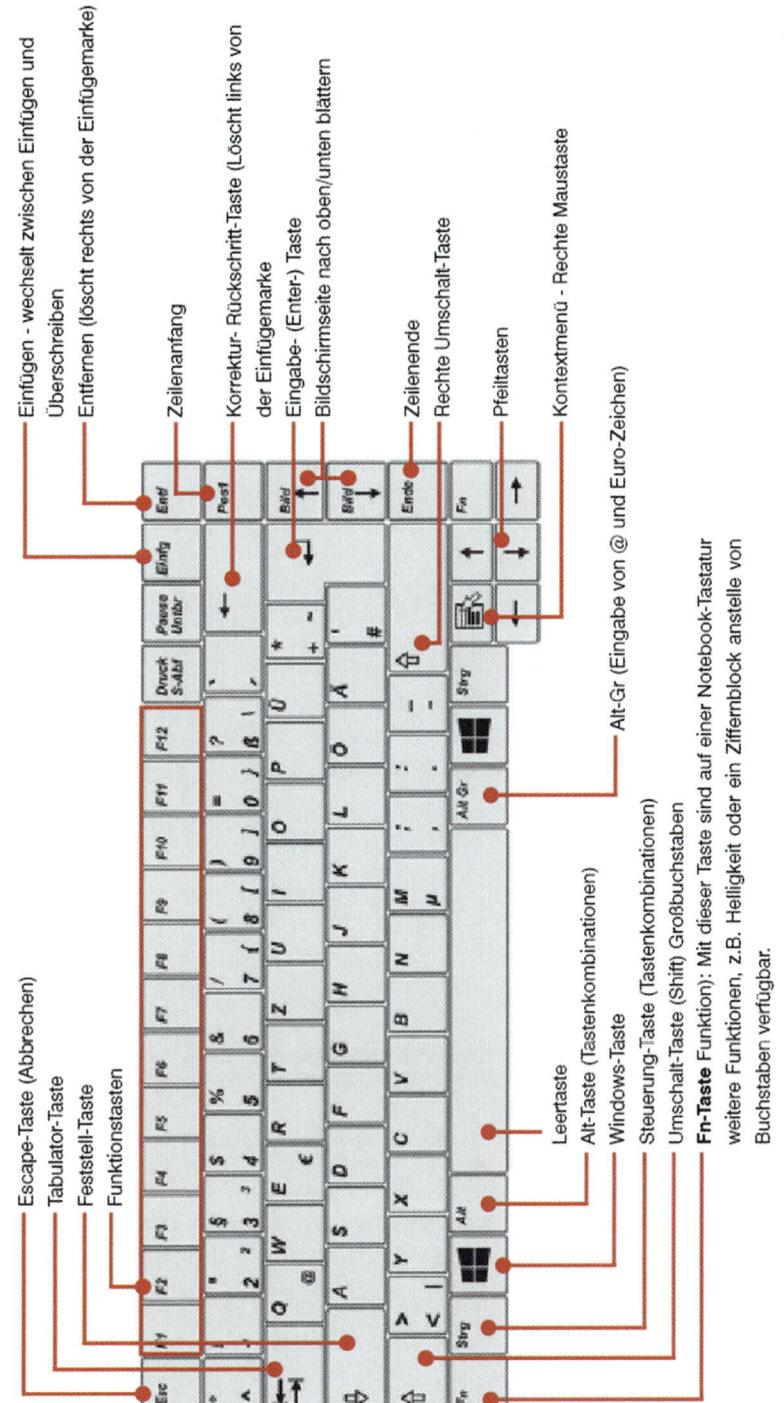

Einfügen - wechselt zwischen Einfügen und Überschreiben

Entfernen (löscht rechts von der Einfügemarke)

Zeilenanfang

Korrektur- Rückschritt-Taste (Löscht links von der Einfügemarke)

Eingabe- (Enter-) Taste

Bildschirmseite nach oben/unten blättern

Zeilenende

Rechte Umschalt-Taste

Pfeiltasten

Kontextmenü - Rechte Maustaste

Alt-Gr (Eingabe von @ und Euro-Zeichen)

Escape-Taste (Abbrechen)

Tabulator-Taste

Feststell-Taste

Funktionstasten

Leertaste

Alt-Taste (Tastenkombinationen)

Windows-Taste

Steuerung-Taste (Tastenkombinationen)

Umschalt-Taste (Shift) Großbuchstaben

Fn-Taste Funktion): Mit dieser Taste sind auf einer Notebook-Tastatur weitere Funktionen, z.B. Helligkeit oder ein Ziffernblock anstelle von Buchstaben verfügbar.

Tastenkombinationen

Zwischenablage, Bearbeitung

Kopieren des markierten Textes oder Objekts	STRG+C
Ausschneiden des markierten Textes oder Objekts	STRG+X
Einfügen aus Zwischenablage (Text oder Objekt)	STRG+V
Rückgängigmachen der letzten Aktion	STRG+Z
Wiederholen der letzten Aktion	STRG+Y oder F4

Eingeben, löschen

Einfügen Absatzende	EINGABE
Einfügen Zeilenumbruch, kein Absatzende	UMSCHALT+EINGABE
Eingabe geschütztes Leerzeichen	STRG+UMSCHALT+LEERTASTE
Eingabe geschützter Bindestrich	STRG+UMSCHALT+BINDESTRICH
Eingabe bedingter Trennstrich	STRG+BINDESTRICH
Einfügen Seitenumbruch	STRG+EINGABE
Einfügen Spaltenumbruch	STRG+UMSCHALT+EINGABE
Einfügen Datum (aktualisierbar)	ALT+UMSCHALT+D
Einfügen Seitenzahl	ALT+UMSCHALT+P
Anzeigen nicht druckbarer Zeichen	STRG+UMSCHALT+* (* nicht im Ziffernblock)
Zeichen links von der Einfügemarke löschen	RÜCKTASTE
Zeichen rechts von der Einfügemarke löschen	ENTF
Wort links von der Einfügemarke löschen	STRG+RÜCKTASTE
Wort rechts von der Einfügemarke löschen	STRG+ENTF

Positionieren

Ein Zeichen nach links	NACH-LINKS
Ein Zeichen nach rechts	NACH-RECHTS
Ein Wort nach links	STRG+NACH-LINKS
Ein Wort nach rechts	STRG+NACH-RECHTS
Ein Absatz nach oben	STRG+NACH-OBEN
Ein Absatz nach unten	STRG+NACH-UNTEN
Eine Zeile nach oben	NACH-OBEN
Eine Zeile nach unten	NACH-UNTEN
An das Zeilenende	ENDE
An den Zeilenanfang	POS1
An den oberen Rand des Fensters	ALT+STRG+BILD-AUF
An den unteren Rand des Fensters	ALT+STRG+BILD-AB
Eine Bildschirmseite aufwärts (Bildlauf)	BILD-AUF
Eine Bildschirmseite abwärts (Bildlauf)	BILD-AB
An den Anfang der nächsten Seite	STRG+BILD-AB
An den Anfang der vorherigen Seite	STRG+BILD-AUF
An das Ende des Dokuments	STRG+ENDE
An den Anfang des Dokuments	STRG+POS1
Zur letzten Bearbeitungsstelle	UMSCHALT+F5
Nach dem Öffnen eines Dokuments zur zuletzt bearbeiteten Stelle	UMSCHALT+F5

Markieren

Erweiterungsmodus aktivieren	F8
Erweiterungsmodus deaktivieren	ESC
Erweiterungsmodus: Wort markieren	F8 (1mal)
Erweiterungsmodus: Satz markieren	F8 (2mal)
Erweiterungsmodus: Absatz markieren	F8 (3mal)
Erweiterungsmodus: nächstes Zeichen	NACH-LINKS oder NACH-RECHTS
Erweiterungsmodus: nächstes Wort	STRG+NACH-RECHTS
Erweiterungsmodus: Vertikalen Textblock markieren	STRG+UMSCHALT+F8, dann Pfeiltasten verwenden
Zeichenweise nach rechts	UMSCHALT+NACH-RECHTS
Zeichenweise nach links	UMSCHALT+NACH-LINKS
Wortweise nach rechts	STRG+UMSCHALT+NACH-RECHTS
Wortweise nach links	STRG+UMSCHALT+NACH-LINKS
Ab Cursor bis zum Anfang des Absatzes	STRG+UMSCHALT+NACH-OBEN
Ab Cursor bis zum Ende des Absatzes	STRG+UMSCHALT+NACH-UNTEN
Ab Cursor bis zum Anfang des Dokuments	STRG+UMSCHALT+POS1
Ab Cursor bis zum Ende des Dokuments	STRG+UMSCHALT+ENDE
Gesamtes Dokument	STRG+A

Tabellen

Nächste Zelle in Zeile	TAB
Vorherige Zelle in Zeile	UMSCHALT+TAB
Nächste Zeile	NACH-UNTEN
Vorherige Zeile	NACH-OBEN

Erste Zelle in Zeile	ALT+POS1
Letzte Zelle in Zeile	ALT+ENDE
Erste Zelle in Spalte	ALT+BILD-AUF
Letzte Zelle in Spalte	ALT+BILD-AB
Zeile oberhalb markieren	ALT+UMSCHALT+NACH-OBEN
Zeile unterhalb markieren	ALT+UMSCHALT+NACH-UNTEN
Neuer Absatz in Zelle	EINGABETASTE
Tabstoppzeichen inerhalb einer Zelle	STRG+TAB

Schriftformatierung

Vergrößern des Schriftgrads um 1 Punkt	STRG+9
Verkleinern des Schriftgrads um 1 Punkt	STRG+8
Vergrößern des Schriftgrads	STRG+UMSCHALT+>
Verkleinern des Schriftgrads	STRG+<
Groß-/Kleinschreibung ändern	UMSCHALT+F3
Als Großbuchstaben formatieren	STRG+UMSCHALT+G
Doppelt Unterstreichen	STRG+UMSCHALT+D
Kapitälchen	STRG+UMSCHALT+Q
Tiefgestellt (automatischer Abstand)	STRG+#
Hochgestellt (automatischer Abstand)	STRG+PLUSZEICHEN
Alle Zeichenformatierungen entfernen	STRG+LEERTASTE
Textformatierung kopieren (Format übertragen)	STRG+UMSCHALT+C
Der Markierung kopierte Formatierung zuweisen	STRG+UMSCHALT+V

Absatzformatierung

Einfacher Zeilenabstand	STRG+1
Doppelter Zeilenabstand	STRG+2
1,5-facher Zeilenabstand	STRG+5
Hinzufügen / Entfernen eines einzeiligen Abstands vor einem Absatz	STRG+0 (Null)
Linksbündig ausrichten	STRG+L
Rechtsbündig ausrichten	STRG+R
Im Blocksatz ausrichten	STRG+B
Zentriert ausrichten	STRG+E
Linken Einzug vergrößern (jeweils 1,25 cm)	STRG+M
Linken Einzug verkleinern (jeweils 1,25 cm)	STRG+UMSCHALT+M
Hängenden Einzug vergrößern	STRG+T
Hängenden Einzug verkleinern	STRG+UMSCHALT+T
Alle Absatzformatierungen entfernen	STRG+Q

Index

Das könnte Sie auch interessieren:

Wo&Wie - *unsere Schnellübersichten*

zum Thema Word:

▶ Strukturierte Gedächtnisstütze für Neues in Office und Windows

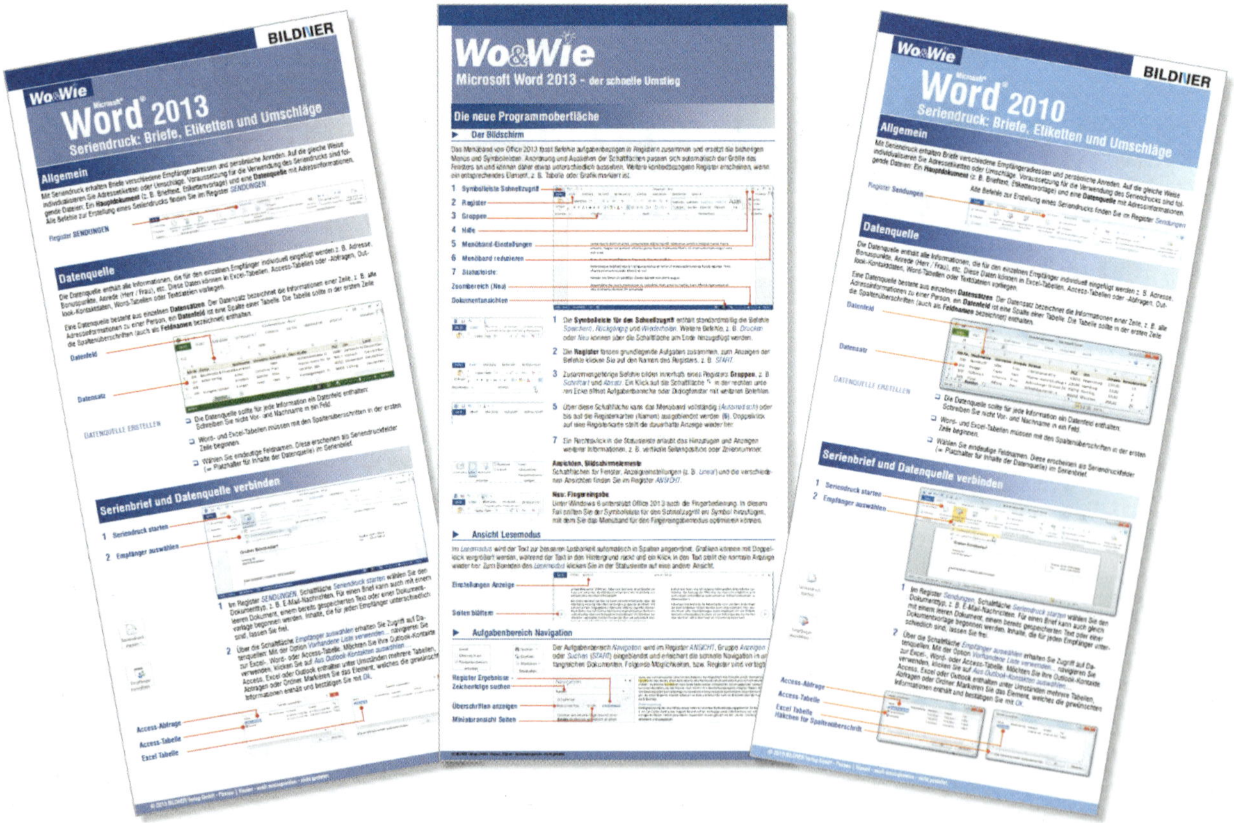

Wo&Wie: Word 2013 - der schnelle Umstieg
ISBN 978-3-8328-0066-6 | RP-00079 | 4,90 €

Wo&Wie: Word 2013 Seriendruck: Briefe, Etiketten und Umschläge
ISBN 978-3-8328-0076-5 | RP-00089 | 4,90 €

Wo&Wie: Word 2010 Seriendruck: Briefe, Etiketten und Umschläge
ISBN 978-3-8328-0075-8 | RP-00088 | 4,90 €

**Besuchen Sie uns online unter www.bildner-verlag.de
oder rufen Sie uns an: 0851/6700**